本书系2020年度国家社科基金艺术学重大项目"新时代中国动画艺术知识体系创新研究"（项目编号：20ZD20）子课题"中国动画艺术知识体系创新背景下动画专业教育模式改革研究"的阶段性成果。

中国书籍学术之光文库

艺术类研究生培养模式创新研究

李玲飞 | 著

中国书籍出版社
China Book Press

图书在版编目（CIP）数据

艺术类研究生培养模式创新研究/李玲飞著.—北京：中国书籍出版社，2020.12
ISBN 978-7-5068-8234-7

Ⅰ.①艺… Ⅱ.①李… Ⅲ.①艺术—研究生教育—人才培养—研究—中国 Ⅳ.①G643

中国版本图书馆 CIP 数据核字（2020）第 254329 号

艺术类研究生培养模式创新研究

李玲飞 著

责任编辑	李 新
责任印制	孙马飞 马 芝
封面设计	中联华文
出版发行	中国书籍出版社
地　　址	北京市丰台区三路居路 97 号（邮编：100073）
电　　话	（010）52257143（总编室）　（010）52257140（发行部）
电子邮箱	eo@chinabp.com.cn
经　　销	全国新华书店
印　　刷	三河市华东印刷有限公司
开　　本	710 毫米×1000 毫米　1/16
字　　数	237 千字
印　　张	16
版　　次	2020 年 12 月第 1 版　2020 年 12 月第 1 次印刷
书　　号	ISBN 978-7-5068-8234-7
定　　价	95.00 元

版权所有　翻印必究

目 录
CONTENTS

第一章 绪 论 1
  第一节 研究缘起 1
  第二节 文献综述 3
  第三节 概念界定 9
  第四节 逻辑框架 10

第二章 艺术类研究生培养的时代诉求 13
  第一节 我国研究生培养历程演进 13
    一、探索发展阶段：1949—1977 年 19
    二、变革成长阶段：1978—1988 年 21
    三、调整转型阶段：1989—1998 年 23
    四、完善拓展阶段：1999—2009 年 24
    五、优化突破阶段：2010 年至今 25
  第二节 我国艺术类研究生培养历程演进 33
  第三节 媒介变革环境下的艺术变迁 41
    一、媒介变革让艺术形式和内容边界趋于同化 42
    二、媒介变革推动审美活动和艺术活动的嬗变 43
    三、媒介变革影响着艺术的创作、接受及传播 44
  第四节 新时代艺术类研究生培养的嬗变 45
    一、国家需要勇担时代重任的艺术类研究生 45

二、社会需要具备德才兼备的艺术类研究生 …………………… 48
　　三、企业需要敢于革故鼎新的艺术类研究生 …………………… 50
　　四、个人需要实现自我价值的艺术类研究生 …………………… 52

第三章　艺术类研究生培养的实践价值 ……………………………… 53
　第一节　有利于促使艺术类研究生服务社会 ……………………… 54
　第二节　有利于拓宽艺术类研究生培养格局 ……………………… 55
　第三节　有利于协同艺术类研究生育人规范 ……………………… 56
　第四节　有利于优化艺术类研究生培养结构 ……………………… 56

第四章　艺术类研究生培养模式的内涵探索 ………………………… 58
　第一节　有定力：坚持党对艺术教育事业的全面领导 …………… 59
　第二节　树方向：坚持把服务人民作为艺术教育使命 …………… 61
　第三节　表自信：坚持扎根中国大地的特色艺术教育 …………… 64
　第四节　育新人：坚持艺术人才培养的"四为"方针 …………… 68
　第五节　展活力：坚持不断推进艺术教育治理现代化 …………… 70
　第六节　有觉悟：坚持思政铸魂与艺术教育有机融合 …………… 73
　第七节　作表率：坚持把导师队伍建设作为基础工作 …………… 76

第五章　艺术类研究生培养过程环节改革 …………………………… 80
　第一节　艺术类研究生培养的原则 ………………………………… 81
　　一、艺术类研究生培养的"专业性"原则 ……………………… 81
　　二、艺术类研究生培养的"实践性"原则 ……………………… 82
　　三、艺术类研究生培养的"创造性"原则 ……………………… 82
　第二节　艺术类研究生培养环节问题 ……………………………… 83
　第三节　艺术类研究生培养环节优化路径 ………………………… 85
　　一、完善艺术类研究生招生选拔方式 …………………………… 86
　　二、加强艺术类研究生学科专业建设 …………………………… 88

三、探索艺术类研究生培养方式创新 …………………………… 90
四、建设艺术类研究生思政教育课程 …………………………… 93
五、推进艺术类研究生课程体系改革 …………………………… 97
六、重视艺术类研究生毕业论文管理 …………………………… 99

第六章 艺术类研究生培养导师队伍提升 ……………………… 102
第一节 导师队伍的建设现状 …………………………………… 103
第二节 导师队伍的现存问题 …………………………………… 106
一、导师遴选制度有缺陷 ………………………………………… 106
二、导师角色定位不清晰 ………………………………………… 107
三、导师师德师风存缺位 ………………………………………… 108
四、导师评价体系不健全 ………………………………………… 110

第三节 导师队伍的建设路径 …………………………………… 111
一、抓好导师遴选制度 …………………………………………… 111
二、明确导师身份定位 …………………………………………… 113
三、增强导师师德师风 …………………………………………… 115
四、改善导师评价体系 …………………………………………… 117

第七章 艺术类研究生培养联合机制建立 ……………………… 120
第一节 研究生联合培养的目的性 ……………………………… 121
一、创新培养模式，促进全面发展 ……………………………… 121
二、产学实力整合，完善人才培养 ……………………………… 122
三、搭建联培平台，满足社会需求 ……………………………… 122
四、调动社会资源，培养复合人才 ……………………………… 123

第二节 艺术类研究生联合培养现状 …………………………… 124
一、有需求、无资源 ……………………………………………… 125
二、有想法、无抓手 ……………………………………………… 125
三、有平台、无项目 ……………………………………………… 125

3

四、有模式、无效果 …………………………………………… 126
　第三节　艺术类研究生联合培养优化路径 ………………………… 126
　　一、校所联合、交叉培养 ……………………………………… 126
　　二、校际联合、优势互补 ……………………………………… 128
　　三、校企联合、创新实践 ……………………………………… 129
　　四、政校联合、共创平台 ……………………………………… 130

第八章　艺术类研究生培养评价体系完善 ……………………… 133
　第一节　艺术类研究生培养评价体系现状 ………………………… 134
　　一、对艺术学教育发展的规律认识 …………………………… 134
　　二、对艺术学教育评价的理论探究 …………………………… 136
　　三、对艺术学教育评价的技术应用 …………………………… 137
　第二节　艺术类研究生培养评价体系优化路径 …………………… 139
　　一、建立分级分类评价标准 …………………………………… 139
　　二、坚持"重创新、破五唯" ………………………………… 145
　　三、构建多维动态评价标准 …………………………………… 147

参考文献 ……………………………………………………………… 150
附　录 ………………………………………………………………… 159

第一章

绪　论

第一节　研究缘起

融为一体，合二为一。在人工智能、物联网、大数据等技术的快速发展下，当今传媒正在发生大变革、大转型、大融合，我们的生活也在技术和传媒环境的变换中逐渐趋向于多变性、复杂性、模糊性。这种传媒时代特征传递到艺术业态，表现为艺术形式急剧变革、艺术行业更迭加速、艺术事业纵深推进；传递到艺术教育形态，表现为既有艺术高等教育滞后化、人才需求多元化、高层次人才稀缺化。艺术教育，尤其是代表着高层次人才培养方式的艺术类研究生的教育培养模式亟待建构。在"双一流"建设背景下，未来高层次艺术类研究生的培养模式如何更新，已成为艺术业界和学界念兹在兹的核心话题。

据新华社2020年7月29日报道，对于研究生教育工作，习近平总书记从当前国家面临的发展形势入手提出了明确要求，"当前我国即将进入特色社会主义新时代，正处在全面决胜小康社会和打赢脱贫攻坚战的关键坎节上。要建立社会主义现代化国家，推动党和国家事业更快发展，就需要不断补充更多更高素质的综合性人才"。突如其来的新冠肺炎疫情给世界格局带来了深刻影响，在媒介融合进入纵深发展和世界格局变化的双重背景下，更需要以世界的眼光重新思考和认识研究生教育的目标和任务，让研究生人才能深深扎入中国土壤，立足中国国情，朝着世界一流高层次人才培养水平迈进。我们应当充分领会习近平总书记的讲话要求，并将习总书记的指示要求体现在研究生培育工作的各个方面，使研究生教育质量实现进一步提升，培养出真正符合党和国家事业所需要的高素质人才。

  我国的研究生教育事业是为了培养高素质、高层次人才，在国家人才队伍中，研究生处于最高端，因此发展研究生教育事业是提升国家软实力的重要渠道。近40年来，我国研究生教育的整体变化是非常明显的，培养了大批为国家社会做出突出贡献的优秀人才，他们为党和国家事业发展贡献了自己的力量和热情。尤其是在2011年艺术学被确立为第十三个学科后，艺术类研究生培养也受到极大重视。繁荣文艺，人才先行。艺术类研究生培养工作的持续深化，满足的是民族文化创造力进一步提升的需求，满足的是人民和文化事业发展对于高层次文化艺术人才的需求，满足的是社会主义先进文化进一步发展的需求，满足的是举旗帜、聚民心、育新人、兴文化、展形象使命任务的需求，而且"四个自信"中的文化自信，更与艺术类研究生教育工作有密不可分的关系，作为艺术类研究生培养的摇篮，高校是传承创新文化、培养艺术高层次人才的重要场所，更应该坚持实践导向、问题导向、效果导向，在时代变革的大潮中，准确把握艺术类研究生教育工作的总体要求，结合时代发展形势和国家文化艺术事业建设对于高层次艺术人才的实际需要，开展好艺术类研究生培养工作，守正创新、凝心聚力，谱写艺术类研究生教育高质量高水平发展的新篇章。艺术类研究生教育主体单位更要站在"中华民族伟大复兴的战略全局"和"世界百年未有之大变局"的高度，深刻认识艺术类研究生教育的重大意义，以高度的责任感和使命感，在更短时间内培养出更多的高素质、高层次艺术人才，为我国特色社会主义文化艺术事业发展和中国梦的实现提供源源不断的人力支持、智力支持。

第二节　文献综述

以"艺术类研究生"为研究对象，基于 CNKI 和 Web of Science 数据库，采用文献计量学的方法，对国内刊物上发表的艺术类研究生教育研究领域文献进行统计和分析。在准核心概念检索中，以"艺术类研究生"为主题，共检索得到相关中文文献 187 篇。艺术类研究生教育相关研究不仅仅局限于"艺术类研究生"准核心层研究范围中，还包括在"艺术人才"相关研究当中。以"艺术人才"为主题，检索到中文文献 285 篇。

国内学者对艺术类研究生教育的研究主要集中在宏观和微观方面，宏观研究围绕艺术各一级学科培养何种研究生这一问题进行讨论，微观研究围绕艺术各一级学科研究生的专业技能培养、课程体系、思政教育等方面展开。

在宏观研究中，学者们通常从艺术类某一级学科角度切入，探讨该学科的研究生培养问题。

郭强以音乐与舞蹈领域为例，提出在艺术类研究生培养过程中应根据艺术专业的特点及特性，在培养过程中遵循艺术教育的"专业性""实践性"和"创造性"原则，着力培养艺术类研究生的专业知识、实践能力和创新思维。[①]

刘业峰主要是以南京艺术学院全日制艺术硕士研究生的教育改革作为研究课题，并主要分析了目前我国研究生教育中的专业学位发展问题，认为在招生环节，应该调整和优化艺术硕士研究生的招生结构。在培养环节，则应该制定科学合理的培养方案。在毕业考核环节，应该实行毕业展演和学位论文并举的考核要求。[②]

[①] 郭强. 在艺术硕士研究生教育中应坚持"专业性""实践性""创造性"原则——以音乐与舞蹈领域为例 [J]. 学位与研究生教育，2020（09）：54-59.
[②] 刘业峰. 新形势下的全日制艺术硕士专业学位研究生教育改革的实践与思考 [J]. 南京艺术学院学报（美术与设计），2016（06）：151-153.

林威、马达和陈诗祺通过对英国埃克塞特大学艺术教育类研究生培养的课程设置、授课方式和评估机制进行分析，认为我国音乐教育类研究生的培养应该提高课程作业之间的相关性，将论文写作课程的学习增加至两个学期，教程教学方式要体现出课程特点，并且要重视网络课程的运用。①

　　朱和平提出，设计学研究生教育要以能力培养为目标。而设计学研究生能力的培养，既要注重理论功底，也要注重实践技能，既要注重科学知识，也要注重艺术价值，既要注重历史背景，也要注重现实需求，既要注重对本土文化的传承，也要注重对外来文化的吸收。首先，理论与实践的结合方面，要正确处理好理论知识和现实设计的关系，着力培养设计学研究生与生活结合的意识与态度，培养设计学研究生对设计的感知、认识过程和设计与创作结合的能力。其次，科学与艺术的结合方面，要让设计学研究生形成和具备崇尚科学的精神与态度，关注科学技术的发展对传统艺术的改变与颠覆，在设计学研究生实践教育中进行递进式的实践。再次，历史与现实的结合方面，不仅要求开设与设计学研究生致力于研究或从事设计创新领域的设计专门史，还要能联系当下设计问题。最后，本土与国际的结合方面，则是要坚定本土的文化自信，同时站在全球层面分析世界文化发展趋势，既注重民族性，也不能忽视世界性，实现本土化与国际化同行。②

　　任兰新结合《油画实验教学》一书，提出我国油画专业研究生教学中存在专业课程设置、教师教学和学生学习方面的问题，应注意革新传统教学模式，引导学生探索个性化的油画语言形式，推进研究性学习理念与优化教学各环节有机结合，采取多元化的教学评价方式。③

　　张巍对音乐艺术博士专业学位设置进行了若干思考，并进一步提出，之所以设置音乐艺术博士专业学位，主要是考虑到了国家当前实施的文化战略

---

① 林威，马达，陈诗祺. 英国埃克塞特大学艺术教育类研究生培养的探究与启示[J]. 中国音乐教育，2016（07）：38-42.
② 朱和平. 论我国设计学研究生培养的四个结合[J]. 中国高等教育，2019（19）：54-56.
③ 任兰新. 油画专业研究生教学思考——评《油画实验教学》[J]. 高教探索，2019（06）：138.

对于高层次综合性音乐人才有比较高的要求，同时这也是一流大学和一流学科建设与国际学术平等对话的需要，是国内高等艺术院校和普通高校相关人才及师资队伍建设的需要，是人才分类培养目标和口径的扩大和研究生教育模式改革的需要。①

罗红胜和蔡惠萌以书法艺术硕士培养为例，书法艺术硕士培养通过现代课程体系的课程模块教学体现，是一种"在场"的教育方式。这种教育方式是科学系统的，但培养出来的学生在知识技能方面还存在一定的缺陷。中国传统书法教学是师徒相授的教育方式，这种方式可以弥补现代课程教学的不足，成为"在场"课程的补充。它在人才培养方案之外，是"不在场"的教育。书法艺术硕士培养目标为高层次应用型的专业人才，仅靠"在场"的教育尚不能达到理想目标，因此采用"在场与不在场结合"的人才培养模式，既不能完全摒弃传统的师徒传承教学模式，也要吸收系统化教学方式的优点，课程设置的在场和人才培养的不在场都不能忽视，并把握好院校培养和社会培养两条人才培养路径，积极探索中国书法艺术硕士具有高校自身特色的培养模式，这是书法艺术硕士人才培养的一种更为合理的路径，同时也为人文社会学科教育与人才培养提供了新思路。②

杨曦帆对音乐院校研究生教育模式进行探索，认为艺术院校研究生教育承担着为社会培养高级艺术人才的责任。伴随着艺术学成为门类学科以及国家推动专业学位研究生教育以来，如何以门类学科的标准来推动艺术院校研究生教学已是相当紧迫的话题。研究生是"学科建设"的组成部分，高质量的研究生培养和高水平的学科建设密不可分，并且以音乐院校为例，着重提出"学科意识""创造力"和"应用能力"是当下艺术院校研究生培养的重点和前进的动力。③

---

① 张巍.音乐艺术博士专业学位设置思考［J］.音乐艺术（上海音乐学院学报），2018（04）：6-13+4.

② 罗红胜，蔡惠萌.人文社会学科教育的在场与不在场——以书法艺术硕士人才培养为例［J］.现代大学教育，2018（02）：103-111.

③ 杨曦帆.我们应该为社会培养什么样的艺术人才——音乐院校研究生教育模式探索［J］.南京艺术学院学报（音乐与表演），2017（04）：137-143.

倪文东和范功对当代高等院校书法研究生教育进行了探究。认为随着当前我国文化建设事业的不断发展，高层次书法教育人才的缺口将变大。成绩和问题并存，是当前书法专业研究生教育的现状。要在加强书法研究生综合修养培育的基础上，持续进行理论深悟和实践追求书法作品中的"书卷气"，一方面要不断提升研究生导师的综合素质，包括其业务能力、学术实力和人文道德水准，另一方面也要由教育部门进行适度的行政干预，中国高层次书法专业人才的教育培养才可以逐步得以真正的发展和完善。[1]

朱艳红主要是分析了我国艺术类硕士的培养模式，并总结了我国在艺术类硕士培养方面存在的一些不足，主要就是功能的结构性和专业方向不清晰的尴尬。而艺术硕士的培养模式，在一定程度上弥补了其中的某些缺陷。针对我国现有的艺术类研究生培养方式，考虑到当前社会对于艺术类人才的需求，应当对人才培养体系进行完善，要培养一批理论功底深厚，具有较高水准的艺术表演才能，且能够利用所掌握的专业知识来解决艺术实践问题的高层次艺术类人才，这也是我国艺术硕士培养工作的总体设想。通过试点发现问题，进而解决问题，建立完善的艺术硕士培养系统，是一个必经的过程，也只有通过这样的试点调试，才能建立起适合我国当下国情的艺术硕士培养系统，培养出高质量优秀的艺术人才。[2]

梁玖对"艺术教育"专业博士生的学术责任进行了分析。当"艺术学理论"（即艺理学）获得了"一级学科"资质，关于这一学科存在的合理性和其价值的体现方式，就一直是一个学术的、学科的、理论的、现实的研究专题。其中，作为艺术学理论学科"二级学科"的"艺术教育学科"，该如何更好地发挥建构"艺术教育社会秩序"的学科作用，又是艺理学必须认真思考与解决的问题。梁玖基于"艺术教育社会学"视野，针对艺术教育研究专业博士生该如何担负建构与维护艺术教育专业本质属性开展研究的专题予以

---

[1] 倪文东，范功. 当代高等院校书法研究生教育卮谈 [J]. 中国书法，2017（06）：46-50.
[2] 朱艳红. 当前艺术硕士培养模式的回顾与反思 [J]. 艺术百家，2016，32（06）：258-259.

研究。研究认为，一是要清晰与准确认识艺术教育学科"专业性"，二是去掉"说的没错但无意义"的研究行为，三是重视对艺术教育学学科"学理"与目标内化技术学的研究。总之，强调清晰认知"艺术教育研究"专业博士生的学术身份与学术责任，是开始专业学习和为专业做贡献的逻辑起点与首要认识论、方法论。①

在微观研究中，学者们通常从艺术类某一学科的某一培养环节角度切入，如专业技能、课程体系、思政教育等，探讨如何对该培养环节进行完善。

胡涌以"博学绽放"研究生思政教育特色实践音乐会为例，认为新时代背景下音乐院校的思政教育应以习近平总书记系列讲话精神为指导，围绕"立德树人"根本任务，立足专业特点，从"思政教育+专业实践"等方面创新思路，开拓路径，将思政教育插上艺术的翅膀，培养更多"德艺双馨"的栋梁之材。②

嵇凤云认为，艺术院校研究生推免工作存在指标供需失衡、推荐排序未能突出专业能力要求以及特殊人才选拔激励机制缺失等问题，为从根本上解决这些问题，推免工作应从组织管理、指标评价、宣传推广等机制上进行改革与创新，从而确保推免质量，以便真正选拔出能力强、素质高、功底扎实的创新型艺术人才。③

唐鑫梅以山东大学（威海）艺术学院为研究对象，对艺术设计专业研究生 ESP "翻转课堂"教学模式进行研究。发现 ESP 课程的开设，可以帮助艺术设计专业研究生将外语与专业更紧密地结合，帮助他们在提升专业技能的同时更具备国际化视野、跨文化内涵，有效地提升综合实力。并且"翻转课堂"的 ESP 教学更有利于学生自主规划学习内容、把握学习节奏，让艺术设

---

① 梁玖．"艺术教育"专业博士生的学术责任［J］．民族艺术研究，2016，29（03）：114-121.
② 胡涌．让思政教育插上艺术翅膀——以"博学绽放"研究生思政教育特色实践音乐会为例［J］．中国音乐，2020（01）：187-192.
③ 嵇凤云．对艺术院校研究生推免工作机制改革的探讨［J］．南京艺术学院学报（美术与设计），2018（01）：169-172.

计专业研究生真正通过实践进行更真实的学习，从而提高综合实力。①

肖红、刘珊珊和陈香对艺术类研究生多元化英语教学模式进行探究，认为当前我国艺术类研究生英语教学面临学术型、专业型人才培养区分度不够的现实困境。肖红、刘珊珊和陈香基于研究生分类培养的视角，提出了彰显艺术类研究生教育特性的多元化英语教学模式，构建了从课内到课外、从理论到实践、线上与线下相结合的立体化课程体系，根据艺术类专业硕士研究生和学术硕士研究生的不同培养要求，设定三方面的课程，即"课堂"学习、"实践"学习、"网络"在线学习，契合艺术类学生的学习风格设置个性化模块课程，以最大限度地满足学生需求。②

以上的探讨和思考为我国艺术类研究生培养提供了理论支撑和实践指导，但是从长远和更深层次考虑，还需要将这些探讨和思考及时上升到更为学术性、综合性、体系性的理论层面，从这个角度讲，当前的研究成果主要有四点"不足"：一是在研究范畴上缺乏高度和广度，聚焦单一领域和环节的多而缺乏全面的思考，如单独研究艺术类研究生培养较多，但立足国家和行业全局层面需要，将艺术类研究生培养与管理结合起来研究的成果不多。二是在成果内容上缺乏深度和强度，聚焦艺术类研究生培养与管理的环节性、操作性、技能性的内容多，如关于某一课堂、课程或专业的教学方法、教学理念、教学思路的经验总结的多，但涉及战略层面、理念层面、价值观层面、理论层面的研究的少。三是在研究方法上缺乏角度和宽度，聚焦的内容和问题多而碎，但重点不清晰，抓手不明确，提出的对策也更多是就事论事，如综合比较国内外艺术类研究生培养模式与管理经验的研究成果少，既放眼世界又脚踏实地、既着眼长远又立足现实的研究成果少。四是在成果应用上缺乏准度和力度，有很强的问题意识，也提出了很多思考和观点，如欧美艺术类研究生培养经验的介绍与启示，但是忽略了我国现实国情，如艺术

---

① 唐鑫梅. 艺术设计专业研究生 ESP "翻转课堂" 教学模式研究——以山东大学（威海）艺术学院为例 [J]. 装饰, 2017 (01)：130 – 131.

② 肖红, 刘珊珊, 陈香. 艺术类研究生多元化英语教学模式探究——基于分类培养的视角 [J]. 外语界, 2017 (02)：67 – 73.

事业行业发展实际和高校艺术类研究生培养实际，所以解决问题的针对性和可行性不够。

第三节 概念界定

艺术学指的是研究人类艺术实践活动产生、发展、变化及其规律的学科。艺术是人类的一种特殊实践活动，艺术学在我国是舶来品，在理论体系、学科架构、思维模式及研究方法等方面，中国艺术学都在很大程度上受到了西方的影响。[①] 正如马采先生所说："艺术学就是研究关于艺术的本质、创造、欣赏、美的效果、起源、发展、作用和种类的原理和规律的科学。这是艺术学的目的，同时也是艺术学的意义。"[②]

艺术学教育指的是跟艺术创作生产、传播、接受相关的教育，宏观意义上指的是所有跟艺术行业、职业、产业相关的技能培训、专业教育及学术研究。从学科专业分布上讲，涉及艺术学门类下面艺术学理论、音乐与舞蹈学、戏剧与影视学、美术学、设计学，这五个大的类别的十几个专业。

艺术类研究生指的是从事艺术学相关学科学习研究的在读学生。从人才培养层次可以将其分为硕士研究生和博士研究生；从学历类型可以将其分为学历教育艺术类研究生和非学历教育艺术类研究生。本书的艺术类研究生主要指的是教育部《学位授予和人才培养学科目录（2011年）》（以下简称"研究生专业目录"）中与艺术学相关的研究生，包括两大部分：一部分是有明确专业目录的，如研究生专业目录中的"艺术学理论"（1301）、"音乐与舞蹈学"（1304）、"戏剧与影视学"（1303）、"美术学"（1304）和"设计学"（1305）；另一部分是没有明确专业目录但培养出来的人才又与艺术学密切相关的，它广泛存在于工学、新闻传播学、管理学门类中的相关专业或交

[①] 高永亮. 论中国艺术学科体系的内涵、外延和基本构架 [J]. 现代传播（中国传媒大学学报），2012，34（09）：70-74.

[②] 马采：《艺术学与艺术史论集》，中山大学出版社1997年版，第7页.

叉专业当中。

艺术类研究生人才培养模式指的是针对艺术类研究生技术性、创新性、专业性、实践性的特点，根据艺术行业的时代需求制定的动态培养方式方法，涵盖培养过程、导师队伍建设、联合培养机制与评价体系四方面。培养过程包括艺术类研究生招生、学科专业建设、思政教育课程、课程体系和毕业论文管理等。导师队伍建设包括导师的思想政治素养、人文素养、专业素养、教学素养、科研素养、实践素养等方面建设。联合培养机制包括学科间的联合培养、学院间的联合培养、学校间的联合培养、校企间的联合培养、政校企的联合培养。评价体系指的是对艺术类研究生道德素养、专业能力、实践能力、创新能力、科研能力等方面的测定。

第四节　逻辑框架

本书的主要逻辑框架如图 1-1 所示。

第一章中，从艺术类研究生培养的研究缘起入手，对现有的关于"艺术类研究生"教育文献进行系统梳理，并对本书的几个核心概念做了界定。

第二章中，回顾了自 1949 年起我国研究培养的历程演进，进而对我国艺术类研究生的培养历程进行梳理，并结合时代技术和媒介变革的大环境，提出媒介变革让艺术形式和内容边界趋于同化，影响着艺术的创作、接受及传播，并推动了审美活动和艺术活动的嬗变。时代的变革引起艺术类研究生培养的嬗变。国家需要勇担时代重任的艺术类研究生，社会需要具备德才兼备的艺术类研究生，企业需要敢于革故鼎新的艺术类研究生，个人需要实现自我价值的艺术类研究生，艺术类研究生的培养要适应并满足时代发展的需要。

第三章中，阐述了艺术类研究生培养的实践价值。创新艺术类研究生培养模式，有利于拓宽艺术类研究生培养格局，有利于优化艺术类研究生培养结构，有利于协同艺术类研究生育人规范，更有利于促进艺术类研究生服务社会能力的提高。

第一章 绪 论

```
┌─────────────────────────────────────────────────┐
│  研究缘起    →    文献综述    →    概念界定     │
└─────────────────────────────────────────────────┘
                        ↓
┌─────────────────────────────────────────────────┐
│  我国研究生培养        →   我国艺术类研究生      │
│    历程演进                 培养历程演进         │
│                                   ↓              │
│  新时代艺术类研究生    ←   媒介变革环境下的     │
│    培养的嬗变        新时代     艺术变迁         │
└─────────────────────────────────────────────────┘
                        ↓
              艺术类研究生培养的时代价值
                        ↓
              艺术类研究生培养模式的内涵探索
                        ↓
┌─────────────────────────────────────────────────┐
│ 艺术类研究生   →  艺术类研究生   →  艺术类研究生│
│  培养的原则       培养环节问题      培养优化路径│
└─────────────────────────────────────────────────┘
                        ↓
┌─────────────────────────────────────────────────┐
│  导师队伍     →   导师队伍     →   导师队伍     │
│  建设现状         存在问题         优化路径     │
└─────────────────────────────────────────────────┘
                        ↓
┌─────────────────────────────────────────────────┐
│ 艺术类研究生   →  艺术类研究生   →  艺术类研究生│
│  联合培养目的     联合培养现状      联合培养路径│
└─────────────────────────────────────────────────┘
                        ↓
┌─────────────────────────────────────────────────┐
│  艺术类研究生评价    →   艺术类研究生评价       │
│    体系现状                体系优化路径         │
└─────────────────────────────────────────────────┘
```

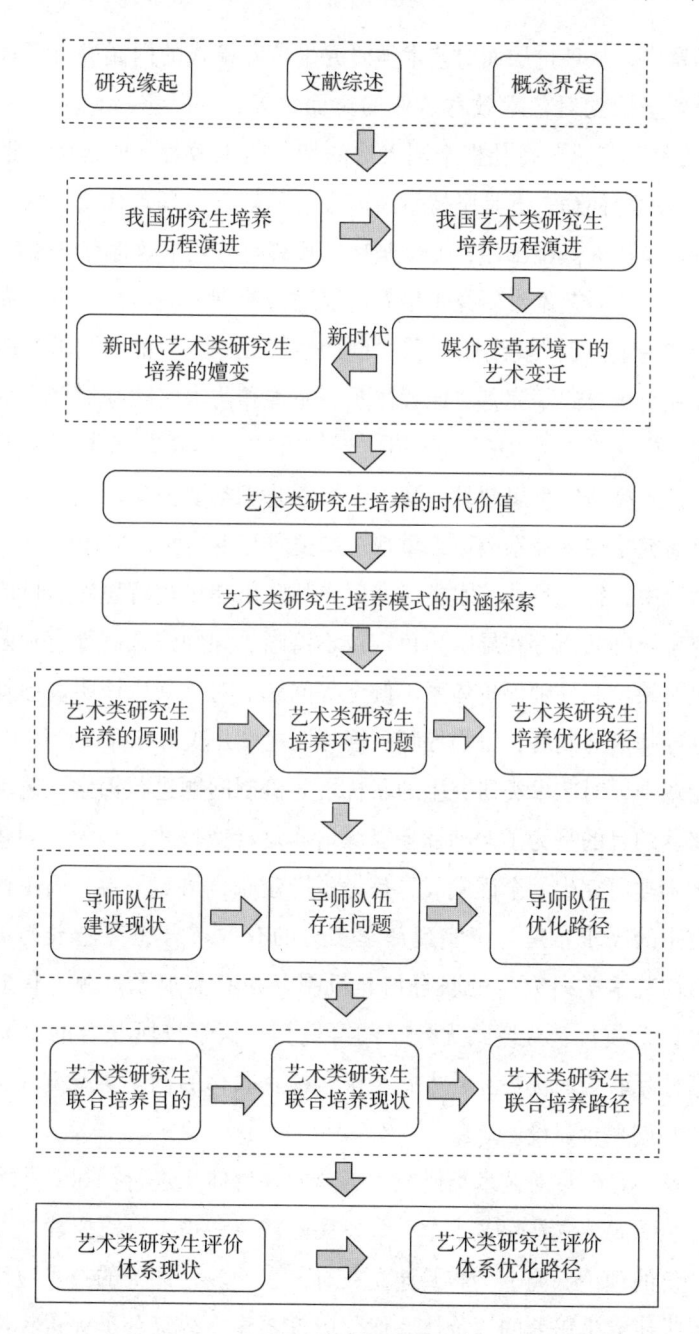

图 1-1 逻辑框架

11

第四章中，从理论层面对艺术类研究生培养模式的内涵进行了理论的探索。一是要坚持党对艺术教育事业的全面领导，二是坚持艺术人才培养的"四为"方针，三是坚持扎根中国大地的特色艺术教育，四是坚持把服务人民作为艺术教育使命，五是坚持不断推进艺术教育治理现代化，六是坚持把导师队伍建设作为基础工作，七是坚持思政铸魂与艺术教育有机融合。

第五章中，对艺术类研究生培养过程进行梳理，提出艺术类研究生培养应该坚持"专业性""实践性"和"创造性"原则。目前的艺术类研究生培养过程存在选拔方式不完善、课程体系不完善和艺术实践基地严重匮乏等问题。对此，应完善艺术类研究生招生选拔方式，加强艺术类研究生学科建设，建设艺术类研究生思政教育课程，探索艺术类研究生培养方式创新，推进艺术类研究生课程体系改革，重视艺术类研究生毕业论文管理。

第六章中，针对目前艺术类研究生导师队伍建设进行思考。目前我国艺术类研究生导师队伍存在导师角色定位不清晰、导师遴选制度有缺陷、导师师德师风有缺位和导师评价体系不健全等问题。对此，应该明确导师身份定位，抓好导师遴选制度，增强导师师德师风建设并改善导师评价体系。

第七章中，对艺术类研究生的联合培养机制问题进行探索。艺术类研究生联合培养的目的是为了调动社会资源培养复合型人才，是为了创新培养模式促进艺术类研究生的全面发展，是为了搭建联合培养平台，满足社会对艺术类研究生的需求，是为了实现产学实力的有效整合完善艺术类研究生培养。但目前艺术类研究生的联合培养机制存在有需求无资源、有想法无抓手、有平台无项目、有模式无效果的窘境，应探索校所联合的交叉培养方式，探索校际联合的优势互补方式，探索校企联合的创新实践方式，探索政校联合的共创平台建设。

第八章中，着重对艺术类研究生培养的评价体系进行探讨。艺术类研究生评价体系需要建立在对艺术学教育发展的规律认识上，需要建立在对艺术学教育评价的理论探究上，需要建立在对艺术学教育评价的技术应用上。因此，艺术类研究生培养的评价体系优化应该要建立分级分类评价标准，要坚持"重创新、破五唯"，更要构建多维动态评价标准。

第二章

艺术类研究生培养的时代诉求

第一节 我国研究生培养历程演进

中华人民共和国刚刚成立时，我国各类人才都十分紧缺，高层次人才的缺口更大，经过几十年的发展，我国目前的研究生规模在全世界都已经排得上名次，研究生培养工作仍然在持续地坚定前行，走出了一条"从无到有、从少到多、从弱到繁、从有到优"的中国特色研究生教育之路。从"凤毛麟角"到"百万大军"的蜕变，见证了我国研究生教育的整个发展过程。

根据教育部数据显示，1997年到2019年，我国研究生毕业人数总数如表1所示，我国研究生毕业人数总数变化趋势如图2-1所示。

表2-1 1997—2019年我国研究生毕业人数

单位：人

年份	合计	博士	硕士
1997年	46433	7319	39114
1998年	47008	8957	38051
1999年	54509	10320	44189
2000年	58569	11004	47565
2001年	67567	12867	54700

续表

年份	合计	博士	硕士
2002 年	80841	14638	66203
2003 年	111047	18806	92241
2004 年	150777	23446	127331
2005 年	189728	27677	162051
2006 年	255902	36247	219655
2007 年	311839	41464	270375
2008 年	344825	43759	301066
2009 年	371273	48658	322615
2010 年	383600	48987	334613
2011 年	429994	50289	379705
2012 年	486455	51713	434742
2013 年	513626	53139	460487
2014 年	535863	53653	482210
2015 年	551522	53778	497744
2016 年	563938	55011	508927
2017 年	578045	58032	520013
2018 年	604368	60724	543644
2019 年	639666	62578	577088

从表2-1和图2-1可以看出，我国研究生毕业人数呈现持续增长的态势，从1997年的46433人到2019年的639666人，2019年研究生毕业人数总数是1997年的13.8倍。从1997年的7319人到2019年的62578人，2019年博士研究生毕业人数总数是1997年的8.6倍。从1997年的39114人到2019年的577088人，2019年硕士研究生毕业人数总数是1997年的14.8倍。

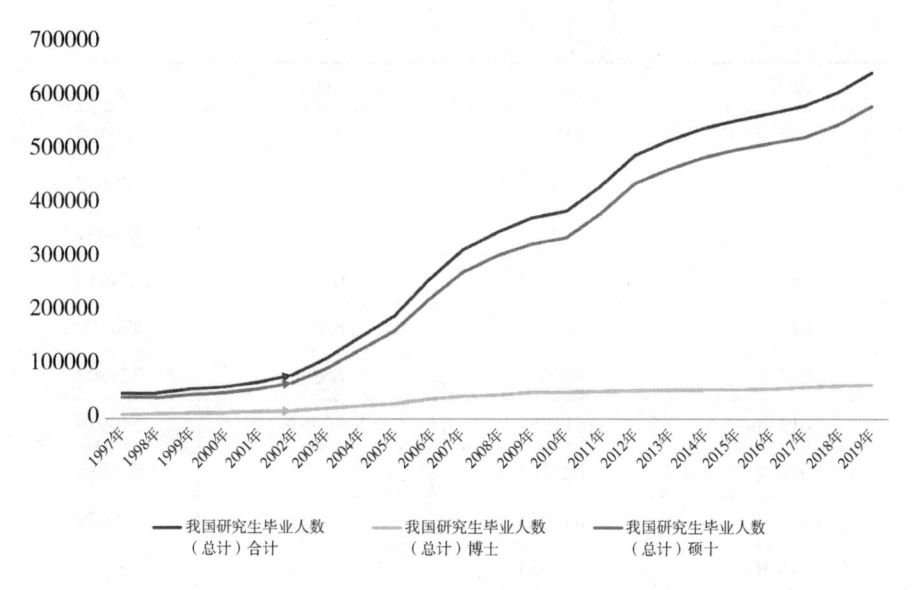

第二章 艺术类研究生培养的时代诉求

图 2-1 1997—2019 年我国研究生毕业人数

1997年到2019年，我国研究生招生人数总数如表2-2所示，我国研究生招生人数总数变化趋势如图2-2所示。

表 2-2 1997—2019 年我国研究生招生人数

单位：人

年份	合计	博士	硕士
1997 年	63232	12917	50315
1998 年	72262	14962	57300
1999 年	91762	19915	71847
2000 年	128065	25142	102923
2001 年	164855	32093	132762
2002 年	202504	38342	164162
2003 年	268747	48740	220007
2004 年	326286	53284	273002
2005 年	364831	54794	310037
2006 年	397925	55955	341970

续表

年份	合计	博士	硕士
2007 年	418612	58022	360590
2008 年	446422	59764	386658
2009 年	510953	61911	449042
2010 年	538177	63762	474415
2011 年	560168	65559	494609
2012 年	589673	68370	521303
2013 年	611381	70462	540919
2014 年	621323	72634	548689
2015 年	645055	74416	570639
2016 年	667064	77252	589812
2017 年	806103	83878	722225
2018 年	857966	95502	762464
2019 年	916503	105169	811334

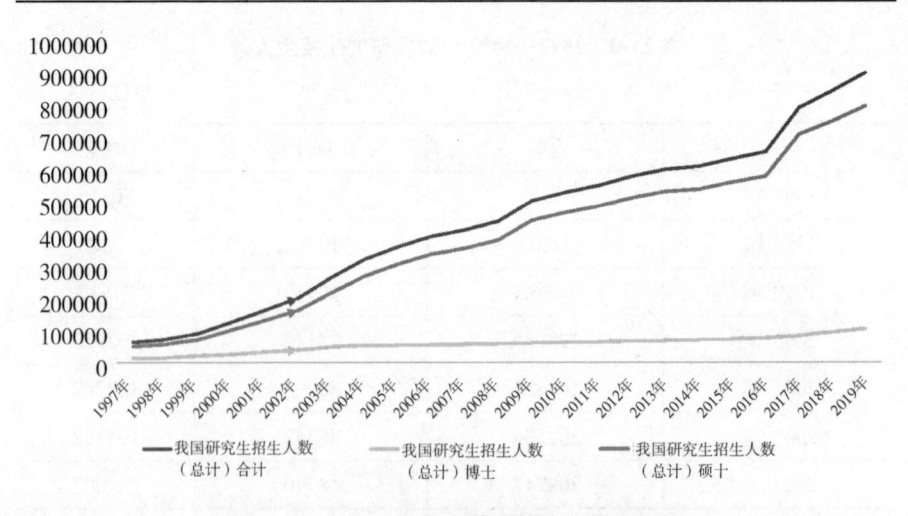

图 2-2 1997—2019 年我国研究生招生人数

从表 2-2 和图 2-2 可以看出，我国研究生招生人数呈现持续增长的态势，从1997年的63232人到2019年的916503人，2019年研究生招生人数总数是1997年的14.5倍。从1997年的12917人到2019年的105169人，2019年博士研究生毕业人数总数是1997年的8.1倍。从1997年的50315人到2019年的811334人，2019年硕士研究生毕业人数总数是1997年的16.1倍。

1997年到2019年，我国研究生在校人数总数如表2-3所示，我国研究生在校人数总数变化趋势如图2-3所示。

表2-3 1997—2019年我国研究生在校人数

单位：人

年份	合计	博士	硕士
1997年	175629	39927	135702
1998年	198356	45246	153110
1999年	232563	54038	178525
2000年	300437	67293	233144
2001年	392364	85885	306479
2002年	500873	108737	392136
2003年	650802	136687	514115
2004年	819896	165610	654286
2005年	978610	191317	787293
2006年	1104653	208038	896615
2007年	1195047	222508	972539
2008年	1283046	236617	1046429
2009年	1404942	246319	1158623
2010年	1538416	258950	1279466
2011年	1645845	271261	1374584
2012年	1719818	283810	1436008
2013年	1793953	298283	1495670
2014年	1847689	312676	1535013
2015年	1911406	326687	1584719

续表

年份	合计	博士	硕士
2016年	1981051	342027	1639024
2017年	2639561	361997	2277564
2018年	2731257	389518	2341739
2019年	2863712	424182	2439530

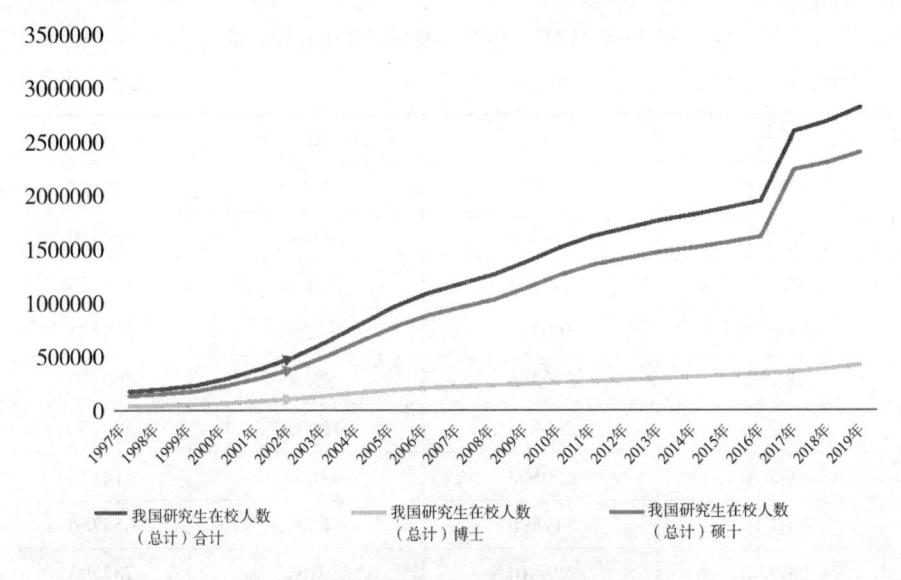

图2-3 1997—2019年我国研究生在校人数

从表2-3和图2-3可以看出，我国研究生在校人数呈现持续增长的态势，从1997年的175629人到2019年的2863712人，2019年研究生招生人数总数是1997年的16.3倍。从1997年的39927人到2019年的424182人，2019年博士研究生在校人数总数是1997年的10.6倍。从1997年的135702人到2019年的2439530人，2019年硕士研究生毕业人数总数是1997年的18倍。

当然相比于西方经济发达国家，我国研究生教育发展的时间不算长，但从发展脉络上看，研究生教育始终与中华人民共和国发展同步、与国家和民族发展同呼吸、共命运,① 在探索中创新,在曲折中成长,作为国民教育体系的顶端和国家创新体系的重要组成部分,用实际行动践行了"高端人才供给"和"科学技术创新"双重使命,实现了伟大的历史性飞跃。具体发展过程如图 2-4 所示。

```
探索发展阶段:1949—1977年
        ↓
变革成长阶段:1978—1988年
        ↓
调整转型阶段:1989—1998年
        ↓
完善拓展阶段:1999—2009年
        ↓
优化突破阶段:2010年至今
```

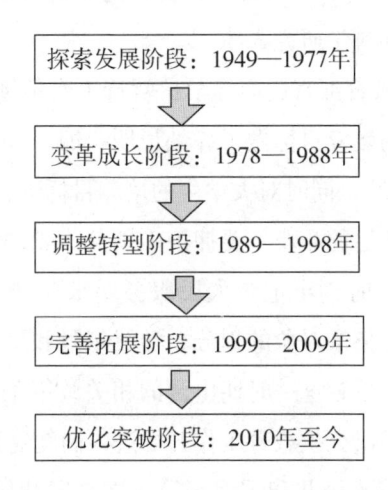

图 2-4 1949 年至今我国研究生培养历程演进

一、探索发展阶段:1949—1977 年

在中华人民共和国成立之初,明确提出要建设社会主义国家,用马克思列宁主义武装思想。中国研究生教育摒弃了欧美的教育模式,开始全面向苏联学习,进入了走社会主义道路的探索期。当时不仅仅是国内形势比较严峻,国际形势也不容乐观,中国陷入发展困境,但即使是在那个特殊的时代,国家也对研究生教育工作给予了许多支持,想方设法补充高等院校师资力量,着力培养科研人才。在开展研究生教育之初,我国高校数量少、人员规模小、科研资源严重不足;文科多、理工科少、农科薄弱;缺乏制度和规范保障,更缺乏思想与政策的引领。1949 年,我国研究生在校人数仅为 629

---

① 自觉承担起大学对国家、民族的使命 [N]. 中国社会科学报,2013-01-07 (B02).

人，面临的最直接的现实困境是研究生的教育规模无法满足社会主义建设需求。由于当时我国劳动人民普遍教育水准不高，国家事业发展急需人才，为了实现教育的进一步均衡，在1951年政务院第97次政务会议上，出台了《关于改革学制决定》，其中明确要求，要在高等院校设立多个专业研究部，培养高等学校的师资和科学研究人才。①

1961年颁布的《教育部直属高等学校暂行工作条例（草案）》的第六十条，则是对高等院校的教育目标做了详细说明，即"高等学校必须以教学为主，努力提高教学质量"，同时对大学生的培养目标进行了规定，"要具有爱国主义精神，有良好的道德品质，要拥护中国共产党的领导，要能够以建设社会主义事业为己任，时刻牢记为人民服务要求"。除上述宏观性规定外，对于研究生如何招录、招录对象的划分、学习年限和培养方法等比较具体的问题，也都有所涉及。尽管这一时期出台的相关政策条例并不完善，但却代表着中华人民共和国的研究生教育工作开始进入制度建设阶段。

1963年1月，中华人民共和国召开第一次全国性研究生教育工作会议，会议讨论通过了被称为"研究生教育三十条"的《高等学校培养研究生工作暂行条例（草案）》，由招生工作、培养工作、领导与管理、待遇与工作分配和研究院几部分内容构成，提出了德、智、体等方面的培养目标，要求研究生群体首先要具备良好的专业理论知识功底，了解本学科、本专业的发展趋势，具有独立进行科学研究和教学工作的能力，并一般能掌握两种外语。这一政策的出台标志着我国研究生教育制度的初步建立。据统计，1950年至1966年，全国大约招收了23000名研究生，而这些人在毕业之后，很快投入到我国的科技研究工作中，在一定程度上缓解了我国高层次人才紧缺的问题。然而1966年"文化大革命"开始，中华人民共和国的研究生教育停滞了12年，出现了制度建设匮乏、人才培养断档、教学秩序混乱等一系列问题。

---

① 中华人民共和国教育部．教育文献法令汇编（1949－1952）［Z］．中华人民共和国教育部办公厅，1952：31．

二、变革成长阶段：1978—1988 年

经过了改革开放的十年，我国经济具备了一定的基础，研究生教育工作也进入到一个新的阶段，在 1978 年至 1988 年的十年间，我国研究生教育工作就有了明显的中国特色，学位条例正式实施，学科目标逐步丰富，硕士生和博士生的培养模式也更为规范，这些都为我国研究生教育事业的发展提供了充足有力的制度保障，我国研究生教育事业呈现出新的特征。

1978 年，中国共产党十一届三中全会上，决定将经济建设作为党和国家工作的重中之重，进一步推动改革开放，这一年不仅是我国经济发展的新起点，也是我国研究生教育事业发展的新起点。"文化大革命"的十年间，我国的经济发展基本停滞，而在同一时期，美国、日本和欧洲的许多资本主义国家都在迅速成长。而从 1978 年开始，我国进入了经济发展的"黄金时期"，韩国、新加坡也抓住这一历史机遇实现了国家经济的繁荣发展。面对这一国际局势，基础仍然十分薄弱的中国，首要任务就是实现经济的快速发展，挽回已经失去的时间，更迫切渴望高等教育的回归。在邓小平同志的指引下，中国高等教育逐步走上正轨，研究生招生工作在较短的时间内迅速恢复，研究生教育工作进入发展"快车道"。而在这一阶段开始的几年，我国高等教育事业的主要任务就是规范各项教育制度，将在"文化大革命"中被中断和更改的制度再改回来，拨乱反正。① 1978 年年初，国家教育部制定了《关于高等学校 1978 年研究生招生工作的安排意见》，该《意见》的主要内容就是将 1977 年和 1978 年两年的研究生招生计划合并为一次计划，从 1978 年开始正式招录研究生，这就预示着我国研究生教育工作又重新走上正轨。与此同时，不仅研究生招生工作得以恢复，还打开了出国留学的大门。同年 8 月，教育部制定了《关于增选出国留学生的通知》，对出国留学生名额进

---

① 范国睿，孙闻泽. 改革开放 40 年教育体制机制改革的历史与逻辑分析［J］. 教育研究，2018（7）：15 – 23，48.

行扩充,从 500 人增加到了 3000 人。① 由于国家采取了多项强有力的措施,在这一时期,我国研究生教育工作取得了明显进展,高层次人才得到有效补充。1978 年,我国研究生在校生仅为 1.09 万人,而到了 1985 年已经增加到 7.52 万人。② 除了人数的变化外,研究生的学位制度问题也逐步得到规范,1978 年 4 月召开的全国教育工作会议上,邓小平同志明确要求,"学校和科研单位在进行人才培养和人才选拔时,应当采用学术和技术职称,应当通过比较规范的学位制度进行管理"。

1980 年,第五届全国人民代表大会常务委员会第十三次会议上,顺利通过实施了《中华人民共和国学位条例》,其中规定了本、硕、博三级学位层次,明确了不同教育机构的职责范围,对应当如何培养研究生和进行不同学位的授予也做出了规定,这预示着我国的学位制度体系基本形成,使我国研究生教育有了法律依据和保障。1981 年 1 月 1 日,《中华人民共和国学位条例》正式施行,这是中华人民共和国第一部教育法律,是我国高等教育史上的一个里程碑,也成为我国研究生教育工作最重要的制度支撑,之后国务院学位委员会又颁发了相关的补充性规章制度,包括《中华人民共和国学位条例暂行实施办法》和《关于审定学位授予单位的原则和办法》等。1983 年,国务院学位委员会第三次会议出台了《高等学校和科研机构授予博士和硕士学位的学科专业目录(试行草案)》,首次划分了 11 个学科门类、64 个一级学科、647 个二级学科。③

1984 年 8 月,北京大学和其他 22 所高校,获得了国务院批准,尝试建立研究生院,由此开始,研究生教育管理成为一项独立工作,研究生教育的专业性再次得到体现。1985 年,国务院学位委员会印发《关于在职人员申请

---

① 穆伟山,马翠. 改革开放以来我国研究生国际合作培养的回顾与思考 [J]. 郑州大学学报,2013 (3).
② 王战军,乔刚. 改革开放 40 年中国研究生教育的成就与展望 [J]. 学位与研究生教育,2018 (12):7—13.
③ 国务院学位委员会,教育部. 学位授予和人才培养学科目录(2011 年)[EB/OL]. (2011 - 03 - 22)[2019 - 07 - 21]. http://www.cdgdc.edu.cn/xwyyjsjyxx/sy/glmd/272726.shtml.

硕士、博士学位进行试点工作的通知》及《关于在职人员申请硕士、博士学位的试行办法》，决定在北京大学等三个单位进行接收在职人员以同等学力申请博士学位的试点工作；在北京科技大学等七所院校进行接收在职人员以同等学力申请硕士学位的试点。①

1986年，原国家教委下发了《关于改进和加强研究生工作的通知》，对研究生工作的整体规划提出了八个字的方针，即"平稳发展，确保质量"，进一步规范了我国研究生教育制度。

三、调整转型阶段：1989—1998年

1989年的东欧剧变和1991年的苏联解体，造成了国际经济与政治局势恶化，站在经济体制改革的十字路口，姓"社"姓"资"的抉择成为中国历史转折的际遇。1992年1月18日，邓小平南巡武昌、深圳、珠海、上海等地，发表了重要讲话。此次南巡谈话对中国90年代的经济改革与社会进步起到了关键的推动作用。1992年10月召开了中共十四大，再次重申了要尽快建立社会主义市场经济体制。这不仅是中共经济体制的一次重大改革，也是研究生教育发展过程中面临的一次考验。经济体制的改革让我国研究生教育面临两大困境。一是新的经济环境下，各行各业对人才的规模、质量、层次、专业、类型提出了新的要求；二是以往以研究为主的学术型研究生不能满足社会主义市场经济建设的需要。在此基础上，我国研究生教育在学位授予、权力下放、招生规模等方面做出了一系列调整。当时高层次人才缺口很大，无法满足社会主义事业建设要求，因此1992年国务院学位委员会通过了《关于按专业授予专业学位证书的建议》，因为之前实施的学位条例中，学位授予方式是按照学科进行分类的，而《建议》中将其改为学术型和专业型两种，学位授予方式就从一种改为了两种，这也预示着我国研究生教育工作的专业水准相比之前有了提升。

---

① 秦惠民. 首次接收在职人员申请博士硕士学位［EB/OL］.（2018-11-22）［2019-08-21］. http：//cge. bit. edu. cn/zxfw/fzzx/135514. htm.

1993年3月，中共中央、国务院出台了《中国教育改革和发展纲要》，其中主要提到，我国高等教育必须注重内部质量，不能一味扩大规模，要注重结构的优化和整体效益的提升。国家不断将研究生教育的管理权限下放，并逐步推动教育管理机构的职能转变，鼓励研究生教育社会组织承担更多职能，在国家的宏观调控下，我国研究生教育工作取得了明显进步。1994年7月26日，中国学位与研究生教育学会正式成立，这是我国成立的第一家全国性、学术性，并且按照国家法律规定以研究生教育作为主要职能的非营利性社会组织。

之后就是"211工程"的实施，1996年国家教育委员会先后批准了33所高等学校正式建立研究生院，并下放了博士生导师遴选权力和硕士学位点授予权。在招生规模上，这一时期研究生人数增幅较大，在校研究生数量由9.8万增长至约19.8万。① 经过一段时间的发展，我国研究生教育改革工作进入到一个新阶段，我国学术界开始从学术层面之外，来进一步衡量研究生教育的作用，主要就是研究生教育的经济价值体现，中国的"研究生教育学"研究由此开始。到1998年为止，我国设立了6个专业硕士学位，包括工商管理硕士。除了学术型学位之外，专业型学位也进一步丰富。1998年我国大学生在校生人数尚不足8000万，差不多每十个年轻人中，才能有一个大学生，比例为9.8%。而国际上对于高等教育是否符合大众化标准的规定是15%。②

四、完善拓展阶段：1999—2009年

进入21世纪，全球知识经济与信息社会的发展影响了中国社会主义建设的战略转型，我国经济发展速度较快，对于人才的需求当然也越来越多。以科教兴国、人才强国、创新型国家为目标的三大战略推动着研究生教育走

---

① 王廷础. 以经济建设为中心大力发展教育事业［J］. 山东医科大学学报（社会科学版），1993（1）.
② 王战军，乔刚. 改革开放40年中国研究生教育的成就与展望［J］. 学位与研究生教育，2018（12）：7-13.

上了大国发展的道路。处在世纪之交的中国研究生教育改革之路已经在波折和探索中走过了50年,特别是改革开放后,我国的研究生教育工作坚持不断优化完善研究生教育工作的战略定位,在培养规模、制度建设、理论创新等方面实现了新一轮的跨越式增长,完成了"地毯式"的建设,不仅完善了制度、健全了体系、扩大了规模,而且培养了一大批硕士及以上学历的高层次人才。人才队伍的壮大让中国有了足够的信心、基础和勇气去应对新世纪经济体制转型、社会服务转型和世界局势变革。

1999年6月,我国召开了第三次教育工作会议,会议决定进一步扩大高等教育覆盖面,本科、专科和研究生招生规模都要扩大。随着"985工程"的深入推进,2002年,国务院学位委员会再一次对我国学位授权机制进行了调整,由省级学位委员会、军队学位委员会和设有研究生院的高等院校,对硕士学位的授权学科和专业进行审批。2008年实施的学位授权审核办法中则对以省为单位的限额评审要求和限额申报要求做出了规定。如果是由省级学位委员会负责的硕士学位授权点,则可以以省作为单位,按照限额方式进行评定和审核;如果是已经有学位的单位,要求授予新的博士学位点,则同样以省为单位,按照限额方式进行评定和审核。与此同时,在招生培养方式方面,实行了硕博连读、导师负责制,优化了学位授权的区域布局,促进了西部学位授权点的建设。

1999—2009年间,我国在校研究生总体规模有了大幅度扩增。1999年我国研究生总数是23.26万人,十年后研究生总数增加到140.42万人。除了规模的扩大外,研究生教育的其他管理方面也有了许多新的改革举措,如招生时可以直接攻读博士学位,可以进行在职联考,可以硕博连读,另外还实施了导师负责制等。随着我国建立创新型国家战略的实施,研究生教育也开始更为重视创新要求,在研究生培养模式上不断出台新举措,包括建立了研究生暑期学校和研究生创新中心等。

五、优化突破阶段:2010年至今

从开始实施高等教育扩招计划到2010年,我国研究生数量明显增加,开始从规模化发展进入到内涵式发展时期。走内涵式发展道路，研究生培养质量问题不容忽视，以评估为主要抓手是检验和指导研究生发展质量的重要方式。《国家中长期教育改革和发展规划纲要（2010—2020年）》中要求，目前质量的提升是我国高等教育发展的重中之重。21世纪的第一个十年，我国在产业结构升级、体制改革推进、各级创新突破等方面都有了卓越成效，我国逐步成长为世界第二大经济体，2010年GDP达到39.8万亿元，国际地位和世界影响力显著提升。21世纪的第二个十年，信息革命、数字革命成为争夺全球竞争的新领地，我国也迫切需要高素质人才和高水平科学技术做支撑，我国研究生教育从规模增长与体制完善阶段进入到了内涵发展与质量提升阶段。

2012年，教育部下发了《关于全面提高高等教育质量的若干意见》，其中规定要"改革研究生培养机制"，进一步完善了研究生教育的制度保障。十八大以来，国家政府对教育事业不遗余力地给予支持，2013年，教育部、国家发展改革委员会、财政部联合出台了《关于深化研究生教育改革的意见》，将研究生教育改革的重点放到对服务需求的满足和质量的提升上，即研究生教育要更好地为经济社会发展提供助力，走科教结合、产学结合道路，尤其要重点提升高层次人才的创新能力和综合实践能力。文件的出台标志着我国研究生教育工作启动全面深化改革，"立德树人、服务需求、提高质量、追求卓越"成为我国研究生教育事业发展的共识线和遵循线，开启了向研究生教育强国迈进的新征程。同年，包括研究生院设置审批、国家重点学科审批、全国优秀博士学位论文评选等多项行政审批和评奖事项一律取消，对学位授权审核制度进行了重大改革，实施学位授权点动态调整，批准学位授权自主审核单位31家，给予地方和培养单位自主调整学位授权点权限。

2013年，教育部、人力资源、社会保障部联合出台了《关于深入推进专业学位研究生培养模式改革的意见》，其中指出，我国研究生教育工作要更贴近中国国情需求，更具有中国特色。国家在研究生教育投入方面也不断加大力度，2013年，财政部、国家发展改革委、教育部出台了《关于完善研究生教育投入机制的意见》，明确了研究生教育的资金投入方式，即政府是主要资金投入者，受教育者适度承担教育成本，教育机构通过多种渠道进行经费筹集。同时也再次提高了研究生的经费拨付比例，中央高校研究生生均拨款，硕士生和博士生的款项额度原本分别是1万元和1.2万元，调整后提高为2.2万元和2.8万元，研究生的待遇水平显著提升；改革了助学金制度，实现了全日制研究生资助的全覆盖，研究生奖助体系进一步健全。为了进一步释放研究生教育整体活力，前一个发展阶段的研究生教育，更多的是依靠外在动力，而改革之后，内在动力更强，教育部积极深入推进"放管服"改革，完善研究生教育的治理体系，提升了治理能力。

2014年，国务院学位委员会举行了全国研究生教育工作质量工作会议暨国务院学位委员会第三十一次会议，自从研究生招生工作重新启动之后，我国召开过多次研究生教育工作会议，但这是第一次将会议主题明确确定为研究生教育质量，这也说明我国研究生教育的"质量建设时代"正式启动。在这一时期，我国研究生教育的突出成就是建设了"五位一体"的质量保障体系。作为我国学位与研究生教育质量保障体系的顶层设计，该体系标志着我国从"研究生教育大国"行列迈向"研究生教育强国"行列。同年，国务院学位委员会、国家教育部等，先后制定了多项文件，涉及高等教育质量、学位授权点资质的评估、学术论文检查等，在推动研究生教育质量提升方面起到了积极作用。2014年，国务院学位委员会、教育部出台了《学位授予点合格评估办法》，同时下发了《关于开展学位授权点合格评估工作的通知》。同年还召开了全国研究生教育质量工作会议，会议上通过了《关于加强学位与研究生教育质量保证和监督体系建设的意见》，根据《意见》内容，我国研究生教育质量保障体系是"五位一体"，"五位"包括：学位授予单位、教育管理机构、学术部门、行业机构、社会组织。也是在2014年，我国对博士和硕士学位的要求进行了说明，即是说研究生教育有了权威的国家标准。通过学位论文抽查检查、学位授权资质评估、学风建设等几项工作，国家对研究生教育质量的监管力度更大，研究生人才培养工作得到进一步完善。目前我国研究生学科体系中包括111个一级学科和47个专业学位类别，基本上能够涉及国民经济和社会发展的所有方面，大部分领域的高层次人才需求都能够得到满足。

2015年之后，研究生教育工作的质量管理持续推进。"双一流"建设的提出与推进，去"四唯"、破"五唯"等政策的连续发布，使我国研究生教育整体质量明显提升，成为强国振兴中不可忽视的巨大力量。

2018年，我国研究生教育实现"五个突破"：研究生培养单位数量达到800个以上，在校研究生总人数超过270万，研究生招生规模达到了85万，研究生导师规模突破40万，来华留学研究生规模突破8万。[①] 数量的提升仅仅是一方面，研究生教育质量的提升也是非常明显的。随着《国家中长期教育改革和发展规划纲要（2010—2020年）》逐步实施，近年来我国研究生教育改革层次逐步提升，整体教育质量进步明显。

据相关部门数据统计，到2019年，已经有52个国家和地区与我国签订了互相承认学位学历协议，包括英国、法国和德国等经济发达国家在内。境外研究生培养项目的覆盖面和影响力不断扩大，若干所高校走出国门到海外创办分校，硕士及以上层次中外合作办学机构与项目达260多个。国内研究生参与国际学术前沿研究的活跃度大幅提高，"国家建设高水平大学公派研究生项目"2019年计划派出人数已达9500人。2019年，有从世界203个国家和地区来的学生在我国就读硕士和博士课程，学生总量达到9.1万名，我国已成为亚洲最大留学目的国和亚太区域研究生教育中心。

总体来说，我国研究生教育的发展历程是在探索中前进，在突破中发展。据统计，2019年，在当年招收的硕士研究生中，攻读专业学位的人数占比已达58%。预计2020年，研究生招生数将超过110万人。从2010年到2020年，我国硕士研究生招生总数年均增长6%，博士生招生总数年均增长5.7%，上述数字就充分说明，我国的研究生教育正在有序推进，研究生教育为我国社会主义事业发展提供了大量高层次人才。

根据教育部数据显示，2012年到2019年，我国学术学位研究生情况总

---

① 研究生教育研究中心."生"说、"事"说和"数"说研究生教育质量2018［EB/OL］.（2018-11-22）［2019-08-21］.http://cge.bit.edu.cn/zxfw/fzzx/135514.htm.

数如表2-4所示，我国学术学位研究生情况总数变化趋势如图2-5所示。

表2-4　2012—2019年我国学术学位研究生情况

单位：人

年份	我国学术学位研究生毕业生数合计	我国学术学位研究生招生数合计	我国学术学位研究生在校生数合计
2012年	396976	390790	1270144
2013年	381854	384803	1247567
2014年	362950	380561	1234835
2015年	350983	381413	1238406
2016年	344415	384938	1245286
2017年	340479	401299	1289020
2018年	344155	411378	1319799
2019年	346922	431844	1366951

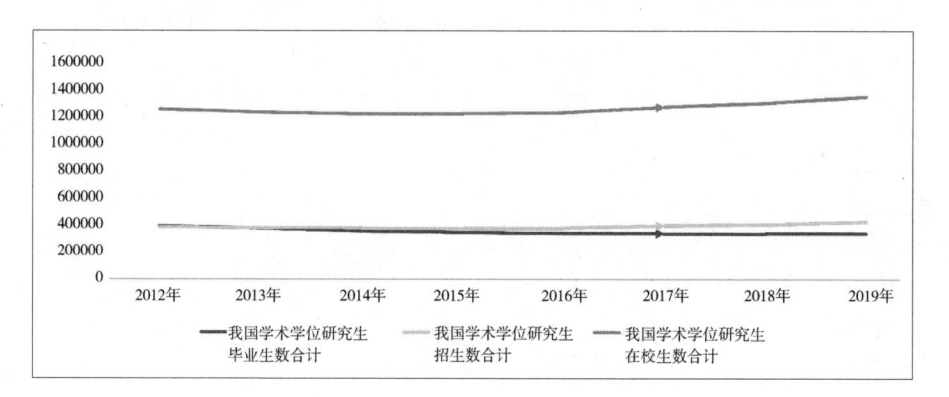

图2-5　2012—2019年我国学术学位研究生情况趋势图

从表2-4和图2-5可以看出，我国学术学位研究生人数保持稳定的态势，毕业人数从2012年到2019年基本稳定在35万人左右，学术学位研究生招生人数从2012年的390790人到2019年的431844人，2019年学术学位研究生招生人数是2012年的1.1倍，学术学位研究生在校人数从2012年的1270144人到2019年的1366951人，2019年学术学位研究生在校人数是2012

年的 1.1 倍。

2012 年到 2019 年，我国专业学位研究生情况总数如表 2-5 所示，我国专业学位研究生情况总数变化趋势如图 2-6 所示。

表 2-5 2012—2019 年我国专业学位研究生情况

单位：人

年份	我国学术学位研究生毕业生数合计	我国学术学位研究生招生数合计	我国学术学位研究生在校生数合计
2012 年	89479	198883	449674
2013 年	131772	226578	546386
2014 年	172913	240762	612854
2015 年	200539	263642	673000
2016 年	219523	282126	735765
2017 年	237566	404804	1350541
2018 年	260213	446588	1411458
2019 年	292744	484659	1496761

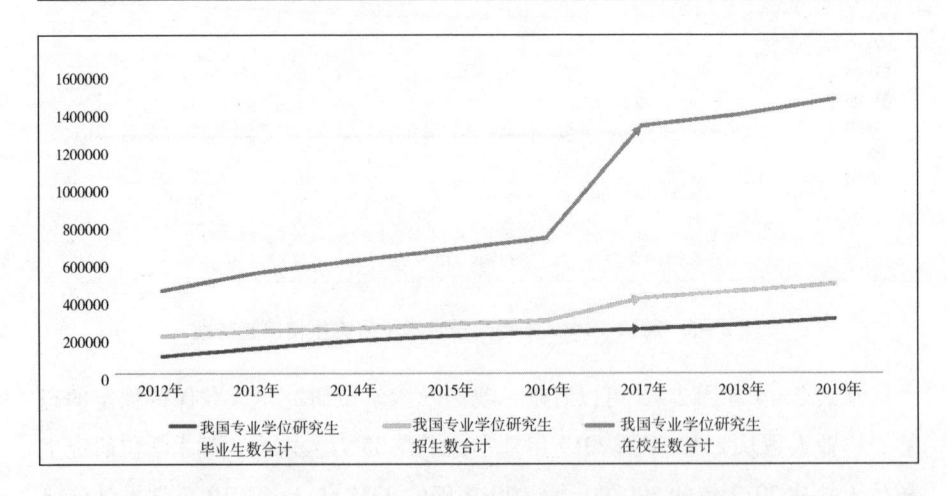

图 2-6 2012—2019 年我国专业学位研究生情况趋势图

从表 2-5 和图 2-6 可以看出，我国专业学位研究生毕业生数、招生数和在校生数都呈增长趋势，毕业人数从2012年的89479人增加到2019年的292744人，2019年专业学位研究生毕业人数是2012年的3.3倍，专业学位研究生招生人数从2012年的198883人到2019年的484659人，2019年专业学位研究生招生人数是2012年的2.4倍，专业学位研究生在校人数从2012年的449674人到2019年的1496761人，2019年专业学位研究生在校人数是2012年的3.3倍。

当前全球竞争的热点集中于人才尤其是高端人才方面，而我国要实现创新发展，建立社会主义现代化强国，必然需要更多的高层次人才支持。尤其是当前全球科技领域的创新发展态势十分明显，新的产业革命、科技革命即将到来，对于任何一个国家来说，高端人才的价值都是值得高度关注的。而研究生教育，就是培养高层次综合型人才的最好途径，而我国目前研究生教育的焦点，应当是如何主动迎合国家战略实施要求，[1] 完善高层次人才结构，同时实现人才质量的提升。

近几年我国每一项引人瞩目的工程，从上天的"嫦娥"，到入海的"蛟龙"，都离不开技术，而谈到技术，就要进一步谈到人才尤其是高层次人才。在当前形势下，研究生教育就成为培养高端人才、综合人才、创新人才的最大平台，成为国家创新实力提升的最大支撑，我国研究生教育逐步扎根中国大地全面服务社会发展，大大提升了对经济社会发展的支撑和引领能力，特别是党的十八大以来，中国特色研究生教育制度的"四梁八柱"逐渐立稳筑牢，我国研究生教育站在新的历史起点，取得了新突破。在人才培养上，要高度重视研究生的品德教育，进一步完善研究生的思想政治教育工作，近年来我国出现了一大批德才兼备的研究生导师，如黄大年、钟扬等就是其中的佼佼者。30年前，我国普通高校教师中，拥有研究生学历的教师占比不到20%，而现在，我国普通高校教师中，拥有研究生学历的比例为64.1%，[2]

---

[1] 汪霞. 研究生创新型人才培养研究 [M]. 南京大学出版社：研究生培养研究丛书，2018.

[2] 史静寰，许甜，李一飞. 我国高校教师教学学术现状研究——基于44所高校的调查分析 [J]. 高等教育研究，2011，32 (12): 52-66.

大大提高了教师队伍的整体素质。学术学位、专业学位研究生分类培养模式愈加完善，更加突出科教融合和产教融合培养，研究生招生数由2012年的不到59万人增加到2020年的110余万人，为社会主义现代化建设各行各业输出了大批高层次人才。

"双一流"建设引领性工程启动后，教育部确定首批一流大学建设高校42所、一流学科建设高校95所，搭建了人才培养的一流平台。随着建设进程的加速，若干学科进入世界一流行列，树起了新时代高等教育特色发展争创一流的旗帜，各地各校百舸争流，一大批拔尖人才、应用复合型人才如雨后春笋般涌现。

以培养勇攀科技高峰的"登山队"为己任，我国的研究生教育为创新型国家建设提供了强大支撑。自党的十八大以来，进入到我国技术领域中的研究生人才越来越多，国家的许多技术基础研究工作，以及如"973"等国家高精尖科研项目，都有高校的参与，目前我国80%以上的SCI论文和社科重大成果，都是由各大高校贡献的。许多研究生都成为我国重点科研项目的参与者，根据统计，2018年我国自然科学基金重点项目的参与人员中，在学研究生占比一半以上。这些数据已经充分说明，研究生成为我国一支强有力的科研力量。

我国研究生教育制度历经几次改革，一直将符合国家国情发展需求放到办学的首要位置，而且在具体的教育管理工作中，也始终将贴合国情、贴合实际作为重要标准。例如我国的研究生学位授权点管理工作已经开展了六年，六年中我国一共撤销了1675个学位点，同时增加了1064个学位点，在推动地方高等教育事业发展方面，做出了卓越贡献；还譬如说，对于某类社会急需的高等人才，国家也会适时调控高等教育的管理模式，临床医学专业研究生就是采用了五年加三年的培养模式，五年在院校学习专业知识，三年作为住院医师接受实践培训，这样八年学业结束，就已经将具备了成为临床医师的资质。而"科技小院"的人才培养模式则是融合了课上和课下，在课堂上进行理论授课，同时在农村建立实验室，方便研究生随时到一线田地中了解试验情况。目前我国在多个地区建立了120余个科技小院，为扶持农村经济发展，补充农村技术科研力量，实现脱贫攻坚目标提供了人才支持。

我国的研究生教育工作，从无到有，从少到多，经历了数个阶段，目前所培养的高端人才，已经基本能够满足我国战略发展需求，我国研究生教育水准也已经逐步靠近国际一流水平。"潮平两岸阔，风正一帆悬。"随着我国伟大复兴中国梦的逐步实现，社会主义现代化事业对于高层次人才的需求也会越来越多，尤其是新的产业革命、技术革命即将开始，我国经济转型升级迫在眉睫，宏观环境的变化对于研究生教育工作也提出了更高的要求，在深化巩固综合改革的发力期，研究生教育大有可为。

第二节 我国艺术类研究生培养历程演进

自艺术学被确立为第十三个学科之后，我国艺术类研究生培养模式开始逐步扩大。据教育部统计数据显示，2012年到2019年，我国艺术类研究生毕业人数情况如表2-6所示，我国艺术类研究生毕业人数情况变化趋势如图2-7所示。

表2-6 2012—2019年我国艺术类研究生毕业人数

单位：人

年份	合计	博士	硕士
2012年	12091	440	11651
2013年	15299	459	14840
2014年	15508	464	15044
2015年	16696	481	16215
2016年	17741	549	17192
2017年	18917	558	18359
2018年	19694	586	19108
2019年	20951	609	20342

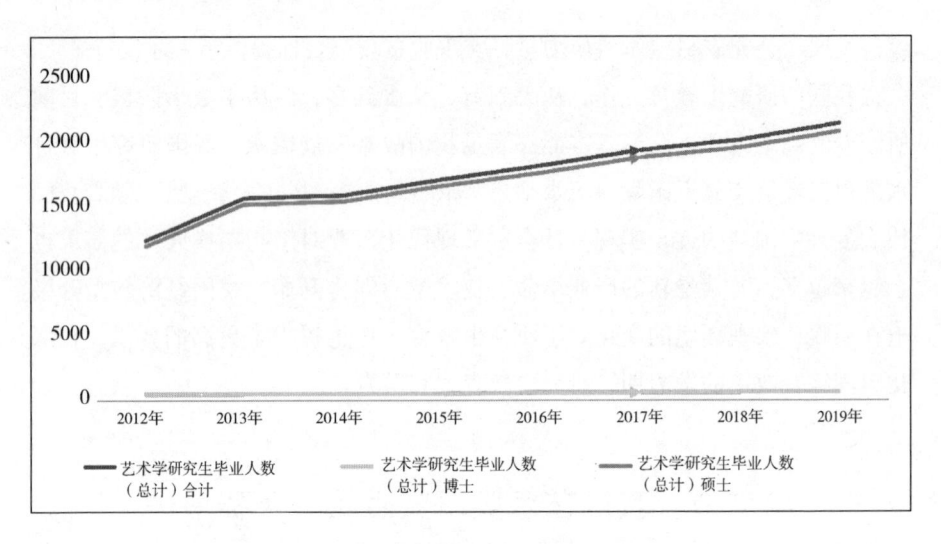

图 2-7 2012—2019 年我国艺术类研究生毕业人数情况

从表 2-6 和图 2-7 可以看出，我国艺术类研究生毕业人数呈增长趋势，总毕业人数从 2012 年的 12091 人增加到 2019 年的 20951 人，2019 年艺术类研究生毕业人数是 2012 年的 1.7 倍，艺术学博士研究生毕业人数从 2012 年的 440 人增加到 2019 年的 609 人，2019 年艺术学博士研究生毕业人数是 2012 年的 1.4 倍，艺术学硕士研究生毕业人数从 2012 年的 11651 人增加到 2019 年的 20342 人，2019 年艺术学硕士研究生毕业人数是 2012 年的 1.7 倍。

2012 年到 2019 年，我国艺术类研究生招生情况总数如表 2-7 所示，我国艺术类研究生招生情况总数变化趋势如图 2-8 所示。

表 2-7 2012—2019 年我国艺术类研究生招生人数

单位：人

年份	合计	博士	硕士
2012 年	17179	593	16586
2013 年	18378	657	17721
2014 年	19298	638	18660
2015 年	20335	663	19672

续表

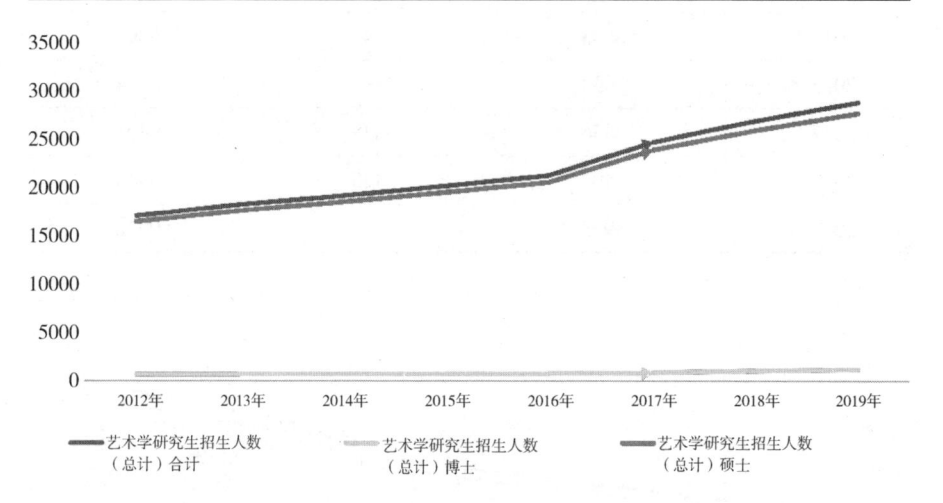

年份	合计	博士	硕士
2016年	21451	719	20732
2017年	24912	801	24111
2018年	27148	988	26160
2019年	29058	1135	27923

图2-8 2012—2019年我国艺术类研究生招生人数情况

从表2-7和图2-8可以看出，我国艺术类研究生招生人数呈增长趋势，总招生人数从2012年的17179人增加到2019年的29058人，2019年艺术类研究生招生人数是2012年的1.7倍，艺术学博士研究生招生人数从2012年的593人增加到2019年的1135人，2019年艺术学博士研究生招生人数是2012年的1.9倍，艺术学硕士研究生招生人数从2012年的16586人增加到2019年的27923人，2019年艺术学硕士研究生招生人数是2012年的1.7倍。

2012年到2019年，我国艺术类研究生在校生情况总数如表2-8所示，我国艺术类研究生在校生情况总数变化趋势如图2-9所示。

表 2-8　2012—2019 年我国艺术类研究生在校生人数

单位：人

年份	合计	博士	硕士
2012 年	49169	2137	47032
2013 年	51453	2342	49111
2014 年	55082	2504	52578
2015 年	58643	2641	56002
2016 年	62039	2795	59244
2017 年	72436	3028	69408
2018 年	77400	3440	73960
2019 年	83975	3953	80022

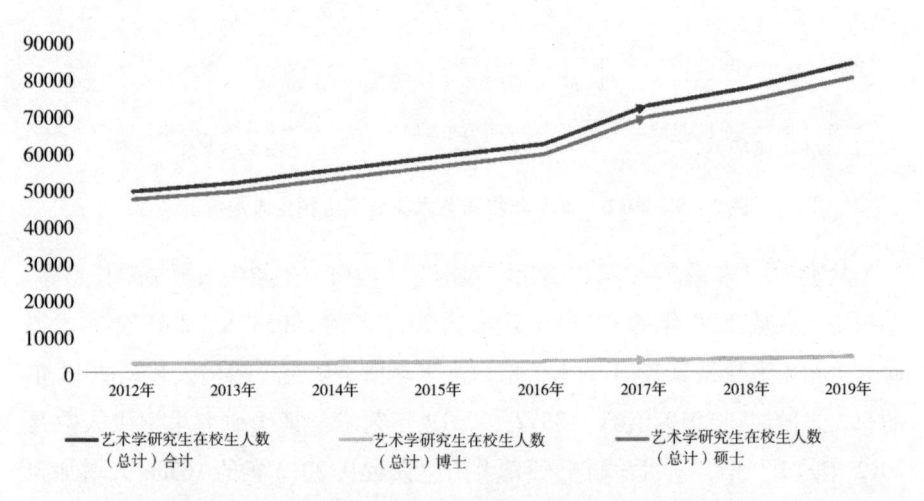

图 2-9　2012—2019 年我国艺术类研究生在校生人数情况

从表 2-8 和图 2-9 可以看出，我国艺术类研究生在校生人数呈增长趋势，总在校生人数从 2012 年的 49169 人增加到 2019 年的 83975 人，2019 年艺术类研究生在校生人数是 2012 年的 1.7 倍，艺术学博士研究生在校生人数从 2012 年的 2137 人增加到 2019 年的 3953 人，2019 年艺术学博士研究生在校生人数是2012年的1.8倍，艺术学硕士研究生在校生人数从2012年的47032人增加到2019年的80022人，2019年艺术学硕士研究生招生人数是2012年的1.7倍。

我国设置艺术硕士专业学位（MFA），主要是为了迎合现代社会发展对于高层次专业艺术人才的需求，因为目前该类人才的供给是不够的；此外，我国之前对于高层次艺术人才的教育模式也有许多问题，通过MFA的设置，结合新时代艺术教育的要求完善艺术类研究生的培养工作。并且将视野放到国际范围，MFA的设置与国际学位制度的要求也是相符的。该学位的设置是为了培养具有较高专业水准同时能够兼顾艺术应用需求的综合型艺术人才，能够适应社会发展的需要，适应人民对艺术教育和艺术事业的需要，同时与我国艺术事业的发展方向是一致的。国务院学位委员会制定的《艺术硕士专业学位设置方案》对于艺术硕士学位的获得要求设定了比较明确的标准，即"艺术创作能力较强，艺术审美水平较高，同时具有良好的艺术理解力和表现力"。这一标准的设定，与国际艺术硕士的要求相符。目前按照国际惯例，艺术学科可以授予两种学位类型，一种是学术研究型，终极学位是PhD（博士学位）；另一种是创作实践型，最高学位即艺术硕士学位（MFA）。二者之间的培养目标、培养方式存在差异。前者着重要考察其在学术研究方面的推进工作和贡献，后者则更看重学生的创作能力，学生必须呈现出合格的艺术作品，而不是与其他常规学科一样提交论文作为毕业作品。换言之，对于艺术类研究生而言，创作力是最重要的，即便是要撰写毕业论文，重点也是要将其进行艺术作品创作时的思考，以及作品中融入的情感和创新理念阐述出来，论文要紧扣艺术创作，避免论文、创作"两张皮"。

在20世纪80年代初期，我国正式出台了《中华人民共和国学位条例》，由于最开始水平有限，因此对于研究生的培养，侧重于科研型人才，当时授予的学位也局限于学术型。如果能够学完规定课程，获得相应学分，并顺利通过论文答辩，就能够获得艺术硕士学位。而这种教育培养模式的弊端就在于，培养模式不够丰富，所培养的学术型人才，不符合艺术人才的成长特点，难以满足社会需求。艺术创作对于人才的艺术能力有很高的要求，尤其是如果要培养合格的专业人才，更需要很长的时间。在成为研究生之前，大部分学生都是按照专业学习方式完成学业的，而有许多富有艺术天赋、艺术才能的人，不一定能顺利通过这种人才选拔考试，无法进入研究生阶段继续学习。少部分通过入学考试的，其大部分时间都要用于课程学习、修学分、写论文，用于提升专业技能的时间不多。而且还有许多能够通过艺术硕士考试的学生，其能力并不体现在艺术才华方面，因此最后也很难成为优秀的艺术人才。我国有一些能力突出的艺术人才选择到其他国家的艺术院校就读。因此当前我国艺术学研究生教育需要解决的问题，就是在适度坚持原本学术型人才培养模式的基础上，丰富艺术学学位类型，逐步接轨国际标准。

为了进一步优化高层次艺术人才结构，为我国的文化建设事业培养更多的专业艺术人才，在国务院学位委员会召开的第 21 此全体会议上，决定我国从 2005 年开始建立艺术硕士（MFA）专业学位，之前我国的艺术学科只有一个文学学位。改革之后，MFA 所招收的艺术硕士研究生包括全日制研究生和在职研究生两种，囊括八个专业艺术领域，即音乐、戏剧、戏曲、电影、广播电视、舞蹈、美术、艺术设计。MFA 所要求的招生对象，必须有艺术实践经历，所设定的教学规划中，也特别兼顾到了艺术实践技能的要求，并充分借鉴了西方经济发达国家在高层次艺术专业人才培养方面采取的一些做法，结合我国国国情，对艺术类研究生教育制度进行改革。国务院学位委员会制定的《艺术硕士学位设置方案》中，列明了艺术硕士学位所涉及的学科领域，具体有八种，即音乐、戏剧、戏曲、电影、广播电视、艺术设计、舞蹈、美术等。凡是有学习经历，且经过一段时间的艺术创作实践后，均可参加 MFA 的入学考试，初试是全国统一考试，复试则由所报考单位负责。MFA 的课程包括三大类，第一类是专业核心课程，通过课程学习，进一步培养学生审美，使学生能够更准确地理解艺术作品内涵；第二类是方向类课程，主要是结合学生毕业后所从事的领域所确定，通过课程学习，培养学生的综合艺术素质，既要夯实学生的理论功底，也要提升其实践能力；第三类则是选修课，考虑的则是学生的个性和能力特点，学生可在规定的范围内自由选择选修课。除了课程设置更为合理外，MFA 对于艺术类研究生的培养更具有专业性,理论知识只是一方面,对于学生内在素质的培养则更为重要;教学方式方面,除了课堂授课外,还包括艺术技能的个别授课,集体训练,以及艺术实践活动等多种。

开展艺术硕士学位(MFA)教育,对于推动我国艺术类研究生教育改革有不可或缺的作用,设立艺术硕士学位,预示着我国高层次艺术人才的培养方式已经有了明显转变,为下一步建立高素质的艺术人才团队,更好地满足我国社会主义现代化文化事业建设要求提供了保障。研究生教育实施的几十年来,我国艺术领域人才紧缺问题得到极大缓解,无论是艺术学术领域,还是艺术教育领域,都涌现出了大量的优秀人才。

2011年,我国第一次有民办院校被允许设立艺术学硕士学位,即河北传媒学院,按照教育部规定,如果五年内该院校考核未通过,则其硕士学位资格就要被取消。2011年国务院学位委员会下发了8号文件,即对之前的《学位授予和人才培养学科目录(2011年)》进行了修订,艺术学告别文学门类,正式升级为新的第十三个学科门类,下设五个一级学科,包括艺术学理论(1301)、音乐与舞蹈学(1304)、戏剧与影视学(1303)、美术学(1304)、设计学(1305),其中设计学由于跨学科边缘交叉缘故,可授艺术学、工学学位。艺术学科的独立使其可以更好地发挥社会角色中的文化职能,为社会多样化的发展提供了无穷的可能性。艺术学升级为门类是我们国家艺术学科发展的里程碑,这是国家日渐富强、民众对于艺术的诉求日益紧迫的必然结果,是回应时代发展、促进艺术产业及相关产业链不断延伸的必然结果,是我国艺术教育体系不断完善、健康发展的必然结果。在社会主义文化事业中,在我国民族文化中,艺术学学科都是不可缺少的,在许多时候,高等艺术院校代表的都是最先进的文化艺术,起到了文化先锋阵地的作用。当一个国家的高等艺术教育落后于其国家,就代表这个国家的思维方式、科学水平是落后的,其国家的文化实力就难以应对国际竞争。[①]

---

① 仲呈祥. 当前中国艺术学学科建设发展中的几个问题[J]. 艺术百家,2012,28(01):1-6+34.

教育部大力支持艺术类高校学位授权审核工作的开展。2017年学位授权审核工作中，对不同类型的高校分别制定了新增博士硕士学位授予单位申请基本条件，在充分考虑到艺术类高校特点的情况下，制定了单独的指标体系，对艺术类高校在具有博士学位的专任教师占比、师生比、师均年科研经费等多项申请条件上进行了政策倾斜。在新增单位申报简况表中，针对艺术类院校特色，在科学研究部分增加了"近五年代表性艺术创作与展演""创作设计获奖""策划、举办或参加的重要展演"等内容。同时，主要为支持中西部省份，对于没有高等学校符合新增博士学位授予单位申请基本条件的省（区、市），可按需择优推荐新增博士硕士学位授予单位申请高校各一所。

教育部高度重视艺术学科的分类发展。一是健全艺术学科学位类别体系。2005年，设置了艺术硕士专业学位，旨在培养水准更高，且实践能力更强的专业艺术人才，涉及音乐、戏剧、戏曲、电影、广播电视、舞蹈、美术、艺术设计等八个艺术领域。2011年我国对艺术学门类进行改革，把艺术学提升为学科门类，下设戏剧与影视等5个一级学科，为包括电影学在内的艺术人才培养提供了广阔空间。学术学位、专业学位分别为理论研究型和应用型人才培养开辟了通道，有力地促进了我国艺术教育的发展。二是分类制定准入机制。在2017年学位授权审核工作中，委托艺术学门类下的5个一级学科所属国务院学位委员会学科评议组（以下简称学科评议组）和全国艺术硕士专业学位教育指导委员会（以下简称教指委）针对艺术学科的特点，分别制定了每个一级学科和专业学位类别的申请基本条件，对学科特色、科学研究、人才培养、实践教学、支撑条件等进行了详细规定。达到申请基本条件的高校，可按照程序向所在省级学位委员会提出申请。三是分别制定不同的人才培养方案，为进一步体现艺术类研究生培养工作价值，由艺术学门类下的5个一级学科所属学科评议组和艺术硕士专业学位教指委分别制定了《学位授予和人才培养一级学科简介》和《艺术硕士专业学位研究生指导性培养方案》，从培养目标及要求、学术领域、培养方式、课程设置、学位授予等多方面提出要求，分类加强艺术学科研究生培养工作。四是完善评价标准。在学位授权点专项评估工作中，委托各学科评议组和专业学位教指委根据学科和专业学位类别分别制定评估指标体系，体现不同学科和专业学位类别人才培养要求。

发展到现在，艺术学科建设的突出问题是艺术学理论学科的定位问题。艺术学理论学科的硕士研究生，博士研究生，所选择的专业方向通常都是艺术史研究，艺术理论分析等。无论是什么专业，均需围绕"艺术"进行，以艺术为根本，从艺术领域的问题出发，最终回归到艺术领域。但就研究对象而言，艺术有广义和狭义两种，如果按照研究方法区分，则一种是从原理入手，对具体现象进行分析，另一种则是从现象入手，从中总结道理；如果按照研究角度区分，则包括内部研究和外部研究两种；如果按照研究的指向进行区分，则包括举一反三和举三证一两种。① 无论是何种学科，必须建立在成熟理论的基础上，其之后的应用，也同样需要专业理论作为支撑。艺术学理论学学科的定位，包括所针对的研究对象和所使用的研究方法，例如艺术学理论学科研究生所选择的研究方向和论文方向等，都是最直接的体现。艺术学的理论研究，与其他学科一样，都要有具体的研究对象，以及有明确的研究方向，有专业的教学内容，有能够证明学科发展成绩的研究成果，有符合要求的学位论文。总而言之，艺术学科也需要遵循学科建设的基本准则，需要符合学科发展的基本规律，否则就会被淘汰。艺术学科中的理论教学，相比其他学科当然有一定的特殊性，除了理论教学之外，教学实践的要求也比较复杂，但艺术学科的价值在很大程度上是通过研究生的论文选题来体现的，论文选题体现的是研究的方向和内容。

第三节　媒介变革环境下的艺术变迁

鲍德里亚曾经就当前环境下的艺术变迁进行过阐述，"已经不可能脱离

---

① 黄惇. 从不自觉走向自觉的艺术学理论研究——关于艺术学理论学科研究对象及研究方法的几点思考 [J]. 艺术百家，2013，29（02）：96 – 103.

当前的技术环境来辨析当代艺术，当代艺术已经与技术环境、宣传手段、媒体传播方式等紧密联合在一起"①。大数据、人工智能、虚拟现实、区块链等技术的飞速发展，媒介不仅承担着技术工具的角色，也成为艺术重要的生产组织方式。传播媒介的多样化、移动化、多屏化使人类进行艺术创作和欣赏时脱离了单一文字的限制，艺术与媒介的融合方式变得多样和复杂，建立在新的更全面的视觉感知系统上的全新的艺术世界已经到来。传播媒介技术的发展颠覆了人们传统的审美标准，审美活动原本只有视觉效果，而且是机械化的，完全静止的，而在强大的媒介技术的支撑下，审美活动动了起来，成为一个完整的感知过程，这就可以看出传播媒介对于艺术活动的重要作用。媒介变革对艺术的影响如图 2-10 所示。

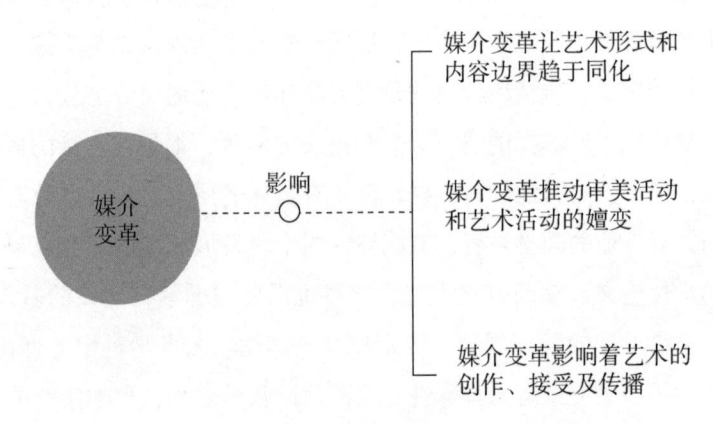

图 2-10 媒介变革环境下的艺术变迁示意图

一、媒介变革让艺术形式和内容边界趋于同化

当艺术作品与受众双方得以适应，艺术传播的形态就会更有效，不断更新换代的媒介技术，极大改变了艺术的表现方式，也可以概括地说，媒介的形式就是艺术的表现形式。因为媒介是承载艺术作品的载体，可以看作是各

---

① lean Baudelaire. Corroboratory Art: Art Corroboratory With Itself, The Intelligence of Emil or the Lucidity Pact. New York: Berg Publishing, p. 53.

种符号的集成，举例来说，动画片所使用的媒介与漫画书所使用的媒介，就是不同的符号系统。当然有可能动画片的内容与漫画书的内容是一样的，但两者的传播媒介也是由不同的符号系统构成的，因此动画片和漫画书的表现形式也是完全不一样的。因此也可以说，如果没有传播媒介作为载体，受众是没有办法直接对艺术作品产生感知的，当一种新媒介出现后，并不是说传统的媒介就会消失，而是意味着媒介的运行方式将会更复杂，新媒介对于艺术的表现方式，是传统媒介艺术表现方式的升级和延伸。

艺术在人们的生活中无处不在，艺术的传播能力比语言要强得多，而且艺术在很早的时期就作为人们美好生活内容的一部分开始出现了，例如罗马帝国时期的教堂礼拜和各类庆典的典礼上，就已经出现过雕塑、音乐和绘画等。当然对于礼拜者来说，他们膜拜的是信仰，而并不是教堂中的艺术，但必须承认，艺术是传播宗教思想一个非常重要、非常有效的载体。现代媒介的作用也是如此，形式和内容的关系变得愈加模糊。丰富的媒介传播方式，诸如电视、广播、报刊、互联网，到处都充斥着信息，而从信息的形成到传播，媒介都起到了不可或缺的作用。电影电视剧短视频等传播媒介的现场感、真实感和及时性，使其形态、规模和速度发生变化，并逐渐获得了独立的艺术地位。像列夫·曼诺维奇说的那样，"艺术家的想象可能是有边界的，而技术的发展没有边界"。媒介技术的进步，极大改变了信息传播的方式、内容、渠道，而且媒介的作用已经不仅仅在于其是艺术的一种传播形式，其也体现出了艺术的内容，所以媒介对于艺术的本体性存在是决定性意义。

二、媒介变革推动审美活动和艺术活动的嬗变

不断更新换代的媒介，成为巨大的生产力，改变了社会的方方面面，当然也改变了人们的审美活动和艺术活动。与人类的交流活动不同，艺术所塑造的审美是独立的，而艺术是建立在媒介之上的，同时也需要媒介来进行推动。艺术作品的价值的体现，离不开传播媒介，从艺术作品的生产开始，到传播，最后到被受众接受，都离不开媒介。因此媒介的变革，改变了艺术的方方面面，如上文中所提到的，媒介改变的不仅仅是艺术本身，还改变了受

众对于信息的认知方式，个人的思维方式，情感的表达方式等，在此基础上，则是个人的审美和艺术产生了新的融合。媒介变革对审美活动和艺术活动的重要影响是毋庸置疑的，艺术本身的魅力很大程度上都得益于信息传播渠道，新媒介之所以能够出现，是由于媒介自身有存在和发展的价值，艺术的属性和内涵也是通过媒介活动来展现的。

三、媒介变革影响着艺术的创作、接受及传播

从古至今，艺术之所以得到广泛传播，是因为人们对于审美一直有需求，人们需要欣赏艺术，因此也不断有新的艺术作品被创造出来，当历史发展到一定时期，条件具备了，就自然出现了艺术传播媒介，艺术就会发展得更好。最早期的艺术的产生，可能来自人们无意识的想法或是行为，而随着社会经济和社会文明的不断进步，艺术就从无意识变成有意识，真正被生产出来并进行传播。

媒介是艺术传播的主要渠道，而媒介传播的自主性，实际上是要远远超过艺术本身的，当然每一种传播媒介都有不同的方式和特点，而艺术就非常善于通过各种传播媒介进行传播，因此也可以说传播是艺术作品的本性之一。当选择的传播媒介不同，艺术作品的表现力也会发生变化，这种变化就会体现在艺术作品中。当出现了一种新的媒介传播方式，意味着受众对于艺术的接受方式也会发生变化，这有可能导致艺术本体的变革，会使得艺术表现形式更丰富、更多元。在很大程度上，艺术的表现和内容，都与作为载体的媒介传播方式有关，而且传播媒介如果发生变化，艺术的创作方式，受众的接受方式和审美等，也都会发生变化，所以传播媒介对于艺术的影响是非常深远和直接的。

威尔伯·施拉姆有一个观点，就是当受众产生需求或是兴趣时，他们就会想办法满足自己的需求或是兴趣。因此也可以说，人们对于媒介的使用，目的是使个人的需求、兴趣得到满足。[①] 举例来说，广播中的广告，只有声

---

① 威尔伯·施拉姆. 传播学概论 [M]. 北京：新华出版社，1984：168.

音，没有其他需求；如果在电影电视剧中传播，需要专业的视频制作软件；如果是在移动端，还需要通过一些软件将其制作为短视频。信息传播的载体并不局限于上述几种，如车载电子屏、电梯电子屏、报刊杂志等，都是可用的信息传播载体。因为媒介的存在和变化，改变了艺术的创造方式和受众对于信息的接受方式，当然也就会使得艺术的内容和表现方式等都发生变化。

媒介传播是为了艺术或是其他信息而出现的，而媒介的发展，又会对艺术的存在方式产生影响，艺术的存在方式，必然受到不断发展的传播媒介的影响，而作为载体的传播媒介，承载的是艺术和更多的讯息，这些讯息需要以合适的方式被传播出去，然后被受众接收到，传播媒介的种类影响着传播与接受的种类，从而决定如何被接受的重要因素之一就是传播媒介的类型。新媒介的传播方式对艺术的存在、生产、传播方式进行改变，还改变了艺术的媒介表现方式，而受众的认知和内心也都会因此而发生变化，在接受艺术的过程中，才会形成个人特定的审美感受。

第四节　新时代艺术类研究生培养的嬗变

新环境新形势下，艺术类研究生培养的变化如图 2-11 所示。

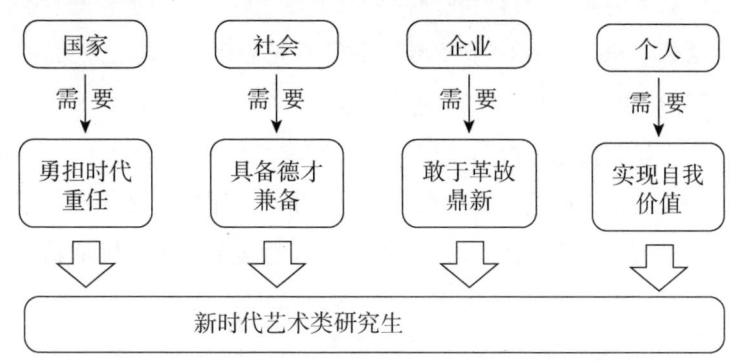

图 2-11　新时代艺术类研究生培养的嬗变示意图

一、国家需要勇担时代重任的艺术类研究生

我党历来对人才培养予以高度重视,始终把培养人作为社会主义事业发展的首要任务,并且根据时代的变化、经济社会发展与人民的需求,及时调整、补充、完善人才培养的内涵和途径。从中华人民共和国成立后提出的"又红又专",到改革开放初期提倡的"四有"公民,再到今天着眼于培养担当民族复兴大任所需要的"时代新人",充分体现出我们党人才培养理念的先进性与人才培养实践的连续性,都是与中国特色社会主义进入不同的时期紧密相连。① 2020 年是脱贫攻坚的决胜之年,是全面实现小康社会的收官之年,在这个重要的历史节点上,国家需要能承担时代重任的高层次艺术人才。

教育是国之大计、党之大计。党的十八大以来,党中央将教育工作放在了更加突出的位置,召开了全国教育大会,印发《中国教育现代化 2035》文件,全面加强各级各类学校思想政治工作,推进教育领域的综合改革,教育面貌正在发生格局性变化。艺术类研究生教育作为教育的一环,其教育面貌同样发生着格局性变化。

党的十九大报告中,对于在特色社会主义新时代我国社会存在的主要矛盾有非常明确的说明,即目前我国社会的主要矛盾,集中于人民日益增长的对美好生活的需求,以及由于发展不平衡不充分而无法满足人民的上述需求。这一科学判断,反映了我国发展的实际状况,揭示了制约我国发展的症结所在,对于我们找准解决当代中国发展问题的根本着力点,② 更好促进社会全面进步具有重大理论和实践意义。随着生活水平的不断提高,社会主义不仅要满足人民的物质生活需求,而且要最大限度地满足人民的精神文化生

---

① 商志晓.高校要切实担负起培养时代新人的历史重任[J].党建,2019(03):32-33.
② 左腾飞.新时代中国社会主要矛盾研究[D].山东师范大学,2020.

活需求。① 人民对精神文化生活需求的范围不仅扩大，质量需求也进一步提高，因此满足人们日益增长的精神文化生活需要成为美好生活不可或缺的重要组成部分。

"十四五"时期，艺术类研究生教育的规划必须统筹考虑到社会主义事业建设的要求，考虑到国家教育事业的发展要求，要通过开展研究生教育，为国家培养更多的人才、英才，确保能够尽快实现教育现代化，培养出一批能够胜任党和国家事业建设要求的艺术类研究生，培育担当民族复兴大任的艺术类研究生。艺术类研究生培养工作要考虑到国家当前的战略发展要求，建立结构更完善、类型更多元的人才队伍，走产教融合道路，进一步整合育人资源和创新要素，将前沿的创新优势转化为鲜活的教学内容，让艺术类研究生在"卡脖子"技术攻关、原始创新的突破中实现卓越成长。

艺术类研究生教育的主体单位要始终坚持社会主义办学方向，在当前全球发展趋势中寻找新的发展机会，以实现中华民族伟大复兴为总目标，紧紧围绕为谁培养艺术类研究生、培养什么样的艺术类研究生、怎样培养艺术类研究生这三个根本问题，牢牢把握培养高素质、高水准、高层次艺术人才这一目标，在工作中切实践行社会主义核心价值观，充分发挥思想教育课在艺术类研究生培养体系中的作用，使艺术类研究生成为有理想、有抱负、有责任感、有创新意识的高层次人才。

高层次的艺术人才队伍是构建艺术事业发展格局的重要依托，要结合我国艺术事业整体规划，对艺术类研究生的课程设置、学科结构、培养体系等做出调整，建立艺术类研究生终身学习制度，为艺术类研究生提供多元化、更便利的学习渠道，让艺术事业时刻焕发光彩。要有效提高艺术类研究生技能和收入水平，通过实现更加充分、更加高质量的就业扩大中等收入群体，充分释放人民对艺术的内需潜力。

艺术类研究生培养单位要立足于单位发展实际，立足于当前国家对于艺

---

① 孙绍勇. 意识形态安全理念深化视域下中国特色社会主义文化自信研究［D］. 上海交通大学，2019.

术高层次人才的总体需求，进一步释放艺术人才的创新力，聚焦国家对艺术类研究生队伍的战略需要，瞄准艺术类研究生教育关键因素，特别是"卡脖子"问题，加快进行艺术类研究生教育改革。要积极推进艺术学科"双一流"高校建设，只有高水准的艺术培养模式，才能培养出高素质的艺术人才。要进一步构建产学研一体化机制，大胆改革当前艺术类研究生培养单位的导师管理制度，将更多的高素质人才补充到艺术类研究生导师团队中。要结合国家区域发展的整体规划，对艺术类研究生教育资源进行灵活配置，实现"点线面"的有效结合，以及"东中西"教育资源的互相呼应，使艺术类研究生教育服务管理水平再上新台阶。

我国艺术类研究生教育已经历经数次改革，目前又处于一个新的阶段，在当前阶段，重点工作任务是要注重艺术类研究生教育的全面性和创新性。艺术类研究生培养单位要承担起主体责任，在艺术类研究生教育评价方案的制定、体系构建等方面要积极出谋划策，主动出击，可以将在线艺术类研究生教育中一些好的做法进行推广，通过对信息技术手段的应用，创新艺术类研究生教育方式，实现艺术类研究生教育的开放性，将视野放宽到全球，积极与其他国家开展艺术类研究生教育经验的交流工作，既要走出去，也要引进来，同时也要把握教育原则，确保艺术类研究生教育保持正确的政治方向。

二、社会需要具备德才兼备的艺术类研究生

"德才兼备"一词指的是既有好的思想品德，又有工作的才干和能力，出自《元史·丰臧梦解传》："乃举梦解才德兼备；宜擢清要；以展所蕴。"从古至今，我国传统文化中非常注重"德才兼备，以德为先"。周公力主的"惟听用德"，司马光提出："取士之道，当以德行为先。"《礼记·大学》中的："大学之道，在明明德，在亲民，在止于至善。"[1] 在中国革命、建设和改革发展的过程当中，中国共产党更是始终强调"德才兼备，以德为先"。

---

[1] 李学勤主编：《十三经注疏·礼记正义》，北京：北京大学出版社，1999年，第1612页。

1938年毛泽东同志指出,"中国共产党之所以能够领导各族人民取得胜利,就是因为大多数干部都是德才兼备的,是能够带领中国人民完成历史重托的"。改革开放初,邓小平也多次要求,既要注重德,也要注重才,德和才的要求都不能放松。新时代的今天,习近平总书记同样提出,必须按照德才兼备、以德为先的标准选人用人,要任人唯贤,要将政治坚定、实绩突出、作风过硬、群众公认的人选拔为领导干部。

习近平总书记在2018年9月的全国教育大会上指出:"教育的第一个问题,就是要搞清楚培养什么人、怎么培养人、为谁培养人。"① 由此可见,高校的教育不仅仅是教授学生一定的知识量、一个谋生的手段,其职责在于培养具有"明德"性格的人、"德才兼备"的高层次人才。高校是培养社会需要的"德才兼备"人才的主阵地和主战场,尤其是艺术类研究生的培养,德育与才育犹如车之双轮、鸟之双翼。德是才的前提,决定着才的方向。一个没有道德的艺术人才是不可能做到全心全意为人民服务的,更不能创造出服务人民的时代精品。才是德的支撑,影响着德的作用范围。一个有德无才的人,即使有艺术创作的愿望和勤恳的态度,但缺乏一定的文化、专业知识和专业能力,也不能完成时代交予的重任,更难开创艺术事业新局面。德与才是辩证统一、相辅相成、互相转化、互相促进的关系。一方面,德可以转化为才,一个高层次艺术人才有了为人民服务,树立文化自信的事业心和高度责任感、使命感,才能认真创作,全力奉献。另一方面,才可以转化为德,一个高层次艺术人才的才能越高,对艺术事业的贡献越大。

瞄准前沿,培养德才兼备的高层次人才。我国研究生教育事业构筑起了拔尖创新人才培养的高地。研究生已经成为我国科研创新活动不可或缺的参与者和贡献者。研究生教育是造就未来高层次人才的最高国民教育形式,具有汇聚区域、国家和全球优质创新资源的独特优势。德才兼备的艺术类研究生能在世界多元价值取向中把握社会需求,做到守德固本,服务社会。艺

---

① 摘自教育部政府门户网站:http://www.moe.gov.cn/jyb_xwfb/xw_zt/moe_357/jyzt_2018n/2018_zt18/.

类研究生的"德"包括国家的德、社会的德和个人的德，艺术类研究生的"才"包括中国传统文化的才、专业知识的才和通识知识的才。随着经济全球化、国际教育化和信息爆炸化时代的到来，传统艺术与现代艺术、东方艺术与西方艺术、本土艺术与外来艺术之间的冲撞和融合不可避免。只有德才兼备的高层次艺术人才，才能将社会主义核心价值观等"德"作为自己艺术创作和服务人民的第一准则，才能在实践中做"用艺术服务人民，用艺术服务社会"的积极传播者和模范践行者，才能发挥自身的积极性、主动性和创造性，在时代大潮中建功立业、服务社会和人民，争做新时期社会建设和繁荣艺术事业的先行者与开拓者。

三、企业需要敢于革故鼎新的艺术类研究生

改革开放之后，我国文化产业迅速发展，生产力急剧提升，文化产业的生产力要领先于其他产业，而文化产业中的艺术产业，当然也取得了令人瞩目的发展成绩，不过与国际艺术产业相比仍存在差距。艺术产业的发展关键在艺术人才队伍建设，新时期艺术产业的蓬勃发展还需要高层次艺术人才的支持。随着人们生活水平的提高，对文化艺术的需求上升，公共艺术事业已经无法满足人们的需求，艺术产业开始繁荣，填补了人民对艺术需求与艺术事业供给之间的沟壑。

艺术产业相比其他产业，有许多特殊的地方，其采取的当然是产业化的运营模式，而产业发展的目的当然也是获取最多的经济利益，与其他产业一样，也同样需要参与市场竞争，而与其他产业的不同在于，在艺术产业链形成的过程中，审美是财富创造的重要一环。相应的，艺术产品是一种特殊的商品，具有商品属性和公共物品属性。需要明确的是，艺术产业无论采取何种运营模式，其直接目的都是为了实现更多的利益目标，而最终目的是为社会效益服务，满足人民对艺术的需求。艺术产业的发展，涉及审美的培养和文化的传播，因此也可以说艺术是为构筑社会主义核心价值体系服务的。同时艺术是人类所生产的为了满足自身精神需求而出现的审美活动，这一点是艺术作品被生产和传播的起点和终点。随着经济发展与社会进步，艺术消费

的途径逐渐趋向于多样化，消费方式趋向于便捷化，这对艺术产业的发展非常有力。当艺术消费的途径越来越宽越来越广时，意味着有更多消费者进入艺术消费领域，并且消费者的审美修养和需求反过来会影响艺术产业的生产过程，对应的需要更多更高层次的艺术人才去满足艺术消费者的需求。

我国目前艺术类研究生的教育工作正在有序展开，艺术类研究生培养工作也应对照行业发展规律和需求，进行针对性的培养。新时期高层次艺术人才，应当符合以下要求：

一是要有良好的专业基础知识。因为艺术产业相关工作是专业性很强的工作，不是说对艺术行业精通就可以，还要了解经济学、市场营销学、社会学等多个领域的知识。艺术产业基础的独特性注定了艺术类研究生教育工作仍然要以"艺术"为主体，辅助其他学科的基础知识，培养艺术产业需要的行业素质。二是要有开阔的文化视野。因为艺术是人类的审美活动，融入了人们的历史和情感，因此从事艺术生产和管理的高层次人才必须有广阔的文化视野，当遇到问题时，能够从社会历史角度进行分析。因此艺术类研究生都需要对人类文化史、艺术史进行学习，结合对历史文化的理解，对艺术产业管理中遇到的问题进行应对。三是要具有现代化的产业管理意识和创新能力。产业管理意识，可以看作是对市场变化的应对意识以及产业经营意识。艺术产业的本质仍然是产业，产业要发展，就要尊重市场经济要求，既要了解艺术的发展规律，也要了解艺术产业的发展规律。要有良好的产业意识，才能创造出价值。艺术产业对于创新的要求非常高，思想落后的人，无法参与到艺术产业的改革和发展中，一旦思想跟不上市场要求，那么艺术与市场的关系就无法维持，艺术的生产力就会减弱甚至消亡。四是交际和沟通能力。交际与沟通是各行各业从业人员不可缺少的最基本的素养，这点在艺术产业中显得尤为重要。艺术从业人员要将艺术作品的思想和内涵表达出来，才能激起消费者的消费欲望。艺术产业的营利性决定了艺术从业人员必须具备良好的人际关系处理能力，有比较广泛的人际关系网，这样才能很好地将产品推广出去，完成对新市场的开发，同时还要能够维持好与团队其他人的关系，善于采纳他人意见。

四、个人需要实现自我价值的艺术类研究生

当"为人民服务"的想法居于艺术类研究生自我认同的核心时,"做一个用艺术服务人民的人"成为艺术类研究生的追求目标,成为他们工作的基本准则,自我认同感生成。在自我认同的作用下,人生自我价值实现系统的目标、评价标准和艺术实践活动都不会违背这一基本原则,自我认同引导下的人生自我价值实现过程是一个物质需要和精神需要共同满足的过程。

人生的自我价值,可以先从其本质进行理解。人的存在,是物质存在和精神存在的结合,因此人的需求既有物质需求,也有精神需求。然后也可以从价值的内容理解人生自我价值,因为物质价值和精神价值必须统一,才能实现人生的自我价值。还可以从过程理解人生的自我价值,即"我"这一主体,根据价值目标要求,对"我"的个人活动进行评价,如果"我"的需求因为"我"所完成的活动而被满足,就可以定义为价值实现。在这一过程中,涉及三个要素,"我"所进行的活动,所要实现的价值目标,从价值层面对"我"所完成的活动的评价。这三项要素都是人生自我价值实现系统中必不可少的要素,必须先有"我"的活动,才能够实现价值目标,而价值目标为"我"的价值实现指明了方向,结合"我"的活动和价值目标的实现情况来完成价值评价。

上述三项因素,是人生自我价值实现系统的三项内在因素,此外还有一项外在因素,就是环境因素,因为"我"是存在于社会中的,而不是独立于社会的,因此必然受到社会文化环境的影响,凡是社会中的要素,都可以纳入社会文化范畴,社会文化会对"我"的人生自我价值产生影响,社会文化因素中,学校教育环境的影响最为持久,影响力最大,因为每一个"我"都是在学校中接受与人生价值有关的理论的教育,由学校传授知识。艺术类研究生教育的主要环境就是学校艺术教育环境,艺术类研究生在择业过程中保持从艺初心和为人民服务的使命感和责任感,都要依靠学校的艺术教育环境培养。只有艺术类研究生深刻认识并将为人民服务融入自身价值实现过程当中,才会在时代浪潮中不忘初心,牢记艺术为人民服务的使命,用自身的实际行动践行自己的人生理想和价值追求。

第三章

艺术类研究生培养的实践价值

目前世界格局十分复杂，在"十四五"以及今后更长一段时间内，艺术类研究生教育工作都将面临更复杂的形势和更高的要求。十九大报告中提到，"应当进一步繁荣发展社会主义文艺，要高度重视文艺人才队伍建设，培育更多的创造力、创新力更强的艺术文化人才"。繁荣文艺，人才先行。艺术类研究生培养水平，直接影响我国艺术事业战略的实施、艺术创作的繁荣、艺术学科的建设等。艺术类研究生培养创新模式的设计与实践，不仅为艺术类研究生的知识汲养和传播创新开辟了新的空间，也对提升现行艺术类研究生培养的深度、效率和影响力具有积极价值。培养创新是形式创新，也是理念创新，其深层内涵体现了艺术类研究生教育视角的扩维和艺术类研究生教育生态的更新，是对艺术人才发展规律、媒介创新趋势和艺术产业发展前景的宏观理解中，以倒推式思维重新认知艺术人才培养使命，探索一套以教育之"融"服务艺术类研究生培养之"融"的方法。探索艺术类研究生培养的实践价值如图3-1所示。

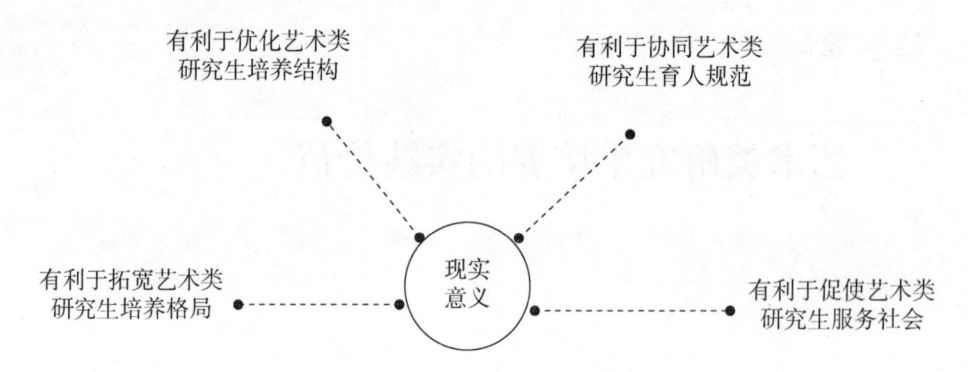

图 3-1　艺术类研究生培养的实践意义示意图

第一节　有利于促使艺术类研究生服务社会

推进艺术类研究生教育是实现人民高品质生活的需要，是满足人民对艺术追求的需要。人民对于美好生活有更多的需求，而当前由于发展不平衡不充分，尚不能完全满足人民需求，而为了缩短这中间的差距，满足人民对于文化艺术的需求，就必须加快艺术类研究生教育工作，生产出更多符合人民需求的艺术作品。

坚持艺术类研究生教育为社会服务，才能紧紧抓住人民群众最关心、最直接、最现实的利益问题，才能做到老百姓关心什么样的艺术作品，期盼什么样的高层次艺术人才，艺术类研究生教育就抓什么样的艺术类研究生队伍建设、推进什么样的艺术类研究生队伍建设，从让人民满意的事情做起，把民生疾苦放在心头，融入艺术类研究生教育过程中。坚持艺术类研究生教育为人民服务，要自觉"以百姓心为心"，自觉拜人民为师，把尊重社会发展规律、教育发展规律与尊重人民主体地位统一起来，广泛凝聚人民群众的实践智慧于艺术作品生产和艺术类研究生培养过程中，使艺术类研究生教育事业的改革发展获得最广泛的支持，依靠人民群众开创艺术类研究生教育改革发展的新局面。

第二节　有利于拓宽艺术类研究生培养格局

人才格局取决于教育格局。须立足国家人才发展战略、文化发展战略、影视文化软实力与国际传播力提升等高端需求，来研究提升我国艺术类研究生培养与管理的质量问题，便于国家相关部门来做好顶层设计，优化教育格局。高等院校是为艺术类研究生提供知识讲授和专业训练的固定场所，更是打开人才视野、磨砺人才思维、铸就人才气魄的有机空间，在有形的教学设施条件之外，体现于无形的观念引导和风气养成。艺术类研究生培养单位尽管特色不同、定位存异，在一定程度上也有激烈的竞争关系，但展开合作育人项目，不仅不会让各自的资源外泄、差异尽失，反而可能在交叉与碰撞中扬长补短、发现良机。由跨校合作为引擎的教学联动，在充分调动各单位资源的同时，也具有可观的潜在辐射作用；高校密切联系合作企业、共建单位、相关机构，均可借此契机相互联络，形成开放式网状有机体，引发"共振"而产生巨大能量，辟出全新发展格局。

分而论之，跨界联动合作的育人优势体现在如下方面：改善校校区隔、同质化竞争的现状，走出各高校"自成天地"的培养局限和高校间"浅尝辄止"的互动关系，通过综合性的顶层设计，突破由各安一隅带来的风格固化、视野受阻、成果单一的教学与实践瓶颈；化解校企脱节、时效性滞后的积弊，借由多层面、多形式、多主体的合作项目，解决艺术类研究生个体意识强团队意识弱、作业意识强作品意识弱、创作意识强产业意识弱的问题，以创作为抓手，借势业界项目和衍生资源拓宽实践平台；应对国际对话、发展力协同的诉求，通过联系一流国际教育资源，帮助国内艺术类研究生与全球领先创新引擎接轨，打开世界名企的实践通道，以顶尖的视野滋养人、以前沿的水准要求人，为艺术类研究生培养开创尖端阵地。

第三节 有利于协同艺术类研究生育人规范

扩大跨校联合培养的规模，推广高校协同创新的成果，将教育实践积累的有益方法最大化，仅依靠个别人才的发展和部分作品的传播是不够的。以目标考量过程、以规范指导执行、以模式提升效率，将跨界协同育人体系化，有利于更好地巩固现有经验并推进优化发展。以往的校际合作，受到政策、团队、资金等要素波动的影响甚重，随机性强，稳定合作规模和固定合作形态的难度较大。而跨界联合的艺术类研究生培养实际上是一个系统工程，需要从人才定位、培养理念、教学方法等进行全面创新，是教育资源的深度融合与主体关系的有机重构。正因如此，需要且必要去梳理可行方法、规范相关制度，形成稳定并可供应用的模式，以有效降低合作过程中的程序成本、制度成本、人力成本、经济成本等资源浪费。

以基本规范指导合作，有助于培养共识的形成，也有助于合作分工的厘清和协同重点的确定；在艺术类研究生培养内涵方面，明确人文、艺术、技术相结合的艺术类研究生培养定位：创意思维为主导的综合人文素养、视听表现为主导的艺术审美素养、艺术创作应用为主导的技术呈现素养、数据解读为主导的信息传播素养，全面贯通，立体教学；在艺术类研究生培养流程方面，搭建创意、创作、传播相结合的全产业流程培养体系，具体包括传承文化、面向未来的创意训练，锤炼思想、磨砺技能的创作训练，对接产业、服务社会的传播训练，循序渐进，综合激发。

第四节 有利于优化艺术类研究生培养结构

数字媒体技术和网络信息传播降低了艺术类研究生专业技能的学习成本，知识获取受教育通道的限制日趋弱化，跨行发展和跨界创新渐成常态，多学科知识、多领域经验、多艺术创作技能的复合型艺术类研究生已成为引领艺术行业和艺术事业发展的核心驱动力。打通专业和校际边界的教育尝试，在培养指向上有利于以团队架构思维进行统筹，不以单一模版框定艺术类研究生的样态，也不以唯一标准衡量艺术类研究生的成就，而是发现志向、尊重经历、宽容个性，在艺术实践中以思维碰撞和素能配合来实现创新发展，吸纳更多可塑之才助力艺术事业的勃兴。

落实到培养环节上，则涉及由生源准入到人才输出的全流程优化：改变标准化、一刀切的选拔方法，尝试采用文化基底、思维能力、知识素养、实践经验、心理特质相结合的综合考察，改善艺术类研究生素养的基底；将重点从应用转移到人文上，除了文艺知识的学习外，也要重视历史、文化、科技等的学习，培养素质全面的艺术类研究生，提高其感知力和审美力，着重培养其知识获取能力和视听联想能力，使其有更多的文化积累，为其艺术创新实践注入深层养分；打破板结化、脱产业的教育结构，改变专业间泾渭分明带来的课程重叠、资源固化、发展受限等问题，目前新媒体的发展日新月异，也要充分考虑到融媒体的发展特点，为艺术类研究生接触和了解大数据产业和新媒介等提供渠道，使其可以了解策划、采编、技术制作、数据传播等更多方面的知识，结合产业发展趋势调整教学环节与阶段侧重。

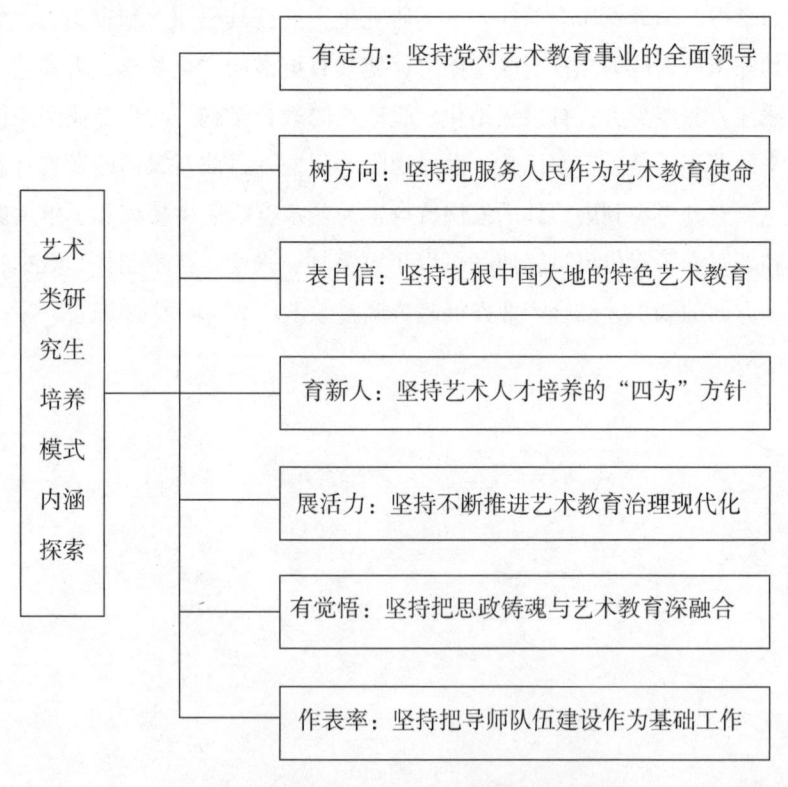

第四章

艺术类研究生培养模式的内涵探索

办好艺术类研究生教育,就要探索艺术类研究生培养模式的内涵。艺术类研究生培养模式的内涵如图4-1所示。

```
艺术类研究生培养模式内涵探索
├── 有定力:坚持党对艺术教育事业的全面领导
├── 树方向:坚持把服务人民作为艺术教育使命
├── 表自信:坚持扎根中国大地的特色艺术教育
├── 育新人:坚持艺术人才培养的"四为"方针
├── 展活力:坚持不断推进艺术教育治理现代化
├── 有觉悟:坚持把思政铸魂与艺术教育深融合
└── 作表率:坚持把导师队伍建设作为基础工作
```

图4-1 艺术类研究生培养模式的内涵探索

<<< 第四章 艺术类研究生培养模式的内涵探索

第一节 有定力：坚持党对艺术教育事业的全面领导

　　无论是对于一个国家还是一个地区来说，教育都是至关重要的一件事。教育不仅是民生大事，更是中华民族振兴和社会进步的基石。艺术类研究生教育工作的作用是多方面的，如果艺术类研究生教育缺失，就不可能实现人才队伍的全面发展，而艺术类研究生教育的不完善，更会影响到中华民族的软实力，因此艺术类研究生的培养是国家的大事，也是民族的大事。始终坚持中国共产党的领导，这是我国特色社会主义制度的最大优势，也是我国艺术类研究生教育视野健康发展的根本保障。全面贯彻党的教育方针，由党对我国艺术类研究生教育事业做出规划，必须确保党的领导是我国艺术类研究生教育事业的核心，是"定海神针"。习近平总书记指出："必须首先确保中国共产党是我国教育事业的全面领导者，才能在更高水平上实现教育思想上的统一、政治上的团结、行动上的一致，才能确保教育事业实现规范发展，才能确保我国教育事业能够朝着中国特色社会主义伟大工程所要求的目标前进。"坚持党对艺术类研究生教育的全面领导，是培养"德才兼备"的高层次艺术类人才和坚持中国特色社会主义办学方向的重要保障。

　　党的十八大以来，习近平总书记一直强调要高度重视教育工作，并多次从党和国家事业发展全局的高度对我国教育事业的发展改革等重大问题提出了一系列的重要论述。习近平总书记提倡："必须确保党对教育事业的全面领导，才能发展好教育事业。"艺术类研究生教育工作亦是如此。要牢牢掌握党对高校艺术类研究生教育工作的领导权，加强党对思想政治理论课建设的指导，把党的领导贯穿到艺术类研究生教育教学的全过程。坚持党对教育事业的全面领导是中国特色社会主义教育的本质要求。教育的核心目标，就是根据当前国家和党的事业需求培养更多的人才，在我国，中国共产党代表了中国最广大人民的根本利益，本质上来讲，我国的教育是人民的教育，相对的，我国的艺术类研究生教育亦是人民的教育，是在中国共产党领导下的以为人民服务为准则的艺术类研究生教育，旨在培养更多的符合社会主义伟大事业建设要求的人才，坚持中国共产党的领导，不仅仅是中国特色社会主义制度的最大优势，也是中国特色社会主义艺术教育工作最根本的特点，也是最大优势。离开了党对艺术类研究生教育工作的领导，艺术类研究生教育也就失去了主心骨，就谈不上中国特色社会主义艺术类研究生教育。坚持党对艺术类研究生教育事业的全面领导是我国艺术类研究生教育事业发展实践的重要经验。从历史发展进程来看，中华人民共和国成立以来党对教育工作的领导是富有成效的，保证了教育事业发展的正确方向。改革开放以来的教育改革实践也说明，只有始终坚持党对艺术类研究生教育工作的核心领导，才能实现艺术类研究生教育事业的不断发展，才能逐步推进艺术类研究生教育改革，将我国建设成为文化教育大国、强国，才能不断满足人民对于精神文化的复杂需求。坚持党对艺术类研究生教育事业的全面领导，可从以下几方面进行落实。

一是要坚定不移地坚持中国特色主义道路，要坚持将马克思列宁主义、毛泽东思想、邓小平理论、"三个代表"重要思想、科学发展观、习近平新时代中国特色社会主义思想作为艺术类研究生教育工作发展的指导思想，落实立德树人的根本任务，坚持将满足人民需求放到艺术类研究生教育事业发展的第一位，坚持将服务于社会主义现代化建设伟大事业作为艺术类研究生教育事业发展的最终目标。

二是要做到"四个意识"，坚定"四个自信"，做到"两个维护"。"四个意识"就是政治意识、大局意识、核心意识、看齐意识。要自觉与以习近平同志为核心的党中央保持高度一致，在思想上高度认同，政治上坚决维护，组织上自觉服从，行动上自觉跟随。[①] "四个自信"就是中国特色社会主义道路自信、理论自信、制度自信、文化自信。将"四个自信"转化成为办好中国特色社会主义艺术类研究生教育事业的自信，在建设艺术类研究生教育事业中坚定"四个自信"，就是要坚持传播马克思主义科学理论，践行

---

① 高晶华．习近平关于党的建设重要论述研究［D］．西安科技大学，2019．

社会主义核心价值观，重视学风、校风建设。"两个维护"即坚决拥护习近平总书记党中央的核心、全党的核心地位，坚决拥护党中央权威和集中统一领导。要教育引导广大师生从历史和现实、理论和实践、国内和国际的结合上深刻认识、强化认同，不断增强"两个维护"的思想自觉、政治自觉、行动自觉。

三是健全党对艺术类研究生教育事业全面领导的体制机制。党对艺术类研究生教育事业的领导必须是全面的、具体的、全方位的，确保党的领导在艺术类研究生教育改革发展的各方面实现全覆盖，确保党的领导更加坚定有力。要全面贯彻党的教育方针，同生产劳动和社会实践相结合，努力培养担当民族复兴大任的时代新人；要不断完善党对艺术类研究生教育事业的领导体制，做好艺术类研究生教育工作的顶层设计，把发展需要和现实能力、长远目标和近期工作统筹起来考虑；要加强党对艺术类研究生教育事业的统筹管理，各级党委要把艺术类研究生教育改革发展纳入议事日程。

第二节 树方向：坚持把服务人民作为艺术教育使命

文艺是时代前进的号角，最能代表一个时代的风貌，最能引领一个时代的风气。"中国特色社会主义新时代呼唤着杰出的文学家、艺术家"。党的十八大以来，习近平总书记高度关怀文艺事业，在多个场合对文艺工作做出重要指示。2014年，习近平总书记在文艺工作座谈会上指出，文艺创作方法有一百条、一千条，但最根本、最关键、最牢靠的办法是扎根人民、扎根生活；2016年，在中国文联十大、中国作协九大开幕式上，习近平总书记强调，文艺创作的目的是引导人们找到思想的源泉、力量的源泉、快乐的源泉；2018年，习近平总书记在全国宣传思想工作会议上指出，要引导广大文化文艺工作者深入生活、扎根人民，把提高质量作为文艺作品的生命线，用心用情用功抒写伟大时代，不断推出讴歌党、讴歌祖国、讴歌人民、讴歌英雄的精品力作，书写中华民族新史诗；2019年两会期间，习近平总书记看望参加政协会议的文艺界、社科界委员时指出,文化文艺工作者要走进实践深处,观照人民生活,表达人民心声,用心用情用功抒写人民、描绘人民、歌唱人民。坚持艺术类研究生教育为人民服务,最大限度扩大高层次艺术人才队伍规模,满足人民对艺术的需求是党和国家发展艺术类研究生教育事业所遵循的根本指南,要始终把为人民服务确定为艺术类研究生教育最核心的目标。凡作传世之文者,必先有可以传世之心,培养高层次的艺术人才队伍在服务人民中砥砺从艺初心。①

坚持艺术类研究生教育为人民服务是中国特色社会主义艺术类研究生教育制度的本质特征。② 中国共产党是中国工人阶级和中华民族的先锋队,全心全意为人民服务,一直将人民的利益放在首位。艺术类研究生教育为人民服务,以满足人民群众对艺术的需求和对高层次艺术人才的需求来发展艺术类研究生教育事业,来释放和发展社会生产力,实现艺术人才发展与社会艺术事业发展同步,最终实现最广大人民群众的根本利益,是中国共产党发展艺术类研究生教育事业的出发点和立足点。

坚持艺术类研究生教育为人民服务是我国艺术教育改革发展所必须坚持的指导思想。党的十八大以来习近平总书记关于教育的重要论述构成了系统完整的中国特色社会主义教育理论体系,为持续推进和实现教育为人民服务指明了方向、路径和方法。坚持以人民为中心发展艺术类研究生教育是由我国的社会主义性质决定的。随着时代的进步和艺术类研究生教育事业的发展,人民对艺术类研究生教育的需求呈现出多样化的特征,面对新时期新形势新任务,要以艺术类研究生教育工作是否让人民满意作为检验艺术类研究生教育成果的标准,才能在艺术类研究生教育工作中避免"面子工程",在艺术类研究生教育改革的道路上少走弯路。艺术类研究生教育责任单位要将为人民服务的使命贯穿于艺术类研究生教育的全过程。

一是坚持艺术类研究生教育为了人民。在艺术类研究生教育改革实践过

---

① 王资博. 习近平文化自信思想的三个维度 [J]. 中华文化论坛, 2016 (11): 82 - 89 + 192.
② 孙树彪. 高等教育内涵式发展的"立德树人"研究 [D]. 吉林大学, 2019.

程中，对艺术类研究生教育发展的定位与阐释要和时代特征相结合，与人民变化的需求相适应，始终坚持艺术类研究生教育为了人民的根本方向。习近平总书记一直要求，要定位于我国发展的大目标，定位于我国发展的大方向，理解我国高等教育的发展问题，要坚持"研究生教育应当为人民的需求服务，应当为党的治国理政服务，应当为进一步完善和发展中国特色社会主义制度服务，应当为实现社会主义现代化建设服务"的"四为"方针。习近平总书记的讲话，明确地指出了在艺术类研究生教育发展过程中所秉持和遵循的"为人民服务"的目标宗旨和根本方向。艺术类研究生教育发展为人民服务，就要把艺术类研究生教育的发展落到实处，让艺术类研究生的教育成果可见可现，让人民群众有获得感。这不仅强调艺术类研究生教育发展规模的整体性，更要求在艺术类研究生教育过程中关注到每一个受教育的艺术类研究生个体，让个体从整体艺术类研究生教育发展过程中收益，切实保障人民群众能享受到艺术类研究生教育发展所带来的益处。

二是艺术类研究生教育发展要依靠人民。我国正处于全面建设小康社会的攻坚克难期，艺术类研究生教育事业面临着新的机遇和挑战，深化艺术类研究生教育改革创新是新时期推进高等艺术教育事业发展的必由之路。习近平总书记多次强调，新时代我们的工作需要继承党的尊重群众、相信群众、向群众学习的优良传统和作风。深化艺术类研究生教育改革创新需要充分调动社会上一切资源，尤其是艺术类研究生教育的一线工作者、艺术从业人员、艺术硕士博士研究生对艺术类研究生教育改革发展的积极性、主动性和创造性，由点及面地实现艺术类研究生教育整体的创新发展。此外，还要尊重人民群众的首创精神。要始终把人民放到艺术类研究生教育发展的唯一主体位置，如果艺术类研究生教育事业能够实现不断的发展，那么人民群众当然是最终的受益者，同时人民群众也是艺术类研究生教育改革的实践者和推动者。艺术类研究生教育事业要紧紧依靠人民，尊重人民群众的艺术首创精神，从人民群众中汲取促进艺术类研究生教育事业发展的智慧，就要在办学体制、管理制度、经费投入、招生考试、人才培养等方面进行基层探索，从人民的创造性实践中总结发展经验，不断提炼升华，形成可复制、可推广的艺术类研究生教育改革创新发展的经验。

三是将艺术类研究生教育发展的成果与人民共享。艺术类研究生教育发展的成果不是少数人的战利品，艺术类研究生教育发展的成果是全体人民的成果，这强调了共享主体的全面覆盖。习近平总书记多次强调"让教育成果更多更公平惠及全体人民"。全民共享艺术类研究生教育成果包含两层含义：第一层是覆盖面涉及全体人民，强调让最广大人民共享艺术类研究生教育发展成果。第二层是全体人民共享对于"艺术类研究生教育蛋糕"的分配。艺术类研究生教育要以人民为中心发展，强调了人人都有享受优质、公平的艺术类研究生教育成果的权利。

第三节 表自信：坚持扎根中国大地的特色艺术教育

习近平总书记提出的"两个百年"的奋斗目标中，就包括发展中国特色现代教育事业，意味着我国教育发展应该具有中国特色。这既是对我国教育现代化内涵的丰富，也是在全面建成小康社会之际我国对高质量教育提出的新目标。艺术类研究生教育工作，更需要遵循中国特色教育事业的建设要求，将艺术类研究生教育与我国特色社会主义现代化建设事业的宏伟目标结合起来，要深深植根于中国大地，真正发展具有中国特色的现代艺术类研究生教育。

发展我国艺术类研究生教育，就要先解决现实问题，解决中国问题。习近平总书记要求，"共产党人干革命也好，发展社会主义建设事业也好，改革开放也好，归根到底，都是要解决我们所面临的现实问题"。发展艺术类研究生教育事业，必须时刻坚持问题导向，把目前我国艺术类研究生教育面临的堵点找到，在解决问题中不断探索艺术类研究生教育的可行性道路，要以习近平新时代中国特色社会主义思想为指导，进一步分析当前环境下，我国经济发展和艺术类研究生教育改革发展的主要矛盾，重点解决我国艺术类研究生教育质量不佳、艺术类研究生教育资源分配不均、优质高等艺术类研究生教育资源短缺等制约我国艺术类研究生教育事业改革发展的关键性问题。① 此外，必须以习近平新时代中国特色社会主义思想为指导，走社会主义办学道路，注重艺术类研究生的品德培养，按照党对于艺术类研究生教育事业的规划，建设具有中国特色社会主义特点的艺术类研究生教育事业，用马克思主义中国化的最新成果武装全党全国人民。要把立德树人作为艺术类研究生教育的根本任务，融入思政教育、历史教育、实践教育等各环节，培育和践行社会主义核心价值观，不断促进艺术类研究生全面发展、健康成长，培养高层次德才兼备的社会主义建设者和接班人。②

发展中国特色艺术类研究生教育，就要深深扎根于我国的优秀文化中，就要立足于我国的基本国情，就要致力于实现艺术类研究生教育的现代化。

一是要扎根于我国的优秀文化。中国优秀传统文化、革命文化和社会主义先进文化承担着在一代代中华儿女身上培植中华民族共同精神基因的时代使命，③ 具有中国特色的艺术类研究生教育应从我国的优秀文化中充分汲取养分。要在传统优秀文化中汲取育人养分，在继承中国优秀教育传统中走出一条中国特色艺术类研究生教育之路。④ 中华优秀传统文化中蕴含着丰富的立德树人教育基因，这就要求要充分发挥中华优秀传统文化的育人化人作用，引领艺术类研究生树立正确的人生观、价值观和世界观。在继承和发展优秀教育传统中开创中国特色艺术类研究生教育之路。这条路是中国艺术类研究生教育内在发展逻辑的基本遵循，是属于中国、适合中国、成就中国的艺术类研究生教育发展之路。⑤ 要在革命文化中汲取革命精神养分。我国的

---

① 陈思，顾丽梅. 中国专业艺术类高校的建设发展述论［J］. 贵州师范学院学报，2018，34（05）：54-59.
② 靳诺，徐志宏，王占仁，孙熙国，石中英，万美容，张庆守. 习近平总书记关于教育的重要论述研究笔谈［J］. 思想理论教育导刊，2020（09）：4-20.
③ 习近平. 决胜全面建成小康社会 夺取新时代中国特色社会主义伟大胜利——在中国共产党第十九次全国代表大会上的报告［J］. 中国经济周刊，2017（42）：68-96.
④ 陆卫明，孙喜红. 论习近平对中国优秀传统文化的新阐析［J］. 社会主义研究，2017（01）：8-13+172.
⑤ 刘明福，王忠远. 习近平民族复兴大战略——学习习近平系列讲话的体会［J］. 决策与信息，2014（Z1）：8-157+2.

革命文化是在党和人民的奋斗史中创造出来的，如长征精神、红船精神、抗战精神。积极开展革命文化教育活动，通过多样化的途径和方式宣扬吃苦耐劳的革命精神，对于坚定党和人民的政治信仰与革命信仰，增强"四个自信"具有非凡意义。要在社会主义先进文化中汲取创新养分。中国社会主义先进文化引领着中国特色艺术类研究生教育事业的发展，是全党全国各族人民齐心协力进行社会主义现代化建设的强大精神支柱和动力源泉。在艺术类研究生教育中融入社会主义先进文化教育，旨在引导广大艺术类研究生在学习生活中要自觉践行社会主义荣辱观和社会主义核心价值观，在艺术创作过程中融入以爱国主义为核心的民族精神和以改革创新为核心的时代精神，不断增强自己的历史使命感和责任感。同时要牢固树立中国特色社会主义共同理想，把个人奋斗同中华民族伟大复兴中国梦的实现紧密联系在一起。①

二是要立足于我国的基本国情民情。发展中国特色艺术类研究生教育，必须建立在正确认识和准确把握中国基本国情民情的基础上。当前我国的国情是，人民对于美好生活的需求是日益增长的，而因为发展不平衡不充分，因此无法满足人民的需求。还有就是我国目前处于社会主义初级阶段，而且今后很长一段时间，也都将处于社会主义初级阶段，我国是最大的发展中国家的国际地位没有改变。在新的历史交界点，发展中国特色艺术类研究生教育，必须要立足于我国基本国情民情，正确认识到制约我国艺术类研究生教育事业发展的重大难题，明确当前我国艺术类研究生教育发展面临的重大挑战。还要遵循艺术类研究生教育发展的特点，按照中国特色社会主义建设事业的要求对艺术类研究生教育事业进行改革。就必须要全面贯彻落实党的十九大会议精神和全国教育大会精神，认真学习习近平总书记新时代中国特色社会主义思想，认真领会习近平总书记关于我国教育事业发展的讲话、指示和要求，高度重视新时代中国特色社会主义艺术类研究生教育发展道路的系统性研究和综合性研究，探索、总结能够切实解决中国问题的艺术类研究生

---

① 郑海祥，阚道远. 托起文化自信的三大支柱：社会主义核心价值观、民族精神和时代精神[J]. 思想理论教育导刊，2017（10）：85-89.

教育改革发展路径，运用科学的研究成果推动我国艺术类研究生教育的实践改革，探索发展大规模、高质量艺术类研究生教育的改革推进模式，做到总体规划、统筹落实、精准施策、分区推进，进一步提升地方艺术类研究生教育政策制定的科学性和政策落实的有效性，着力实现艺术类研究生教育的均衡充分发展。①

三是要致力于实现艺术类研究生教育现代化，建设高等艺术教育强国。当今世界的竞争，关键在科技，基础在教育。教育是培养高层次人才最基本的途径，为党和国家事业发展提供强大的人力人才资源和知识技能支撑。要实现中华民族伟大复兴，就要不断提升民族软实力，而艺术类研究生教育，就与民族软实力的提升有密切关系，发展中国特色艺术类研究生教育要以实现艺术类研究生教育现代化为奋斗目标，以艺术类研究生教育现代化支撑国家的现代化，将我国从教育大国，逐步建设成为教育强国。发展中国特色艺术类研究生教育，必须立足于培养一大批具有国际视野的中国现代化艺术人才，为我国社会主义现代化建设提供源源不断的"新鲜血液"和栋梁之材。新时代对艺术类研究生队伍建设提出了新的要求。现代艺术类研究生必须是具有国际化视野的人才，必须是政治立场坚定的社会主义建设者和接班人，必须是参照世界水平培养的具有创造力和核心竞争力的高层次艺术人才。中国特色的现代化艺术类研究生教育，培养的是坚持终身学习、终身创作、全面发展的高层次艺术人才，是拥有中国灵魂、世界眼光的现代高层次艺术人才。② 为此，艺术类研究生教育不仅要培养践行社会主义核心价值观，促进艺术类研究生全面发展，更要将注意力放在培养艺术类研究生的创新能力、审美能力、艺术素养和为人民服务意识上，最终培养出能为中国特色社会主义建设添砖加瓦，德才兼备的高层次艺术类研究生队伍。

---

① 邸乘光.论习近平新时代中国特色社会主义思想［J］.新疆师范大学学报（哲学社会科学版），2018，39（02）：7-21.
② 朱跃龙，董增川，姚纬明.研究生应用型人才培养研究［M］.南京大学出版社，2018.

第四节　育新人：坚持艺术人才培养的"四为"方针

关于研究生教育工作，习近平总书记曾经有过非常明确的要求，即研究生教育要坚持"四为"。"一为"，要求研究生教育应当为人民的需求服务，"二为"是研究生教育要为党的治国理政服务，"三为"是研究生教育要为进一步完善和发展中国特色社会主义制度服务，"四为"是研究生教育要为实现社会主义现代化建设服务。艺术类研究生教育要更好适应党和国家文化艺术事业要求，将教育目标统一到国家发展的大目标下[①]，同样也要坚持"四为"方针。要引领艺术类研究生胸怀远大理想，厚植家国情怀，把小我融入大我，争做艺术事业发展的"排头兵"和"领头羊"，为人民奋斗，为祖国奉献，努力成为担当民族复兴大任的时代新人。

坚持"四为"方针，为人民服务。教育是党的重要事业，坚持教育为人民服务是党全心全意为人民服务根本宗旨的具体体现。艺术为人民服务，是马克思主义文艺理论的本质要求。2014年习近平总书记在文艺工作座谈会上谈到"坚持以人民为中心的创作导向"，指出"要为人民服务，就是说文艺工作的起点和终点，都是要满足人民对于精神文化的需求"。坚持艺术类研究生教育为人民服务，最终要落实到实现好、维护好、发展好最广大人民群众的根本利益上[②]，在更高水平上不断满足人民群众对更好艺术类研究生教育和艺术作品的需求。这就要求艺术类研究生教育事业必须秉持以人民为中心的发展思想，把握我国社会主义主要矛盾发生变化的实践要求。

坚持"四为"方针，为中国共产党治国理政服务。坚持艺术类研究生教育为中国共产党治国理政服务，是坚持和发展中国特色社会主义事业的根本

[①] 纪宝成. 中国高等教育散论 [M]. 中国人民大学出版社，2012.
[②] 季明. 最终要落实到实现好、维护好、发展好最广大人民的根本利益上来 [J]. 中共银川市委党校学报，2005（1）：7-10.

要求,① 是巩固党的执政基础、提高党的执政能力、确保党长期执政和国家长治久安的现实需要。要通过艺术类研究生教育改革,"举旗帜、育新人、兴文化、展形象",艺术类研究生教育领域要在推进马克思主义中国化时代化大众化、建设强大的社会主义意识形态方面走在前列。通过艺术类研究生教育,培养一批对伟大祖国、中华民族、中华文化、中国共产党、中国特色社会主义有强烈认同感的"艺术排头兵",共担民族复兴的历史使命。

坚持"四为"方针,为巩固和发展中国特色社会主义制度服务。中国特色社会主义制度有非常鲜明的特点,但并不是说中国特色社会主义制度就毫无缺点,而教育的任务就是要解决中国特色社会主义制度中的不完善,使其能够成为更稳定的制度体系,从而为国家的稳定发展提供支撑。艺术类研究生教育也应顺此大潮,坚定中国特色社会主义制度自信,为巩固和发展中国特色社会主义制度服务。要通过发挥艺术类研究生教育的作用,引导艺术类研究生增强制度自信,让广大艺术类研究生都自觉成为中国特色社会主义制度的拥护者和捍卫者。

坚持"四为"方针,为改革开放和社会主义现代化建设服务。坚持艺术类研究生教育为改革开放和社会主义现代化建设服务,是新时代全面深化改革、推进对外开放、建设社会主义现代化强国的必然要求。改革开放和社会主义现代化建设促进了当代艺术类研究生教育事业的快速发展,为当代中国艺术类研究生教育事业的发展助力。艺术类研究生教育是在服务国家艺术事业发展的过程中成长起来的。新时代实现中华民族伟大复兴,要求全面深化改革、扩大对外开放,加快社会主义现代化建设步伐。艺术类研究生教育发展必须适应新时代改革开放和社会主义现代化建设的新形势新要求,把为改革开放和社会主义现代化建设服务作为重要任务。

---

① 王海霞. 习近平意识形态教育理论研究 [D]. 中共中央党校, 2019.

第五节　展活力：坚持不断推进艺术教育治理现代化

习近平总书记强调，我国的高等教育经过几十年的发展，总体规模已经有明显变化，毕业人数也在世界排名靠前，但这并不是说我国高等教育的质量和效益也实现了同样的扩张，走内涵式发展道路是我国高等教育发展的必由之路。[①] 党的十九届四中全会上明确提出，要尽快实现高等教育治理现代化，这就是我国高等教育质量提升的目标。相应的，艺术类研究生教育作为我国高等教育中的一项重要内容，也同样应当将实现教育治理现代化作为根本目标。

党的十九届四中全会《决定》中所提到的关于城乡民生保障体系建设，有一项就是教育体系建设。一个国家的教育问题，不仅关系到其当前的发展状态，更关系到以后的持续发展问题，还关系到国家治理能力的提升。在高等艺术教育体系中，艺术类研究生教育所占据的位置是非常重要的。应当按照党的十九届四中全会精神要求，以实现国家治理体系现代化为目标，逐步构建更完善、更科学的艺术类研究生教育体系。随着我国社会主要矛盾的变化，我国艺术类研究生教育发展的矛盾也出现了变化，目前存在的主要问题，是人民对于高层次艺术类研究生教育的需求更为复杂，而艺术类研究生教育目前的发展仍不够完善，难以满足人民需求。归根到底，还是因为我国艺术类研究生教育治理体系存在问题，具体表现为：艺术类研究生培养单位仍然按照老一套思路办学，未能够准确把握当前国内国际形势和国家事业对于艺术类研究生教育的要求，与艺术类研究生教育相关的法律法规存在缺失，指导性意见较少，艺术类研究生培养单位自身的治理能力达不到教育要求。而要解决上述问题，就需要从根本入手，构建具有现代化标准的艺术类

---

① 张德祥，林杰. "高等教育内涵式发展"本质的历史变迁与当代意蕴[J]. 国家教育行政学院学报，2014（11）：3-8.

研究生教育治理体系，突破当前的发展瓶颈，所以对艺术类研究生教育治理现代化的问题进行关注，是题中之义。

党的十九届四中全会《决定》是党向全国各界提出的关于新时代社会改革的总体目标，是各个领域进行规划时的权威指导，各个行业领域在对本行业进行建设和治理时，都要准确领会《决定》要求，进一步提升治理能力。艺术类研究生教育在设定整体规划时，要全面领会党的十九届四中全会精神要求，要准确把握两个问题，第一，艺术类研究生教育治理问题，这不仅关系到艺术类研究生教育工作的持续发展，而且还是一项重要的政治任务，必须从政治高度进行筹划和安排；第二，艺术类研究生教育治理现代化建设，要以《决定》为准则，准确理解《决定》内涵，以《决定》的要求指导艺术类研究生教育治理体系和治理能力改革。

党的十九届四中全会对"质量"问题高度重视，多次强调，在《决定》中提到"质量"一词多达八次，将艺术类研究生教育质量问题放在首位是高等艺术教育工作的重中之重。习近平总书记强调，当前时代，党和国家事业对于高等教育的需求、对于高层次人才的需求，超过其他任何一个时代，这种需求不仅仅体现在对于人才数量的需求上，还体现在对于人才结构、质量、均衡化的需求上。党中央在"双一流"高校和学科建设方面所做出的部署，从根本上说，就是要尽快构建完善的高等教育体系，通过教育来提高人民素质，增强国家软实力。艺术类研究生教育工作，关系到艺术教育的"双一流"建设，决定着高等艺术教育下一步的发展趋势。要实现高等艺术教育治理能力的提升，意味着要开创一条新的艺术类研究生的培养道路，培养单位要更新培养理念，完善治理结构。就要以以下几方面为抓手。

一是在艺术类研究生教育方针的制定上，要充分体现党的领导。党的十九届四中全会《决定》中再次强调，"党政军民学"，要坚持党对一切的领导，教育工作中也必须体现党的教育方针。艺术类研究生教育工作中也是如此，要将党所制定的教育政策作为指导、引领，根据党的政策开展和推进艺术类研究生教育的各项工作。党的领导应当体现在一切工作中。必须将党的教育方针作为引领和统领。无论是任何一个领域的工作，要想开展好，都必须先确保政治上的正确性,如果政治方向出现偏差,整体工作都会出现问题,因此政治上的正确性,是艺术类研究生教育工作顺利推进的必要前提,也是艺术类研究生教育实现治理现代化的根本保障。在进行艺术类研究生教育的过程中,应注意将党的十九届四中全会提出的政治要求,真正把握到位、理解到位、落实到位,将其分解转化为具体可执行的艺术类研究生教育政策,逐步完成艺术类研究生教育治理体系的构建。

二是对于艺术类研究生的培养,要特别注重其创新能力。党的十九届四中全会对中国特色社会主义的优势从多个方面进行了总结,其中有一点就是,要始终坚持选拔英才,唯能、唯贤、唯德选才。艺术类研究生教育的任务,最终仍然要归结到对于艺术人才的培养上,而创新在艺术类研究生教育治理现代化中的体现,关键在于培养创新型艺术类研究生。艺术类研究生教育最重要的一项衡量标准,就是是否遵循了立德育人的要求,要把能否培养出合格的社会主义建设者和接班人作为艺术类研究生教育治理改革成败的准绳。党的十九届四中全会上强调,决不能忽视艺术类研究生的思想政治教育工作,要从政治高度开展好艺术类研究生的德才培养工作,将艺术类研究生教育的优势以合适的方式体现到艺术类研究生的工作能力上,培养一批具有国际视野、为人民服务、有较高的艺术素养、专业知识和科研能力的艺术类研究生队伍。

三是要按照社会主义先进文化的要求完成好艺术类研究生教育工作。党的十九届四中全会明确提出,社会主义先进文化为国家治理体系和治理能力现代化提供了源源不断的动力,对于艺术类研究生教育治理现代化来说也是如此。要实现艺术类研究生教育治理能力的现代化,就要深刻领会社会主义先进文化要求。艺术类研究生教育应自觉继承、传播和创造性再生产社会主义先进文化,以合适的方式传承、推广、宣扬中华民族优秀的传统文化,充分吸收中华传统文化中蕴含的优质教育资源,艺术类研究生教育应充分吸纳这些资源,在此基础上创造社会主义先进文化。

第六节 有觉悟：坚持思政铸魂与艺术教育有机融合

关于新时代教育工作，习近平总书记的要求是，办让人民满意的教育，培养能承担民族复兴大任的人才，建设具有现代化标准的教育强国。在北京大学与师生座谈时，习近平总书记提到过，"立德树人工作，最能够代表学校的工作成效，文化的意思是以文化人、以德育人，对于学生的培养，应当先是道德品质、政治思想，然后才是文化学识，立德树人的要求，应当体现在高校教育和管理的各个方面，立德是高校教育的根本，树人是高校教育的核心"①。培养什么样的艺术高层次人才、怎样培养艺术高层次人才、为谁培养艺术高层次人才，是艺术类研究生教育的根本问题。我国研究生教育是建构在中国特色社会主义制度基础上的，基本的目标是培养为中国特色社会主义服务的各类高层次人才，基本的标准是德才兼备。② 艺术类研究生也是如此，因此，要推动思政铸魂与艺术教育深度融合，培养有道德有修养有素养的新时代高层次人才，培养符合新时代特色社会主义事业建设要求的新人。

党的各界领导人都非常关注思想政治工作，十八大以来，习近平总书记更是多次对思想政治工作做出要求。艺术类研究生的思想政治工作，应当遵循中国特色社会主义学科体系的建设要求，坚持在各项教育工作中体现马克思主义的指导作用。高等艺术院校，应当将培养高层次、高素质的艺术人才作为核心任务，既要培养艺术类研究生的学识，更要培育艺术类研究生的品德。思想政治是非常重要的一堂课，而当前我国艺术类研究生的思想政治教育仍然存在着一些不容忽视的问题，如工作格局不大，队伍建设乏力，保障措施较少，课程改革缺乏动力，思想政治课程的思想性不够，尤其是没能够

---

① 习近平. 在北京大学师生座谈会上的讲话 [N]. 人民日报, 2018-05-03.
② 冯钰平. 新制度主义视域下中国学位制度变迁研究 [D]. 江西财经大学, 2019.

彻底解决艺术类研究生思想上存在的突出问题。因此应当利用艺术类研究生教育的特定优势，将思想政治教育与艺术类研究生教育进行有机结合，要充分考虑到当前艺术类研究生的思想状态，上好思想政治教育这堂课。

艺术对于人的影响是无形的，在全国文艺工作座谈会上，习近平总书记提出："艺术的价值体现在对于真善美的追求上，在欣赏艺术的过程中，人们的灵魂的净化，思想受到洗礼，人们可以通过另一种方式领略到大自然和生活中的美。"艺术教育对于人的思想、灵魂的影响力是特别的，这种影响虽然是无形的，但非常深远，在人的品格塑造、道德观念养成方面，艺术教育的作用也是非常巨大的。艺术类研究生作为我国艺术事业未来的建设者，更应该加强思政教育。高等学校在开办思想政治理论课的实践过程中，应根据本校的优势资源和特点，在艺术类研究生理论教育、专业教育与思想政治教育的融合方面积极探索新做法，全面体现艺术教育的特定优势，实现以德育人、以美育人的目标。

一是要在宏观上构建"大思政"的育人格局。面对媒介变革和技术突飞猛进的新时期，必须将艺术类研究生思想政治教育工作与专业理论教育工作结合起来加以考虑，在学校教育的每个环节，人才培养的各个方面，都要体现思想政治教育要求，要积极调动学校资源，集中上好思想政治教育这堂课。要将"大思政"的理念贯穿到艺术类研究生教育的方方面面，以"大思政"理念开展教育和管理艺术类研究生。第一，思政教育的唯一领导必须是党，这就要求无论是直接从事教育工作的艺术类研究生导师也好，从事管理工作的行政人员也好，或者是其他艺术学科类教师也好，都要坚持立德树人的本心，在开展教育工作时时刻注重体现思想政治工作要求，通过理论知识的学习培养艺术类研究生，通过教学实践活动锻炼艺术类研究生，通过文化知识的传授培育艺术类研究生，通过心理疏导安抚艺术类研究生，通过创业就业服务引导艺术类研究生；第二，高等院校治理体系建设和质量考核体系的建设中，也同样要体现思想政治教育内容，目前根据我国高等教育工作整体规划，许多高校都在对教学进行改革，思想政治课程的改革也是教学改革中不可缺少的一部分，在制定艺术学科的教学规划时，以及设定具体的教学计划时，也绝不能忽视思想政治课程。第三，"大思政"教学理念应当涵盖艺术类研究生德智体美劳这五个方面，确保思想政治教育成为艺术类研究生基础教育的一部分，在学科教材、实践活动、科研项目、校园文化中，都要体现"大思政"理念。

二是思政铸魂与艺术类研究生教育要实现结合可采取多种路径。第一，艺术类研究生教育的成果，通常要以艺术作品来展现，而思想政治教育就应当成为艺术创作的沃土，反过来说，艺术创作的实践，又能够进一步升华思想政治教育的深度和广度。因此，高等院校和艺术类研究生培养机构应当为艺术类研究生的艺术创作活动提供多元化渠道，例如作品展览会、各种演出和比赛、实地训练机会等，让思想政治教育从课内走到课外，从校内走到校外，通过思想政治教育与艺术创作的融合，产生更多更有深意的艺术作品，同时也进一步充实艺术类研究生的内心世界。第二，思政铸魂与艺术类研究生教育的融合中，要着重体现关于中国精神的内容。包括延安精神、红船精神、雷锋精神、长征精神，以及能够体现改革创新气概的其他时代精神等，让中国精神在课堂里、校园内、教材中、舞台上都得到展现，从舞台到讲台的多元化交融，让艺术类研究生可以时刻体会中国精神，感受中国精神，并自觉成为中国精神的传承者和传播者。第三，思政铸魂和艺术类研究生教育要实现有效融合，还可以采用讲中国人物故事的方法，将讲述中国人物故事作为艺术实践活动中思想政治教育的体现主题，选择一些具有代表性的中国人物，将他们的故事、事迹，以艺术化的方式展现出来，弘扬他们的伟大精神，在中国人物的带动下，使艺术类研究生受到精神洗礼，引导他们形成正确的人生观、价值观。

三是要通过艺术类研究生教育，使思想政治教育更有深度和广度。艺术类研究生教育一定要体现时代要求，要将体现人民意识作为准则，让艺术创作不再局限于校园内和舞台上，而是能够走到社会中、人民中。要尽可能创作更多的具有时代特点、能够吸引社会各界关注的艺术作品，通过艺术作品的传播塑造正确的价值理念，潜移默化地影响人、引导人，发挥文化艺人作用，通过艺术类研究生教育活动的开展践行社会主义核心价值观，在更广范围内形成更大效应，影响和带动更多的人。

第七节　作表率：坚持把导师队伍建设作为基础工作

要全面思考新时代对于艺术类研究生教育工作的要求，培养造就大批德才兼备的高层次艺术人才，必须提升艺术类研究生导师队伍水平，完善艺术类研究生培养体系。这是推动艺术类研究生教育水平的重中之重。艺术类研究生导师队伍肩负着培养国家高层次创新艺术人才的使命与重任，唯有自身不断加强对艺术学科前沿的探索研究，做好坚持学术规范和维护学术道德的典范，坚持提升自身的艺术素养和修养，并在指导艺术类研究生的过程中始终坚持高标准、严要求、勤沟通，充分发挥出全过程、全方位的育人作用。高校要注重艺术类研究生导师队伍建设，致力于艺术类研究生导师培养体系的改进与完善，使其与艺术事业发展同步，与经济社会发展同步，与新时代发展同步，让更多艺术类研究生人才在担起服务国家艺术事业的重大战略的使命中谱写人生的壮丽华章。《教育部关于全面落实研究生导师立德树人职责的意见》中要求："国民教育体系中，研究生教育的层次最高，研究生教育为国家培养了大量的高层次人才，为国家创新能力提升做了巨大贡献。研究生教育和培养工作中，研究生导师承担着最重要的责任，必须将立德树人作为研究生培养的第一准则。"艺术类研究生教育涵盖许多方面，立德树人的要求应当在每个方面都有所体现，只有真正做到立德树人，才能解决导学关系异化等一系列问题，培养出符合国家要求的高层次艺术人才培养工作。关于研究生导师应当如何落实立德树人准则，教育部出台了具体的规定，包括七个方面，艺术类研究生导师的队伍建设要紧紧围绕这七个方面，围绕艺术类研究生的培养目的，对导师队伍进行数量和质量的提升。

进行艺术类研究生导师队伍建设工作，是贯彻党中央对教育工作新指示的具体实践。党的十八大以来，党中央对教育工作予以高度重视。面对新时期中国特色社会主义教育工作，习近平总书记要求，高等教育事业必须先搞懂三个问题,即培养什么样的人才,采用怎样的方式培养人才,为了怎样的目的培养人才。这三个问题,就凝结了新时代中国特色社会主义教育理论的内涵。国家一直强调,要培养全面发展的人才,而党所制定的教育方针中,立德树人的要求在全面发展之前,这一鲜明的提法,体现了党的教育方针的全面性和对于人才品德的重视性,是具有创新性的党的教育理论的充分体现。[1] 艺术类研究生教育培养的是高层次专业艺术人才,更需要充分把握党中央关于教育事业的规划、部署,要将党中央关于我国教育事业改革发展的一系列决策部署都牢记在心,在实践中贯彻落实。作为艺术类研究生的第一培养人也是直接培养人,艺术类研究生导师必须先准确了解一个核心问题,即如何按照立德树人的要求培养艺术类研究生,要以被培养的艺术类研究生为主体,所有培养工作都要围绕立德树人的要求展开,对于"培养什么样的人、如何培养人、为谁培养人"这三个问题,要有十足的把握。

进行艺术类研究生导师队伍建设工作,是履行新时代教育工作者使命的生动践行。尊师重道、导师的角色内涵与使命担当在中华文化中有深厚的历史积淀。《论语·子罕》中有:"仰之弥高,钻之弥坚。瞻之在前,忽焉在后。夫子循循然善诱人,博我以文,约我以礼,欲罢不能。"要想使学生产生学习的热情和主动性,导师是非常重要的一环,有了导师对研究孜孜不倦刻苦钻研的魅力、导师对事物深入思考辩证分析的魅力、导师对是非对错明晰明辨的魅力,学生的学习自然会"欲罢不能"。这生动地诠释了导师的职责即引导人、教化人。2016年召开的全国高校思想政治工作会议上,习近平总书记明确要求,要高度重视学风建设,重视师德教育,教书和育人的要求要同时兼顾,既要通过言传向学生讲授理论知识,也要通过身教让学生理解什么是"立德";既要专注于理论学习,也要关注社会需求;既要倡导学术自由,也要确保学术秩序的规范性。要确保教师能够以德育人,不仅成为学生求学路上的引路人,也要成为学生成才道路上的教育者,导师落实立德树

---

[1] 教育部课题组. 深入学习习近平关于教育的重要论述 [M]. 北京:人民出版社,2019:48.

人的根本任务始终贯彻其中。在培养高层次艺术人才这一工作中，艺术类研究生导师的担子最重，导师的教育是根本，必须不断强化艺术类研究生导师的师德师风的建设，主动肩负起满足新时代党和国家需要的高层次艺术人才。为此，要积极落实建设艺术类研究生导师队伍的职责，打通艺术类研究生培养的"最后一公里"。

一是必须明确意识到，艺术类研究生导师是育人的最重要的主体。首先艺术类研究生导师是具有专业背景的高层次人才，在立德树人方面具有先天优势。具有专业学术素养的艺术类研究生导师在对艺术类研究生的理想信念引领、人格培养、价值观养成方面，都有潜移默化的影响力；其次，多样化的学术会议和艺术创作实践活动，如定期组会、读书分享会、艺术展、学术会议、艺术创作活动等，都为艺术类研究生导师的"言传身教"提供了丰厚的土壤。这些育人活动能在"润物细无声"中实现对艺术类研究生的教化。再次，艺术类研究生导师与学生在学习过程中会有高频次的互动，有许多交流。艺术类研究生要跟随导师进行课题研究和艺术创作，导生的接触频率比本科期间高得多，这为导师指导艺术类研究生的全面发展提供了契机，并且还有利于导师针对不同学生的性格特点、天赋特长进行针对性的指导，因材施教、精准灌溉。最后，同师门的硕士、博士之间的频繁互动，可以帮助各个阶层的学生建立良好的朋辈关系，由艺术类研究生导师进行牵线，艺术类博士对艺术类硕士的艺术素养、创新意识和科研素养进行传递，各层次、各阶段的艺术类研究生互相交流、互相配合、互相学习、互相影响、互相借鉴。

二是构建艺术类研究生导师立德树人的职责机制。首先要严把艺术类研究生导师的准入门槛，强化对艺术类研究生导师师德师风的评价和以往艺术类研究生培养效果的考察。其次是建立年轻导师过渡机制。刚晋升为艺术类研究生导师的年轻导师并未受到过系统严格的导师培训，对如何培养、管理艺术类研究生无从下手，可以先限制其指导学生的数量，根据毕业生质量情况再逐步将限制放开。最后，为更全面地落实立德树人要求，应当建立艺术类研究生导师队伍的立德树人培训机制。应当帮助艺术类研究生导师掌握一些开展学生思想政治工作的方法,促使导师将立德树人融入艺术类研究生培养的每一环节。此外,还要建立奖罚分明的评价机制。将在艺术类研究生培养工作中倾注心血、措施有效、成效明显的艺术类研究生导师作为典型代表,积极推广其教学方法,并给予奖励。对于不作为的艺术类研究生导师纳入"黑名单",采取约谈、处罚和剥夺导师资格。

第五章

艺术类研究生培养过程环节改革

艺术类研究生的培养过程要在"专业性""实践性"和"创造性"的原则下进行,探索艺术类研究生培养环节的优化路径,本章的逻辑框架图如图5-1所示。

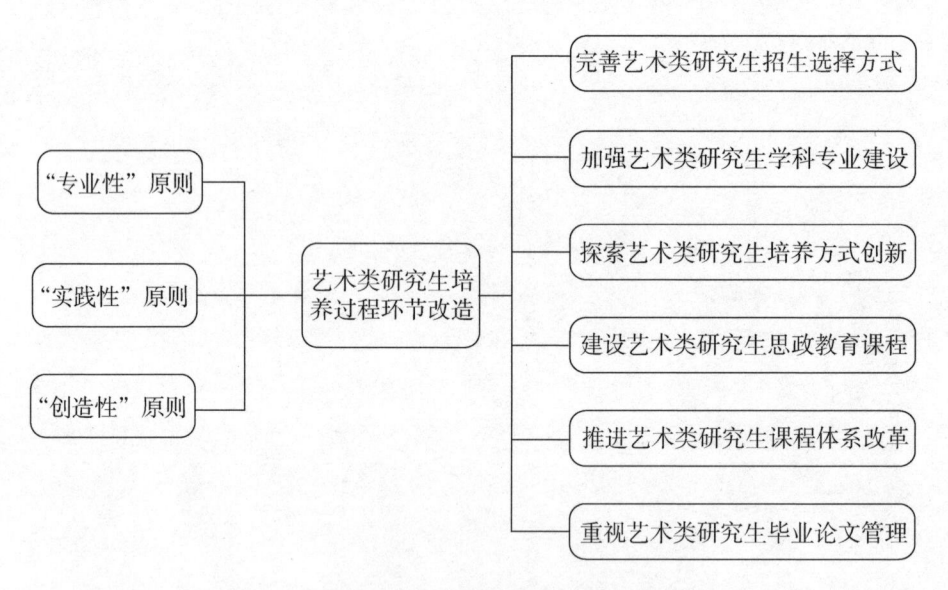

图5-1 艺术类研究生培养过程环节改革逻辑图

第一节 艺术类研究生培养的原则

近年来，艺术类研究生教育发展速度日益加快，艺术院校培养的优秀艺术人才逐渐增多，艺术类研究生属于高层次艺术人才，这类教育必须以高层次作为起点，在培养艺术类研究生专业知识、实践能力和创新思维的同时，还应注意遵循艺术专业特点及思维的特性，在培养过程中紧扣艺术类研究生教育的"专业性""实践性"和"创造性"原则。并以此为抓手，凝练出适合我国艺术类研究生培养的理论与方法。

一、艺术类研究生培养的"专业性"原则

"专业性"指艺术类研究生教育的专业特性，具体体现在艺术类研究生必备的过硬的专业基本功和娴熟的专业技能，以及丰厚的专业素养和较强的专业艺术表现能力等方面。艺术类研究生的"专业性"需要长期、规范、不间断的严格训练才能够达到。具体有三个基本要求：一是对艺术类研究生的要求。艺术类研究生要具备较强的艺术潜质，要具备对艺术非常敏锐的感知力，以及要有很强的艺术表现力，并能通过长期不懈的艺能训练，才能具备较高的专业技术水平。二是对艺术类研究生专业指导教师的要求。艺术类研究生专业指导教师必须具备深厚的专业素养、丰富的艺术实践经验、独特的艺术辨识力和判断力，能够采用科学有效的方法对学生进行体系化专业教学的能力，能针对不同特点的学生做到因材施教。三是对艺术类研究生专业技训场地和技训设备的要求。这是对艺术类研究生提升专业技术能力的基本保障。近些年国家和各级艺术类研究生培养单位都加大资金投入，加强了对技训场地和技训设备的建设。以上三点构成艺术类研究生培养模式所强调的"专业性"要求，它不但要求艺术类研究生需在专业教师科学的指导下经过长期高强度的专业训练才能得以实现，而且对专业技训场地和设备也提出了切实要求。"专业性"原则是艺术类研究生培养的基础要求，更是艺术类研

究生培养的目标要求，只有具备较高专业技术水平的艺术类研究生才能够较好地传承和展示中外艺术经典，弘扬优秀中外艺术文化。

二、艺术类研究生培养的"实践性"原则

"实践性"原则指的是在针对艺术类研究生开展教育活动时，应重视艺术技能、专业理论在实际创作与表现中的特征。该原则是艺术自身的一个主要体现，同时也是艺术得以展现的渠道，每一种艺术形式都要通过艺术实践得以呈现，艺术工作者本身的专业技能要靠实践得以检验。由此可见，艺术类研究生专业学位的设置，标志着中国艺术教育向"实践性"的回归，也就是说，要让所有关于艺术类研究生教育的思考、理论、探索回归实践本身。坚持"实践性"即坚持"艺术实践性"，使艺术类研究生原本的专业技能通过完整、系统、规范的实践得到进一步提升，在实践中培养艺术类研究生更全面系统的专业知识，良好的人文、艺术、道德素养，以及较高的艺术审美力、鉴赏力、表现力等。在培养艺术类研究生时应遵循"实践性"原则，让这些具备较高专业技术的艺术类研究生回到艺术创作的本体与艺术实践的前台，发挥聪明才智创作出具有深刻思想内涵和艺术价值的艺术精品，从而承接艺术类研究生教育应用型人才的培养工作，确保国内文化艺术实现可持续发展。在开展艺术类研究生教育教学活动时应将实践性原则作为一个基本要求，各级各类艺术实践场所和艺术实践基地的建立为该原则的实现提供了重要保障，只有这样才可以让艺术类研究生培养直面社会文化需求，打通高校艺术类研究生培养与广大人民群众精神文化需求的通道，以适应社会文化需求，为全面建成小康社会发挥积极的作用。

三、艺术类研究生培养的"创造性"原则

"创造性"是指艺术具有的创新或创造的特性，是人们为接近希望，接近理想而做的技能探索与尝试。艺术属于创造性活动，创新是艺术活动的灵魂。艺术不仅能够改变个体的观念、行为、意识，还有利于个体实现突破、创新、发展，大部分艺术创作活动在促进人类社会进步与发展方面起着积极

的作用，从某种程度上讲艺术的本质就是创造。艺术的创造性不仅是人的要求，也是艺术本身的要求。艺术提倡创新创造，不主张一味模仿和借鉴。鲁迅曾经提道：独创是创作的重点，模仿和依傍无法形成新艺术。因此艺术类研究生培养如要体现艺术的专业特性，就必须突出强调"创造性"原则，使培养出的艺术类研究生在艺术创作中能以"创"为原则，遵循科学的价值观和世界观，重视审美需求，利用自身学习和掌握的专业知识，对现实生活进行分析、探究，运用多种方法挑选素材，进行艺术加工创造，以此来展现艺术内涵与价值。同时，艺术类研究生培养所强调的"创造性"原则也是应用型艺术类研究生创新能力的标志。艺术类研究生培养如果不强调研究生的独创能力，或者说在艺术表现上不能够体现出创造意识，那么这种人才培养就失去了意义，违背了国家设置艺术类研究生专业学位培养艺术类高级专业人才的初衷。

第二节 艺术类研究生培养环节问题

一是艺术类研究生的选拔方式尚不完善。目前我国艺术类研究生招生机制也存在一些争议。当前，我国主要采用笔试的方式选拔艺术类研究生，之后对研究生的能力进行全面考核，通过考核后开始参与艺术类研究生学习活动。采用该方式培养的艺术类研究生在学习能力和专业技术方面拥有较强的基础，但是部分专业上非常有才华的学生却因未能通过笔试而无法继续深造；另有一部分并不具备出色专业才华的学生虽然通过考试进入了研究生阶段学习，却很难被培养成为优秀的艺术类研究生。由于艺术学科具有很强的艺能性，因此不具备出色专业才华或技术基础的学生，即使导师能力再强也不能培养出具高水平的优秀艺术专业人才，也很难实现国家对艺术类研究生培养的要求。

二是艺术类研究生课程体系尚不完善。我国艺术类研究生学位设置时间较短，原来的艺术类研究生培养一直从属于文学门类，一些培养单位的课程体系由于各种原因未能及时调整，导致艺术类研究生课程体系不完善。另外，多数艺术类研究生培养院校没有依照专业情况对课程进行优化，开展的一些理论教育活动无法有效提升学生的艺术素养，难以实现最终的培养目标。一些院校在开展艺术培养活动时缺少丰富的教学资源，这类院校主要采用学术学位研究生培养模式，在课程设置上与艺术类研究生学术学位研究生课程多数重合，缺乏适用于艺术类研究生专业学位培养的课程，无法体现专业特点，尤其是无法开设艺术类专业学位硕士生需要的艺术实践类课程。而且许多课程内容专业针对性不强，如通识性课程过多，开设的课程也不能根据现当代艺术事业的发展做出响应，课程缺少时代感，一些关乎艺术创作、表演、舞台实践以及社会应用的实践类课程鲜见，不能够满足社会对应用型艺术类研究生的需求。艺术类研究生缺乏业内专家指导和行业实践锻炼机会，导致他们的学习重心发生偏移，缺乏职业特色，无法体现艺术类研究生专业学位人才的"专业性""实践性"特征和"创造性"指向，有悖于国家设置专业学位的初衷。近期全国艺术硕士教育指导委员会下发了《艺术硕士专业学位研究生指导性培养方案》（2020年修订），明确规定了艺术类研究生的实践类课程学分最低标准。这说明我国对艺术类研究生培养提出了新的要求，这类培养活动必须重视实践性、专业性等特征，教育部门对以实践能力为核心的艺术类研究生培养体系提出了更高的要求。因此，各艺术类研究生培养单位要按照高层次艺术教育的要求建立科学的课程体系，结合艺术类研究生的培养目标开设一些实践类课程，真正服务于艺术类研究生培养的需要。

三是艺术实践场地与艺术实践基地严重匮乏。有的艺术类研究生培养单位的校内艺术实践场地与校外艺术实践基地严重匮乏。以西部某综合性大学的艺术学院为例，现有在校音乐舞蹈专业研究生和本科生570人，技训琴房100间（含教师用琴房20间），平均下来7个学生用一间琴房，平均每人每天技训时间只有2小时多一点，远达不到提升专业技术水平的基本要求。另外，该校现有10所中小学作为校外艺术实践基地，但没有相关演出单位作为艺术实践基地，大大影响了艺术类研究生对艺术实践的要求，难以实现艺术类研究生培养的"专业性""实践性"和"创造性"目标。目前,国内多数院校艺术类专业学位研究生无专用实践场地,基本都是和本科生共用技训场地。因此,加大艺术实践场地与艺术实践基地的建设是实现艺术类研究生培养目标的前提条件,建立各类实践基地有利于提升艺术类研究生的艺术创新能力。要通过实践场所的建设,让这些具备较高专业技术能力的人才回到艺术创作的本体与艺术实践的前台,打通社会服务的通道,让高校培养的艺术类专业学位研究生直接进入创作表演的角色情景。这也是体现艺术类研究生教育"专业性""实践性"和"创造性"原则的重要依托,是不同于艺术类学术学位研究生培养目标最为重要的标志。因此,开展艺术类研究生教育的高校除了要加大校内艺术实践技训场所的建设外,还要加大校外专业实践基地的开拓与创建。

第三节 艺术类研究生培养环节优化路径

艺术首先是一种技术,从艺术发展的历史进程来看,艺术与技术是不可分割的,对于艺术类研究生而言,必须通过严格的、有规律的训练才能熟练掌握创作艺术作品的高超专业技能,我国古代所言"技进乎道"就是指技术训练的重要性。但现实情况是,有许多将精湛技术应用的炉火纯青的艺术类研究生创作的艺术作品却资质平平,缺少艺术美感和思想内涵,甚至更多时候是为了创作而创作。融合了创作者思想、创新、情感、技术、审美的艺术作品才是人民需要的艺术作品,才是能焕发时代光彩的艺术作品。如何培养艺术类研究生除技能外的其他艺术素养,培养艺术类研究生为人民服务的时代情怀,培养艺术类研究生的创新思维和想象力,进而达到一位优秀的人民艺术创作者所具备的综合素养,是艺术类研究生培养的起点和终点。因此,提高艺术类研究生的艺术创作能力和创新能力是艺术类研究生培养的灵魂和理念。创造力是多种因素互相作用的结果,排除个体的生物学因素和智力、个性特征外,环境因素决定着创造力的发生。对于艺术类研究生教育而言,要努力提高艺术类研究生的创造力环境，通过教学、科研和实践激发其内在创造力。

一、完善艺术类研究生招生选拔方式

艺术类研究生考试招生是我国高校考试招生工作的重要组成部分，是选拔培养高层次艺术人才的重要渠道和重要考试制度。为选拔出德才兼备、为国家艺术事业奋斗的艺术人才，要坚持"按需招生、全面衡量、择优录取、宁缺毋滥"的原则，根据艺术学科发展和国家对艺术类研究生的需求不断对艺术类研究生的招考制度予以改革完善，要形成一整套分类考试、综合评价、多元录取的考试招生制度体系，让艺术类研究生的"入门门槛"更加科学公平。

一是建立灵活的招生和选拔方式。艺能性是艺术专业的一个显著特征，艺术类研究生必须具有较强的艺术能力，这种能力会对艺术类研究生教育产生显著的影响。对学术学位艺术硕士生和专业学位艺术硕士生进行分类管理，在开展招生活动时按照政策规定选拔人才，考核艺术类研究生时更加重视他们的专业技能，确保该类学生拥有较强的艺术能力和专业能力。在具体的考核过程中，首先要注重初试和复试相结合的考核方式。初试、复试相结合的考试方式是实现艺术类研究生综合评价的重要保证。初试和复试各有不同的功能定位，都是艺术类研究生招生考试的重要组成部分。初试侧重考查艺术类研究生的一般能力、知识积累和专业基础；复试侧重考查艺术类研究生的专业素养、创新潜质和综合素质，两者相辅相成、互有优势、不可或缺。再次，国家划线是确保艺术类研究生质量的重要举措。国家是在综合考虑艺术类研究生招生计划、考试成绩、区域均衡发展、民族政策等情况下，按艺术学科门类划定的全国艺术类研究生招生考试考生进入复试的初试成绩基本要求（国家线），国家线是保证艺术类研究生招生录取基本质量的底线，总体上充分保证艺术学科门类的招生需要。各招生单位均可在国家线基础上，按艺术各专业自主确定考生进入本单位复试的初试成绩要求（学校线），并以此组织复试，择优录取。同时，为避免考生因外语等个别科目被"一票

否决",艺术类研究生招生还应特别建立破格制度,即对外语等个别初试公共科目成绩略低于"国家线",但艺术专业科目成绩特别优异,或在艺术社会服务方面具有突出表现的考生,招生单位可允许其破格参加复试。最后,采取艺术类研究生的多元录取机制可确保艺术类研究生选拔的科学性。在制定艺术类研究生招生政策时,着力构建起多元的艺术类研究生招生制度体系。在考试招生方式上,除全国统考外,还有联合考试、单独考试、推荐免试等多种方式,不同的选拔方式针对不同的生源和艺术学科特点,各有特色、互为补充。特别是推荐免试招生,专门面向高校优秀应届艺术类毕业生群体,更加强调全面考查考生的一贯表现、创新潜质和综合能力,尤其适合作为艺术类专业考试招生的重要补充。

二是要保证艺术类研究生招生考试的公平性。首先,严格落实主体责任,强化组织领导。高校是艺术类研究生考试招生工作的责任主体,主要负责同志是第一责任人,分管负责同志是直接责任人[①],要对本校艺术类研究生考试招生工作亲自把关、亲自协调、亲自督查。要加强学校党委对本校艺术类研究生考试招生工作的领导,进一步健全工作机制,完善由学校主要负责同志、分管负责同志和校内纪检监察等部门负责同志组成的艺术类研究生招生工作领导小组,全面加强学校艺术类研究生考试招生工作的组织领导和监督管理,层层压实工作责任。要严格执行艺术类研究生招生工作领导小组议事规则和程序,坚持"集体议事、集体决策",会议记录须存档备查。省级教育行政部门、招生考试机构要落实监督指导职责,加强对本地区所有高校艺术类研究生招生考试工作的指导和监督检查,确保相关工作科学规范、公平公正。其次,要严格执行招生政策,强化规范管理。各地各高校要严格执行艺术类研究生招生政策,严格遵守高校招生"十严禁""30个不得""八项基本要求"等规定,严格规范高校艺术类研究生招生录取行为。要严格考生报考资格审核,严防冒名顶替和不符合条件的考生进入后续环节。加

---

① 汪东升,谢均,李侠,杨梅,杜瑛,吴宇,韩纪梅. 研究生教育管理探索与创新[M]. 四川大学出版社,2015.

强艺术类研究生考试招生人员管理，严格执行回避制度。严格执行招生计划，不得擅自调整国家下达的计划或改变艺术类研究生招生计划类型，不得擅自突破计划进行艺术类研究生录取工作。要按照择优录取、宁缺毋滥的原则，严格艺术类研究生录取标准，不得降低艺术类专业课成绩和文化课成绩录取要求。要认真落实招生信息"十公开"，按照相关要求及时、准确公布学校艺术类研究生招生办法和细则，公示有关考生信息。未经公示的艺术类考生一律不得录取。招生录取期间，要向社会公开违规举报电话和咨询电话，安排专人受理，并按规定对举报事项及时调查处理。最后，严格审查入学资格，强化执纪问责。各省级教育行政部门要指导属地高校严格按照《普通高等学校学生管理规定》（教育部令第41号）认真开展艺术类研究生新生入学资格审查，对艺术类研究生新生报到所需录取通知书、身份证、户口迁移证、研究生考试加分资格证明等材料与考生纸质档案、录取考生名册、电子档案逐一比对核查，并通过"人脸识别"等技术严防冒名顶替。对审查发现与本人情况存在差异，或没有达到招生考试要求规定的，禁止入学，同时追究招考机构的责任。各高校要对艺术类研究生录取新生全部开展材料审查和复测工作。如果研究生没有通过复测，或两次成绩差距较大，可由相关人员对其开展调查工作。查实后发现在艺术类研究生考试招生过程中有违规违纪行为的考生、高校及有关工作人员，一律按照《国家教育考试违规处理办法》《普通高等学校招生违规行为处理暂行办法》等规定严肃处理；有违法犯罪行为的，移交司法机关依法严肃处理。

二、加强艺术类研究生学科专业建设

学科、专业是人才培养的基础和载体，学科专业在全国和地方的宏观布局，关系到高层次人才培养与经济社会发展的协调与适应。高校艺术学科专业的设置和建设决定了一所高校的艺术人才培养规格和水平，对教育教学资源的配置起着基础性作用。推动新时代艺术类研究生教育改革发展，培养造就大批德才兼备的高层次艺术人才，必须深入推进艺术学科专业调整。艺术学科专业是艺术类研究生人才培养的基石，但目前我国一些高校的艺术一级学科调整周期过长，不能很好地适应经济社会发展新要求；部分高校自设艺术二级学科存在不规范、小而散等问题，亟待优化调整。艺术学科专业是"双一流"建设的重点，各高校要持续优化艺术学科结构，打造艺术学科高峰，积极对接国家发展和民族复兴的现实需要，形成体现中国特色、符合高校发展实际的艺术学科专业布局。

改革开放以来，我国高等教育逐步建立了较为完善的学科专业体系和培养制度，新时代艺术类研究生教育仍需加快艺术学科专业优化调整，大力支撑高层次艺术人才培养。艺术学是新独立出来的学科，与其他学科多有交叉之处，目前急需艺术学自己的理论体系和教材。日前召开的全国研究生教育会议提出，必须按照研究生教育的指示开展研究生培养活动，遵循我党提出的教育方针，重视人才的德育，艺术类研究生培养活动要重视高层次性，不断加快教育改革步伐，突出艺术教育的内涵和特征。在评价艺术类研究生时将创作能力、专业能力、研究能力作为重要指标，对艺术专业的布局进行优化和调整，采用分类培养模式，重视培养工作的合作性和创新性，不断提升艺术人才的综合素质及专业能力。

艺术学科专业体系建设的重要性，正在凝聚更多共识。近年来，为进一步适应经济社会发展和产业结构优化升级的需要，国家相继出台了《关于深化研究生教育改革的意见》《博士、硕士学位授权学科和专业学位授权类别动态调整办法》《关于高等学校开展学位授权自主审核工作的意见》等文件，致力于优化高校学科专业布局。高校艺术学科的审核评估、合格评估和水平评估持续推进，艺术学科动态调整与艺术学科评估形成有效配合。艺术学科动态调整已逐渐成为每年定期推进的常态化工作。高校艺术学科设置和调整立足学校定位和艺术学科实力，结合所在区域经济社会发展需求和艺术事业发展需求，逐步形成符合校本特点的艺术学科专业动态调整机制。

推进艺术学科专业体系建设，优化艺术学科专业布局是必然要求。当前，高层次艺术人才日益成为国家与国家、城市与城市进行文化艺术竞争的重要力量。在这场深刻变革中，高等教育艺术学科专业布局调整需要不断进行系统评估和重新审视。只有高等教育艺术学科专业布局不断适应新的发展趋势，艺术类研究生培养能够不断回应发展趋势和前沿需求，高层次艺术人才培养才能更好地适应社会主义现代化国家建设和艺术事业建设的需要。为了更好地适应创新发展的需要，高等艺术教育越来越重视通过交叉融合催生新的艺术学科生长点，进而不断带动艺术学科专业的发展与调整。传统的艺术学科专业体系日益走向专业化、精细化，这有助于高层次艺术人才培养专业化，同时也容易在艺术学科专业间形成泾渭分明的壁垒。有的高校通过艺术学科专业发展规划促进交叉艺术平台建设和交叉艺术学科人才培养，推动艺术和其他学科专业之间的交叉渗透，促进交叉复合型艺术人才培养，是值得肯定的有益探索。

推进艺术学科专业体系建设，优化艺术学科专业布局，要在创新与守正之间寻找平衡。高等教育艺术学科专业布局有其内在规律，每所高校都有自己的艺术主干学科和艺术支撑学科、艺术优势学科和艺术相对弱势的学科，同时还有艺术传统学科和艺术新兴学科、艺术交叉学科之分。新时代的艺术类研究生教育，应立足于艺术人才培养的内在需求来考虑艺术学科专业布局问题。各高校需要根据自己的办学特色确定艺术主干学科，力争将艺术主干学科建设成优势学科；有选择地发展艺术新兴学科、艺术交叉学科，逐渐形成特色和优势，并且与艺术主干学科之间形成良好的支撑关系。有些艺术学科可能相对弱势，却是艺术类研究生培养不可或缺的基础学科或支撑学科，就不能轻言淘汰。在日益重视艺术类研究生研究能力的背景下，这些艺术基础学科或艺术支撑学科也需要不断提升研究能力，努力走科教融合的发展路径。推进中国特色社会主义艺术学科专业体系建设、优化高等教育艺术学科专业布局，是艺术类研究生教育改革发展的基础性问题。只有坚持艺术学科专业发展的内在规律，不断提升艺术学科专业发展水平，顺应艺术事业发展趋势，走融合之路，才能更好地适应新时代艺术类研究生教育工作需求。

三、探索艺术类研究生培养方式创新

推动新时代研究生教育改革发展，培养造就大批德才兼备的高层次人才，必须进行培养体系的改革。艺术类研究生教育承担着培养高层次艺术人才、推动艺术事业发展的重要使命。当前新一轮科技革命和产业变革在全球加速兴起，成为国与国之间竞争的焦点，而高精尖科技领域的争夺尤为激烈。个别科技发达国家"设卡子""卡脖子"，对我国科技发展造成严重挑战。因此，瞄准科技前沿和关键领域，将前沿思想用于艺术类研究生培养体系的改革中，是新时代艺术类研究生教育改革发展肩负的重大历史使命，事关国家发展、民族未来。

一是对艺术类专业型和学术型研究生的区分。纵观全球艺术类研究生的培养活动可知，并非所有国家都存在学术型研究生、专业型研究生的划分。一些国家开展的研究生教育活动属于职业教育，哥伦比亚大学新闻学院和英国某些院校开设的硕士课程都是职业教育。反观我国的硕士研究生教育机制可知，学术型硕士的培养以理论教育为主，专业型硕士的培养以专业教育为主。前一种人才的培养和博士生培养具有相似性，重视研究生的学位论文质量，对研究生的专业理论能力有较高的要求，教育部门还针对研究生的毕业论文提出了抽检标准。专业型硕士的毕业形式远远多于学术型硕士，针对该类硕士设置的毕业标准也更加全面、客观，毕业生可以利用展演、案例、作品等展现自身的专业能力。通过分析可知，艺术类专业硕士和艺术类学术硕士在培养模式、毕业要求等方面存在显著差异，因此这两类艺术类研究生招生、培养、教学等方面也各不相同。就研究生的培养来讲，通常情况下，学术型研究生的导师只有一位，专业型研究生培养则采用双导师制，这类研究生有一位校内导师，还有一位业界导师。在艺术类专业硕士研究生培养中，采用"专硕导师组"方式，这类研究生拥有三位导师，包括业界导师、学硕导师、专硕导师，专硕导师带领其他导师开展研究生培养活动。艺术院校针对专硕导师制定了科学的评审制度，在招聘导师、对导师进行评审时，既重视老师在业界的知名度，也重视他们的经验和能力。在进行招生时，学术型硕士生采用全日制培养模式；专业型硕士生同时采用全日制和非全日制培养模式。人大在招收新闻与传播专硕时，将非全日制定向生源作为主要招生对象；南京大学在招收新闻和传播专硕时采用了非全日制模式，这体现了高校在招收专硕生时的形式变化，招生模式的改变反映出高校对专硕生实践能力的重视，在以后应用型人才将成为高校培养的主要对象。因此，针对艺术类专硕生设置的毕业形式应该具有多元化特征，这有利于艺术类专硕生展现他们的专业能力和实践能力。

二是重视文献阅读。开展理论学习和训练活动无法有效保证艺术类研究生的最终培养质量。中国传媒大学出台了文献阅读制度，对文献阅读数量做出了明确要求，按照规定，博士研究生文献阅读量应在150种以上，著作阅读量在50种以上；学硕研究生文献阅读量在80种以上，著作阅读量在30种以上；专硕研究生文献阅读量在60种以上，著作阅读量在20种以上。观察部分高校当前编写的文献目录可知，一些专业设置的文献阅读数量大于学校要求，著作阅读数量远远高于最低要求。高校之所以在文献阅读方面做出严格要求，是为了有效提升研究生的专业素养。文献阅读制度并非一种创新制度，之前各大院校也对研究生的文献阅读做出过规定，但主要由研究生导师、培养单位编写文献阅读规章，高校没有站在整体层面制定文献阅读制度。在出台此项制度时，基本文献涉及专业文献、基础文献，基础文献指的是有关一级学科的文献，举例来说，中国传媒大学设置的新闻传播学一级学科由广播电视学、广告学、新闻学等二级学科构成，同时也存在某些交叉学科，就读于二级学科的博士研究生必须完成基础文献阅读任务，基础文献是上述学科的共同要求，专业文献属于二级学科的专业要求。概括来讲，无论一级学科涉及多少二级学科，都必须增强学科意识，了解二级学科构成，换言之，一级学科必须对门类归属有所了解。举例来说，语言文学和新闻传播学都被囊括在文学门类中。大量实践活动表明，一些高校的新闻传播学院、新闻学院都起源于中文系或文学院。因此，文献目录包含更多内容符合人才培养和学科发展规律。近年来，一些院校的学科分布更加合理，随着传播技术的快速发展，在编写文件目录时存在显著的跨门类特征，就读人文社科专业的博士生阅读的基础文献包含了哲学类、技术类文献；就读于理工科专业的博士生阅读的基础文献也包含了人文社科文献。观察现状可知，几乎所有门类和学科都将《乡土中国》编入了文献目录中，此外，

《技术与文明》也成为诸多学科的阅读文献。许多学科存在融合和交叉现象，在编写文献目录时必须重视这一特点。站在主题设定角度来讲，在设置基础文献时必须重视社会和时代的变化，同时也要侧重于人文关怀、技术发展。制定文献阅读制度，积极推进研究生教育教学活动的开展，为研究生论文的撰写提供保障，确保研究生文献阅读量达到相关标准。站在培养管理层面来讲，假如无法对制度的实施进行有效监测和管理，许多制度将沦为形式，难以有效发挥作用。在解决这一问题时，中国传媒大学针对博士研究生设置了资格考试，针对硕士研究生组织文献考试活动，全校按照相关规定组织考试，各培养单位负责实施。假如学生没有通过考试，则无法进行论文撰写工作，在研究生学习时间内，每个人共有三次机会参加考试，如果三次都没有通过考试，则停止培养活动。该项考试制度既能够对研究生的文献阅读情况进行检验，也能够为论文的撰写提供必要保障。就博士生的培养来讲，可参照国外的一些培养经验：在培养博士生时设置不同的阶段，选拔录取的博士属于博士生；在通过候选人考试后，博士生可参与论文撰写活动，并成为博士候选人；在完成论文答辩后，博士生培养工作结束，博士候选人获得博士学位，此时他们才是真正的博士。通过国外博士生名称的变化，可以了解博士生所处的培养阶段。这种培养方式符合博士培养的要求，按照博士生的学术能力、学识情况判定他们的具体身份，并非所有博士生进入高校后就会成为博士。

四、建设艺术类研究生思政教育课程

习近平总书记在学校思想政治理论课教师座谈会上的重要讲话中提出"思想政治理论课是落实立德树人根本任务的关键课程"等重要论述，为推动思政课改革创新指明了方向，艺术类研究生既有当代研究生的共性，又独具艺术专业的个性，艺术类研究生培养应该重视艺术类研究生的全面发展，按照党中央提出的教育方针，结合艺术专业的现状，通过开展美育活动促进德育教学，以艺术化人心，努力将思政教育与艺术类研究生教育相融合，把思想政治教育贯穿艺术类研究生培养体系，全面推进艺术类研究生思政课程建设，发挥好育人作用，提高高校艺术类研究生的培养质量，让思政课润物无声地给予艺术类研究生以人生的启迪、智慧的光芒、精神的力量。

一是创新课程内容。在针对艺术类研究生开展思政教学时需要重视艺术类研究生的特点，这对思政教师有较高的要求。思政教育必须加快创新步伐，不断完善和改进教学内容，依照科学的原则完成教学内容的创新。在开展思政教育时应该重视教学具有的时代特征和教育意义，思政教育能够帮助艺术类研究生提高解决问题的能力，改善其综合素质。思政教育具有较强的政治导向，它能够引导艺术类研究生树立正确的价值观、世界观，同时它重视理论教育与实践应用的结合。[①] 思政教师在开展教学活动时既要向学生传授专业知识，也要结合当下的一些社会问题和焦点问题组织艺术类研究生进行广泛的讨论，及时纠正艺术类研究生存在的错误思想，只有正确引导艺术类研究生，才能实现思政教育的最终目标。在推动思政教学活动时，教师需要采用一些创新手段和方法，不断突破传统教学模式的束缚，加强与艺术类研究生的互动交流，拓展艺术类研究生的思维空间。思政教师可以按照教学目标、教学任务对教学内容进行优化，重视教学方法的多样性、科学性、互动性，通过创新教学模式、改进教学理念，推进思政教学的开展。艺术院校开设的思政课既要突出教育教学的特点，也要符合艺术类研究生的身心发展规律，艺术类研究生与其他研究生的学习需求存在一些差异，在针对这类研究生开展思政教育时，可将艺术教育与政治引导相结合，这既能丰富思政教育的内涵与形式，也能实现理论知识的传授。

二是在思政课程中融入艺术专业教育。学校重视德育和美育的结合，在开展思政教育时可将艺术发展、艺术作品等多种教学资源应用到课堂教学中，不断挖掘我国传统文化的内涵与精髓，思政教师通过向艺术类研究生讲解某些艺术知识和思政理论，将思政教育与艺术教育相结合，这既能够改变传统思政教学枯燥无味的现象，也能激发艺术类研究生学习思想政治课的兴趣。也可按照艺术类研究生的艺术培养需求，将艺术表演、采风活动、写生

---

① 孙树彪.高等教育内涵式发展的"立德树人"研究［D］.吉林大学，2019.

活动等作为教学手段,组织开展主题活动,艺术类研究生在参与这些活动时能够对思政理论有进一步的认识和了解,同时也能够将自身的专业能力与思政学习能力相结合,艺术类研究生还可通过写生、采风等艺术活动检验自身对思政理论、思政知识的学习及掌握情况。

三是思政教师必须具备一定的文化艺术素养。思政教育教学活动的开展离不开专业思政教师,思政教师不仅需要掌握较强的专业能力,还要拥有较高的政治素质,同时对艺术教育、艺术文化有所认识和了解。艺术类学校侧重于艺术人才的培养,艺术类院校实施的思政教育既要重视思政引导作用,也要重视思政教育和艺术教育的结合。思政教师承担着教书育人的重任,在开展思政教学活动时,按照核心价值观的要求和教育教学目标选择合适的教学内容,结合艺术类教育的特点,将一些传统文化、艺术理论、艺术知识融入教学中,思政教育要符合艺术观教育的宗旨,并且体现出德育、美育的特点。教育活动需要教师和艺术类研究生进行双向互动,思政教育与艺术教学存在紧密的联系,艺术院校开展的思政教育活动可将艺术理论的传授作为一个有效手段,通过开展艺术实践活动,加强教师与艺术类研究生的互动,思政教师也要重视自身在教学中发挥的引导作用、模范作用。近年来,艺术类院校在实施思政教学时更加重视思政教师具备的文艺素养。思政教师具备较强的政治素养和专业能力,当他们的文艺素养不断提升后,既能够对艺术类研究生的培养有更加深入的了解,也能够在开展思政教学时融入更多艺术因素,这能够为艺术类院校思政教育的实施奠定坚实的基础,思政教育通过引导艺术类研究生运用马克思主义看待社会问题,帮助艺术类研究生进行文艺创作,提升艺术类研究生的文化素养。思政教育必须以专业的思政教育人员作为基础,建立一支科学化、专业化的思政教师队伍,对于艺术类院校开展思政教育教学活动起到至关重要的作用,思政教师应努力提升专业水平,转变教学理念,对思政教学手段进行优化,重视思政教学与艺术教学、艺术类研究生培养的结合,确保艺术类研究生在参与思政教学后能够对思政理论、传统文化、历史文艺有更加深入的了解。艺术学理论、艺术观教育与艺术院校的思政教学存在密切的联系,思政教师应该按照艺术类研究生的学习需求,将更多有关艺术文化、艺术内涵的教学内容融入课程中。艺术院校在招收思政教师时可将思政素质、文艺能力、艺术素养等作为挑选指标。也可组织思政教师参与一些艺术创作、艺术研究等活动,思政教师通过参与这些活动能够掌握更多的艺术知识,这不仅有利于拓展他们的教学思维,还能为艺术院校开展思政教育提供有效支持。

四是加强思想政治与艺术教育的融合。艺术院校主要培养各类高层次艺术人才,艺术人才具有较强的专业优势,思政教育活动既重视艺术类研究生政治素质的提升,也重视艺术类研究生的艺术专业能力改善。艺术院校既可以通过理论教学方式将理论知识传授给艺术类研究生,也可以结合艺术教学的特点,创新教学方法,发挥自身专业优势,将艺术实践、理论教学、艺术研究、美术教育等融合在一起,丰富思政教育的内涵及内容。可以组织名师专家开展讲座活动,重视思政专业与艺术专业的结合。知名艺术家在艺术领域获得了显著的成果,大部分艺术家在长期的艺术实践活动中积累了许多有关思政教育的素材,他们能够将艺术教育与思政教育进行完美的融合,通过自身的讲解和阐述,帮助艺术类研究生更好地认识文化艺术和思想理论。艺术院校可邀请某些艺术家开展思政教学活动,也可以将思政元素融入艺术教学中,实现艺术教学与思政教学的统一。无论是艺术教学,还是思政教学都与实践存在紧密的联系,实践活动将为艺术院校开展的教育活动提供有效帮助。艺术院校不仅要重视艺术类研究生的培养,还要积极承担社会责任,通过培养优秀的艺术人才,为社会的发展、国家的进步、民族的复兴提供人力保障。近年来,思政教学的手段和方法不断改进,艺术院校可以引导艺术类研究生采用自主学习的方式获得思政知识,不断提高自身的政治修养。艺术教育与文化教育、政治教育是不可分割的,艺术素养的提升离不开思政教育,艺术类研究生既要重视自身专业能力的提升,也要重视思想觉悟的强化。艺术院校可以将思想文化融入艺术类研究生的培养活动中,打造精品文化工程,组织艺术类研究生参与各类主题活动,将核心价值观教育与思政教育、艺术教育、专业教育相融合。营造良好的校园文化氛围,为校园文化的创建奠定坚实的基础,重视人文景观的塑造,为艺术类研究生参与艺术教育和思政教育活动创造良好的环境。定期开展一些具有艺术院校特色的活动，利用多元化的教育手段推进思政教学的开展。艺术院校既可以发挥自身专业优势，也可以借助各类外部教学资源，如美术馆、音乐馆等开展艺术实践活动，为美育和德育工作的实施提供资源支持。

五、推进艺术类研究生课程体系改革

艺术类研究生教育旨在培养具有系统专业知识并具备独立进行高水平艺术创作或表演能力的高层次、应用型专门艺术人才。要强调在加大专业技能训练的同时兼顾对艺术类研究生的理论及内在素质的培养。在强化专业技能训练的同时积极创造校内外艺术实践的条件。在校外不断开拓艺术实践基地的同时，加大校内艺术实践课在整个培养过程中的权重，加大艺术实践环节的学时数和学分比，强化舞台实践及交流，针对不同专业方向的专业学位艺术类研究生的专业差别，有针对性地开设不同的艺术实践课程。每学期都举行相关专业艺术实践课程的展演汇报。

加强课程建设，构建科学培养体系必须突出艺术类研究生教育的创新性、实践性和专业性。按照全国艺术硕士研究生教育指导委员会要求，将艺术类研究生课程分为公共课、必修课和选修课。公共课着重提高艺术类研究生的理论研究能力，拓展审美视野；必修课着重提高艺术类研究生的专业能力，完善艺术类研究生的知识体系，提高艺术类研究生的综合艺术修养，增强对艺术作品的理解能力、感悟能力、分析能力。选修课重视实践性和专业性的结合，通过设置选修课拓展艺术类研究生的视野，促使其实现个性化发展、多元化发展，艺术类研究生可根据自己的兴趣和专业方向来选修课程，以全面提高艺术类研究生的综合素质。为保障教学工作顺利开展，高校可以建立专门的指导委员会，该委员会负责审查艺术学科的建设方向、艺术类研究生的培养体系，并开展教学监督工作，在每个学期结束时评价艺术教学的成效。指导委员会下设教学管理委员会、理论研究委员会、创作表演委员会，以社会需求为导向，以职业能力为核心，明确艺术类研究生培养的定位，针对不同艺术专业要求进行顶层设计，并引入艺术类研究生教学质量监控体系和培养质量监督评价机制，对教学质量进行科学评价。

一是针对艺术类研究生构建完善的课程体系，该体系由双创、科研、课程构成。艺术类研究生学习的课程和科学研究存在紧密的联系，同时要将创业创新融入课程体系中，将课程作为基础，重视艺术类研究生创新思维的培养，通过建立科学规范的课程体系，推进艺术类研究生教学活动的开展。为艺术类研究生设置选修课程，确保艺术类研究生的专业知识需求得到满足，按照研究团队的实际情况、研究特点等，设置符合艺术类研究生的课程和培训内容。探索型课程既可以提高艺术类研究生的探索能力，也能激发他们的艺术学习兴趣，导师可设置一门或多门艺术研究课程，在完成课程教学后评价艺术类研究生的学习情况，确保艺术类研究生了解学科发展情况和当今社会需求，提高他们的双创能力，满足他们的就业需求。

二是建立新型课程结构，将教师团队、讲座和专题模块融合在一起。采用负责人制开展课程教育活动，建立专门的教学团队，确保教学内容符合专业发展和时代要求，选择优秀的主讲教师，明确教学主题和内容，提高教学资源使用效率。不再按照过去的章节体系开展授课活动，依照教学大纲，结合艺术学科的特征和发展规律，选取合适的教学内容，对其进行整合优化，设置不同的教学专题，各专题彼此独立，同时存在紧密的联系。利用讲座方式开展教学活动，重视艺术类研究生在课堂中的讨论和互动，营造良好的课堂氛围，教师运用多种方法开展教学活动，侧重于对艺术类研究生的领导，不断提升艺术类研究生的思考能力、分析能力。

三是进行公共课改革时重视艺术类研究生的差异、能力与基础。准确定位课程，重视艺术课程的研究性，通过设置合理的公共课为科学研究活动的实施提供保障，组织艺术类研究生参与科学研究训练，增强他们的创新意识，引导他们转变思维方式。按照各学院、各学科的需求设定教学目标。对课程结构进行优化改进，突破传统学科的束缚，按照艺术类研究生的实际需求，删减和调整某些课程内容，重视艺术类研究生创新能力的提升、创新思维的培养。挑选优秀任课教师，采用竞争、评估等方式选择优秀公共课教师，对公共课的开展进行全面的评价。打造良好的教学平台，利用网络构建先进的教学体系，采用研讨方式开展课堂教学活动，对各门学科考试做出明确规定，完善考核机制。

四是在进行课程开发时重视实践、基地与学校的联合。学校要为艺术类研究生提供参与实践活动的条件，与各类单位、科研机构建立合作关系，打造更多的实践基地，按照社会发展需求、学科发展规律设置企业课程，帮助艺术类研究生提高创新能力和实践能力。采用双课堂教学方式，挑选一些优秀的艺术家开展实践教学活动，确保实践教学与专业教学、理论教学相统一，针对艺术类专业发展趋势设置补充课程、职业课程，引导艺术类研究生制定职业规划，参与职业实践活动。

五是在建立教学评价体系时将评价、指导与监督手段结合在一起。在开展艺术类研究生教育活动时建立专门的督导团，采用专家听课等方法，对教学纪律、教学方式做出规定，要求专业教师不断优化教学方法，艺术类研究生要自觉养成正确的学习习惯。针对课堂教学工作开展评价活动，设计专门的评价体系，对课堂教学的学习效果、教学目标做出规定，选择一些经典案例进行推广，从根本上保证教学质量。

六、重视艺术类研究生毕业论文管理

一是加强艺术类研究生学位论文和学位授予管理。艺术类研究生学位授予单位要进一步细分压实艺术类研究生导师、艺术类研究生学位论文答辩委员会、艺术类研究生学位评定分委员会等责任。艺术类研究生导师是艺术类研究生培养第一责任人，要严格把关艺术类研究生学位论文研究工作、写作发表、学术水平和学术规范性。艺术类研究生学位论文答辩委员会要客观公正评价艺术类研究生学位论文学术水平，切实承担学术评价、学风监督责任，杜绝人情干扰。艺术类研究生学位评定分委员会要对艺术类研究生申请人培养计划执行情况、论文评阅情况、答辩组织及其结果等进行认真审议，承担学术监督和学位评定责任。论文重复率检测等仅作为检查学术不端行为的辅助手段，不得以重复率检测结果代替导师、学位论文答辩委员会、学位评定分委员会对学术水平和学术规范性的把关。

分类制定不同艺术学类一级学科或艺术交叉学科的学位论文规范、评阅规则和核查办法，真实体现艺术类研究生知识理论创新、综合解决实际问题的能力和水平，符合艺术学科领域的学术规范和科学伦理要求。对以研究报告、规划设计、案例分析、管理方案、文学艺术创作等为主要内容的学位论文，细分写作规范，建立严格评审机制。

严格艺术类研究生学位论文答辩管理，细化规范答辩流程，提高问答质量，力戒答辩流于形式。除依法律法规需要保密外，艺术类研究生学位论文均要严格实行公开答辩，妥善安排旁听，答辩人员、时间、地点、程序安排及答辩委员会组成等信息要在学位授予单位网站向社会公开，接受社会监督。任何组织及个人不得以任何形式干扰学位论文评阅、答辩及学位评定工作。

建立和完善艺术类研究生招生、培养、学位授予等原始记录收集、整理、归档制度，严格规范培养档案管理，确保涉及艺术类研究生招生录取、考试、研究、论文撰写、学业考核、论文答辩等重要记录的档案留存全面及时、真实完整。探索建立学术论文、学位论文校际馆际共享机制，促进学术公开透明。

二是健全学术不端处理体系。完善教育部、省级教育行政部门、学位授予单位三级监管体系，健全宣传、防范、预警、督查机制，完善艺术类研究生学术不端行为预防与处置措施。将预防和处置学术不端工作纳入学校教育督导范畴，将学术诚信管理与督导常态化，提高及时处理和应对学术不端事件的能力。严格执行《学位论文作假行为处理办法》《高等学校预防与处理学术不端行为办法》等制度，绝不姑息学术不端行为。发现该类行为后，依照教育部门和高校的相关规定查处相关问题及人员。对涉事责任人、当事人按照实际情况进行惩处，如果存在违法行为，由相关部门对当事人进行处理。如果某些单位在查处学术不端行为时存在弄虚作假、以权谋私等问题，要及时追究相关单位和当事人的责任。在信用记录中纳入论文作假行为，在信用平台上发布失信信息。学位授予单位要切实执行《普通高等学校学生管理规定》《高等学校预防与处理学术不端行为办法》的相关要求，完善艺术类研究生导师和艺术类研究生申辩申诉处理机制与规则，畅通救济渠道，维护正当权益。当事人对处理或处分决定不服的，可以向学位授予单位提起申诉。当事人对经申诉复查后所做决定仍持异议的，可以向省级学位委员会申请复核。

第六章

艺术类研究生培养导师队伍提升

艺术类研究生作为艺术学教育体系的顶端，是培养高层次艺术专业人才的主要途径，是提升国家艺术人才质量和竞争力的重要支柱，是建设文化创新型国家、深化文化自信的核心要素。艺术类研究生导师是我国艺术类研究生培养的第一梯队、关键力量，肩负着培养国家高层次艺术创新人才的使命和重任。学校应努力造就一支有理想信念、仁爱之心、扎实学识、立德树人、创新进取的艺术类研究生导师队伍。探索艺术类研究生导师队伍建设的逻辑框架图如图6-1所示。

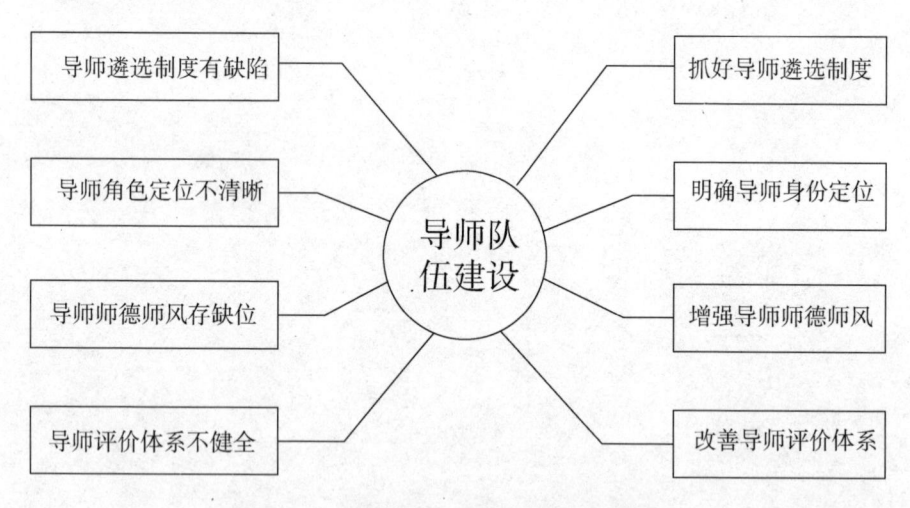

图6-1 艺术类研究生培养导师队伍提升

第一节　导师队伍的建设现状

教育的本质就是用一棵树摇动另一棵树，一个灵魂唤醒另一个灵魂。导师队伍建设工作是研究生教育工作的基础，是我国教育事业发展的根基，更是我国实现人才强国目标的重要保障。习近平总书记曾经提到导师队伍的建设与发展直接影响到研究生教育的开展。在开展研究生教育教学活动时导师发挥着至关重要的作用，他们组织和引导研究生参与科学研究活动，引导研究生形成正确的价值观。导师队伍质量的改善、能力的提升对于研究生教学工作的开展起到决定性作用，这也是教育强国战略实施和我国高层次人才队伍建设必须重视的问题。

在我国恢复研究生教育之初，博士生导师是由国务院学位委员会审核并经国务院批准的高水平专家群体。1981年首批博士生导师1155人，他们是一批有较高学术造诣、科研教学成绩突出、为国家做出巨大贡献的专家。近年来，学位委员会、国务院逐渐放开博士生导师的审批权，学位授予单位、院系等二级组织获得了此项审批权，此后导师群体的规模不断扩大。[①] 近年来，我国研究生导师队伍建设取得很大成就，根据教育部的统计数据显示，当前我国有850多家负责开展研究生培养活动的单位，研究生导师数量超过46万人，超过11万人为博士生导师，每家培养单位拥有的研究生导师超过500人，每位导师平均要承担起6位硕士生、4位博士生的指导工作。目前我国高校教师规模为170多万，研究生导师占比在25%以上，研究生导师的专业能力、政治素养、研究水平不仅对研究生的成长成才产生着直接的影响，更是深刻影响着我国高校教师的整体素质。

据教育部统计数据显示，1997年到2019年，我国研究生指导教师情况

---

① 杨卫，杨斌，王顶明，周文辉. 学习贯彻全国研究生教育会议精神（笔谈）[J]. 学位与研究生教育，2020（09）：1-9.

如表6-1所示，我国研究生指导教师情况变化趋势如图6-2所示。

表6-1 1997—2019年我国研究生指导教师情况

单位：人

年份	总计	博士导师	硕士导师	博士、硕士导师
1997年	71598	4560	59477	7561
1998年	74560	5098	60922	8540
1999年	80813	5611	65157	10045
2000年	88825	12507	65157	10045
2001年	101097	7052	79104	14941
2002年	115462	9395	89765	16302
2003年	128652	10620	99727	18305
2004年	150798	11065	115774	23959
2005年	162743	11906	124416	26421
2006年	188835	12293	144991	31551
2007年	206034	12809	158045	35180
2008年	223944	13376	171796	38772
2009年	239857	14136	185134	40587
2010年	260465	16204	201174	43087
2011年	272487	17548	210197	44742
2012年	298438	16598	229453	52387
2013年	315815	18280	241200	56335
2014年	337139	16028	256790	64321
2015年	363218	14844	276629	71745
2016年	378947	18677	289127	71143
2017年	403135	20040	307271	75824
2018年	430233	19238	324357	86638
2019年	462099	19341	346686	96072

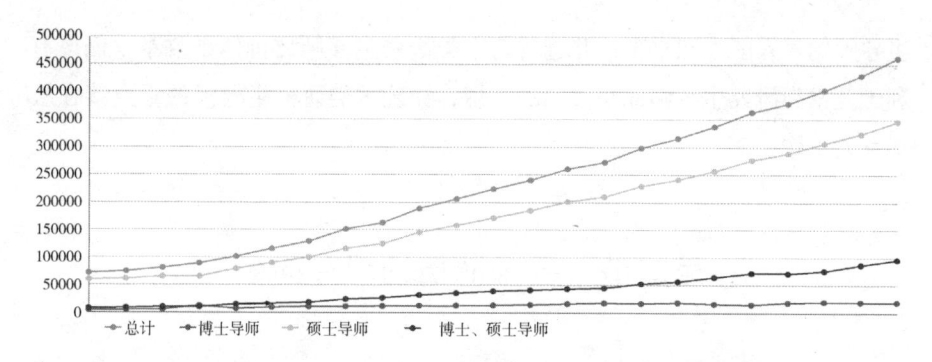

图6-2 1997—2019年我国研究生指导教师情况趋势图

从表6-1和图6-2可以看出,我国研究生指导教师人数呈现持续增长的态势,从1997年的71598人到2019年的462099人,2019年研究生指导教师人数总数是1997年的6.5倍。从1997年的4560人到2019年的19341人,2019年博士导师人数总数是1997年的4.2倍。从1997年的59477人到2019年的346686人,2019年硕士导师人数总数是1997年的5.8倍。

开展艺术类研究生教学活动离不开艺术类研究生导师的支持,艺术类研究生导师是艺术类研究生培养的第一责任人,他们的艺术素养、探究能力、政治觉悟、个人魅力等会对艺术类研究生的成长成才产生巨大影响。作为集立德与树人、言传与身教等不同角色于一身的引路人和指导者,艺术类研究生导师队伍的质量和水平既是影响艺术类研究生教育质量的关键要素,也是衡量一所高校艺术类学科发展情况的主要指标。艺术类研究生导师不仅是学业导师,更是人生导师。艺术类研究生导师要通过科研指导提升艺术类研究生的艺术素养和艺术修养,通过言传身教影响艺术类研究生,将"问题意识、研究意识、创新意识"这个特点贯穿艺术类研究生指导的各个环节,将思想品德养成和创新能力贯穿艺术类研究生指导的各个阶段。

近年来,开设艺术类研究生培养的培养单位在建设艺术类研究生导师队伍工作方面已经开始尝试。艺术类研究生培养单位都纷纷出台艺术类研究生导师选拔政策,根据自己学校的特点不断调整艺术类研究生导师的选拔制度,切实抓好艺术类研究生导师的遴选和培训,增强艺术类研究生导师师德建设、业务素质等方面的专业支持,增进优秀经验交流,以提升艺术类研究生导师的育人能力和水平；并进行艺术类研究生导师评价体系改革，创设有利于艺术类研究生导师成长发展的环境，让艺术类研究生导师的重点落在教书育人工作上。

第二节 导师队伍的现存问题

提升导师队伍水平是习近平总书记对研究生教育工作的重要嘱托。对艺术类研究生教育而言，艺术类研究生导师队伍建设是保障艺术类研究生培养质量的最直接、最关键的因素。融媒体时代的艺术类研究生教育对艺术类研究生导师的思想政治素质、教育教学理念、行业前沿视野、艺术创新素养、科研业务能力等方面都提出了更新更高的要求。要将艺术类研究生导师队伍建设摆在更加重要的位置，全面落实艺术类导师立德树人的职责。但在实际的育人过程中，导师队伍建设仍存在一些问题。

一、导师遴选制度有缺陷

艺术类研究生导师是艺术类研究生学术道路、价值观塑造的重要引路人，要提升艺术类研究生教育质量，必须切实加强艺术类研究生导师队伍建设，将政治素质、师德师风、育人能力、培养条件综合考虑，作为选聘标准。

但现实情况是，在导师选拔环节，存在对导师遴选资格与岗位任职条件之间的关系和重要性排序认识不够清晰和统一的问题。将二者混为一谈，或是严重割裂，导致认识上的模糊和不确定，进而导致导师队伍建设工作或难以开展，或效果不佳。将二者一概而论导致导师上岗资格审核与导师资格审定模式完全雷同，将导师固化为一个高于普通教师的"优越"阶层，"能上不能下，上去下不来"，形成"导师终身制"，带来的后果是部分导师科研动力不足，对艺术创作与科研活动不上心，或存在部分导师将"博导"身份当成"特权"，忘记从艺初心和教育本心，动态导师评选制度成为空谈。将二者完全割裂则仅限于满足眼前需求，忽略了对导师队伍长远发展的规划及导师艺术创作动力与科研能力的持续开发，带来的后果是导师资格的相对稳定性与岗位设置灵活性关系把握不当，对导师进行艺术创作和日常指导工作造成影响，导师岗位后备库储备不足，存在断层风险。

除了关系不清晰，还存在遴选制度不完善、标准僵化单一、忽略艺术学科的独特性等问题。在具体评选过程中，存在重职称、重科研成果、轻师德、轻指导教学能力等倾向，带来的后果是真正有创新能力、艺术素养、良好作风的老师"上位"困难，导师队伍思想僵化。也存在"破五唯"有思想，没抓手问题。各类高校虽有心打破"唯论文、唯帽子、唯职称、唯学历、唯奖项"的"五唯"现状，但因为艺术创作能力的独特性、虚拟性和交叉性，如何区别艺术类研究生导师队伍的遴选制度的工作无从下手，导致的结果是专业艺术类研究生导师数量少质量低，[①] 对艺术类研究生学术素养和艺术素养培养不足，艺术学科发展前进缓慢。

二、导师角色定位不清晰

长期以来，广大艺术类研究生导师为培养大批国家需要的、具有研究和创新能力的高层次艺术类人才做出了重要贡献，但也存在部分艺术类研究生导师责任心不强，未能履行好自身职责等问题。同时，部分艺术类研究生自律不够且尊师意识淡薄，导师对自身角色定位与艺术类研究生对导师角色定位的错位关系带来的后果是导师不敢管、不会管、胡乱管，艺术类研究生不愿听。

站在导师定位层面来讲，有关导师定位的认知存在许多误区。比如有很大部分研究生将自己的导师称呼为"老板"，有的研究生甚至调侃自己是导师的"廉价劳动力"，这类言论的背后反映出一种经济化、功利化、冷漠化、扭曲化的师生关系，这说明研究生对导师的定位存在偏差，一些导师对自身

[①] 梅冬琴. 全日制专业学位硕士研究生导师队伍现状与问题研究［D］. 南京师范大学，2019.

身份也存在思想误差，甚至由于近年研究生与导师矛盾的新闻频发，也让部分导师陷入了"不敢管""不会管"的窘境。

部分高校认为年轻教师拥有较强的艺术创作能力、科学研究能力，他们在接受过专业培养、获得相关学位后具备了一定的综合素质，他们能够顺利开展研究生培养活动，可以为艺术类研究生提供专业指导。但观察现实情况可知，尽管大部分年轻的艺术类研究生导师参与过科研训练活动，但是他们没有参与过艺术类研究生指导、研究生培训等活动，许多年轻导师对自身岗位职责缺少深入的认识，采用的管理方式和管理手段存在一些缺陷，难以有效拿捏引导与教学的平衡点。理解偏差带来的后果是行为上的"极端化"。有的导师将培养艺术类研究生的导师角色定位为"保姆"，在艺术类研究生培养过程中大包大揽；有的导师将培养艺术类研究生的导师角色定位为"放羊"，将与艺术类研究生进行平等对话看作是放任自流；还有一些导师认为艺术类研究生是自己的行政助理，有时甚至将他们当作劳动力，将一些与艺术、科研不存在联系的工作、任务安排给艺术类研究生，忘记育人使命。这些做法都导致艺术类研究生并未从艺术创作、科研训练和素质培训中取得进步，在潜移默化中影响着艺术类研究生的教育质量，导致许多艺术类研究生产生了错误的价值观。

三、导师师德师风存缺位

中国自古以来都将老师作为社会道德的建设者和传播者，为师者，不仅要有渊博的学识，也要有高山仰止的品行，要承担传道授业解惑、立德树人的职责。其中，师德师风的建设是深化艺术类研究生导师队伍建设的关键之举、是落实立德树人根本任务的先决条件、是推动我国艺术事业繁荣发展的重要保障。当前我国导师队伍，尤其是艺术类导师队伍的师德师风建设仍存在不足。

一是从艺初心动摇，育人意识淡薄。保持从艺初心，坚持创作出文艺精品服务人民、培养艺术高层次人才是艺术类研究生导师的"大德"，明"大德"是师德师风的根本，当前部分艺术类研究生导师在社会思潮沉渣泛起的环境中丧失了对马克思主义理想信念的追求，难以凭借自己的从艺初心做出合乎理性的判断。也有部分艺术类研究生导师仅追求眼前利益和短期实惠，将担任艺术类研究生导师当作自己谋生的手段，对教学敷衍了事，对科研急功近利。更有部分艺术类研究生导师心态浮躁、利欲熏心，在市场经济的"负外部性"作用下，屡屡做出"私德"滑坡行为，破坏了高校师德师风的建设。

二是业务能力虚化。艺术类研究生导师职业发展的最基本要素就是业务能力，要求导师具备科学的授课方法、创新的科研活动、扎实的专业知识功底和艺术创作的思维。在科技日新月异的今天，部分艺术类研究生导师没能紧跟时代发展，出现了艺术类研究生导师业务能力与培养高层次艺术人才需求之间的不匹配，呈现虚化态势。部分艺术类研究生导师的知识学识或过深过专，或偏离艺术学科，或缺乏理性思维与科学精神。还有部分艺术类研究生导师教学方法死板，忽略艺术类研究生实践的重要性，仅将知识传授点设置在课堂上，忽略了课外、业内等阵地，使得学生丧失了学习的动力。更有部分艺术类研究生导师在教学与科研、行政职务与教学职务之间疲于应付，逐渐产生了职业倦怠情绪，将艺术类研究生培养工作视作"大包袱"。

三是服务社会极端化。艺术作品的主要功能是服务人民对美好生活的向往和追求，是服务社会主义事业的长远健康发展，也是艺术类导师师德师风建设成果的外在表现。部分艺术类研究生导师对社会服务职能边界把握不清晰，造成社会服务极端化现象出现。一方面，部分艺术类研究生导师存在社会服务意识"过热"现象。这里的"过热"指的是将艺术作品和艺术创作当作获取经济利益的工具，热衷于开设各类辅导机构，热衷于各种社会组织的职位竞选，忽略了导师的本职身份，冲击了艺术类研究生导师本应该完成的教学任务和科研活动。另一方面，部分艺术类研究生导师存在社会服务意识"淡漠"现象。这里的"淡漠"指的是艺术类研究生导师过分注重科研和教学活动，忘记了创作艺术作品的出发点和落脚点是为人民、为社会、为国家发展服务。他们将科研和教学活动与社会实践割裂开，在自己筑建的学术窠臼里自娱自乐，忽略了人民和国家的需求，研究成果晦涩难懂、与社会脱节,最终阻碍了师德师风建设。

四、导师评价体系不健全

目前我国艺术类研究生导师评价体系主要是一种结果性评价,包括研究生学位论文情况、科研成果情况和获奖情况。这种结果性评价体系虽然能在一定程度上反映艺术类研究生导师的人才培养能力和水平,但对艺术类研究生导师立德树人评价和对艺术类研究生教育过程评价存在缺位。

习近平总书记曾经提到,在对学校的教学质量进行检验时可将立德树人作为重要标准。[①] 已有的评价指标只重视科研和教学活动,没有重视艺术修养、思想道德水平,无法体现出艺术类研究生导师的根本性职责,难以对艺术类研究生导师的立德树人情况进行评价和检验。还有一些评价标准只重视结果,忽视了教学过程的重要性,这种评价体系不符合艺术类研究生的培养目标,无法实现高层次艺术人才的培养规划。

在艺术类研究生培养阶段,用艺术类研究生的学位论文和艺术作品代替艺术类研究生导师教育效果的评价指标是具有片面性的,不能完全代表艺术类研究生导师的教育水平和付出程度。艺术类研究生的"天赋"对结果产出有重要影响。有些艺术类研究生科研悟性高,不需要导师过多的指导就能产出较好的科研成果和艺术作品。有些艺术类研究生即使导师注入了大量的心血,但产出成果却"资质平平"。艺术类研究生导师对艺术类研究生的培养、教育和影响是多方面的,包括思想道德、心理方面、艺术素养、职业选择等。一方面,这些评价指标的缺位无法体现艺术类研究生导师与其他学科导师的区别,另一方面,这些指标的虚拟性的确给评价指标确定带来一定困难。由于艺术的初心和使命是服务社会、服务人民的,艺术类研究生培养也逐步转向"应用型",尤其是目前我国艺术类研究生培养目标也逐渐由以"学术型"为主转向以"应用型"为主,并且我国也开始布局艺术类专业博士的培养,这种学位论文产出和艺术作品产出的评价体系更显单一、片面,

---

① 习近平. 在北京大学师生座谈会上的讲话[N]. 人民日报,2018-05-03.

不能有效反映出艺术类研究生导师对艺术类研究生培养过程中的艺术素养启迪和言传身教的影响。除学位论文之外，就业状况也应该纳入考评体系。艺术类研究生应该将自己的所学用于服务社会服务人民，如果艺术类研究生社会适应力较差，如何实现更多优质艺术作品的产出？或是部分艺术类研究生的择业情况与本专业无关，如何实现"德才兼备"高层次艺术人才队伍的扩大？

第三节 导师队伍的建设路径

"亲其师，信其道。"提升艺术类研究生教育质量，推动我国艺术类研究生教育由大到强，真正建成艺术类研究生教育强国，需要加快造就一支高水平、有爱心、能力强、讲奉献的艺术类研究生导师队伍。

为适应我国艺术类研究生教育和培养的要求，艺术类研究生导师队伍的建设需要导师自身、学校与国家三方力量的共同努力、不断改革、创新和完善。国家应充分发挥其宏观调控的能力和职责，教育部门承担主管责任，针对艺术类导师队伍建设与发展做出总体目标规划，出台针对性政策，在全国范围内引导高校对艺术类导师队伍均衡健康发展的重视和思考。设有艺术类学科和即将开设艺术类学科的学校应自觉将艺术类研究生导师队伍建设作为学校发展和艺术学科建设的重要部分，根据本校资源和发展情况，在遵循艺术发展规律的大前提下，对艺术类研究生导师队伍建设的规划能力、发展能力、监管能力、完善能力建设下足功夫。艺术类研究生导师个人应注重发挥自身的主观能动性，自觉树立"导师"身份的使命感和责任感，不忘从艺初心和教育本心，将"立德树人"的要求贯彻到艺术类研究生培养的全过程。

一、抓好导师遴选制度

打造一流艺术类研究生导师队伍，要抓好艺术类研究生导师的遴选工作。首先要明辨艺术类研究生导师遴选资格与岗位任职条件之间关系。要从思想上明确，"导师"身份并不是凌驾于普通教师的"高层级别"，是一个需要承担更多艺术育人的工作岗位。学校和艺术类研究生导师个人都应避免将导师视为一种特殊身份，避免论资排辈倾向，努力破除导师终身制。

在遴选标准方面，学校应打破惯性思维，将观念和制度建设适度超前，在设置艺术类研究生导师上岗资格时，需要综合考虑本校的未来发展规划、艺术学科结构、艺术学位授予类型、艺术类学生数量和未来招生规模，综合考虑现有艺术类导师队伍整体结构、年龄构成、研究专长与个人基本素质等因素，制定科学有效、利于艺术类学科发展和艺术类研究生培养的上岗条件，降低非必要因素在导师资格评审中的权重，重新定位专业技术职务与导师岗位之间的关系，在遴选过程中不带有"有色眼镜"，使高级职称不再成为担任艺术类导师的必要条件，打破博导在教授中产生、硕导在副教授中产生的遴选框框，将更多年轻有为、坚定从艺初心的青年教师纳入艺术类导师人才库，与有导师资格的教师组成"导师组"，与导师一起培养艺术类研究生，在实践中锻炼培养艺术类研究生的能力，为今后评选导师资格打下基础。

在遴选过程中，学校管理部门应与艺术类院系共同打破导师"终身制"，建立岗位动态管理制度和资格年审制度，改变单独评定艺术类研究生导师资格的做法，加快完善不同艺术类一级学科导师的分类评价考核和评价激励机制，将创新思维、道德思政、艺术素养等评价标准纳入考评中，强化艺术研究生导师岗位与招生培养紧密衔接的岗位意识，并将评价结果作为艺术类研究生导师招生指标分配、岗位评聘、评奖评优的重要依据。对履职优秀的艺术类研究生导师给予相应的激励措施或艺术作品资助措施，对履职不力的艺术类研究生导师进行约谈、限招、停招直至取消导师资格，让导师池"能进能出，有进有出"，转变过去部分艺术类导师重科研轻教学、重理论轻实践、重职称轻教育的倾向，把培养艺术类研究生的科研水平、艺术素养和创新能力作为对导师评价的重要标准。

在具体实施过程中，将导师遴选的权力由业务主管部门进行分散，将自上而下与自下而上的方式结合起来，确保院系科研小组充分发挥自身作用，组织本校艺术类专家、校外艺术类专家和业界艺术专家组成艺术学科学术委员会，根据学院发展的未来规划，进一步细化遴选规则，不断优化艺术类研究生导师队伍结构。由学院对艺术类研究生导师进行全面的审核，学校按照艺术类研究生导师队伍建设要求出台相关制度，既要做好审批权限的下放工作，也要对艺术类研究生导师遴选工作进行全程监督和管理，确保艺术类导师团队的建设达到规范化、专业化要求。

二、明确导师身份定位

打造一流导师队伍，明确身份定位是基础。20世纪90年代，美国研究生院长理事会发布了一项报告，该报告对导师的角色进行了准确界定，第一类是学业顾问，这类导师积累了大量专业经验，他们会将自己的专业经验分享给研究生，帮助研究生提高技能水平；第二类是精神支柱，这类导师能够与研究生进行深层次的情感交流，可为研究生提供精神激励；第三类是生活导师，这类老师重视学生的日常表现，并为学生提出改进意见；第四类是师傅，这类导师招收的研究生扮演着学徒角色；第五类是资助者，这类导师为学生提供多种学习资源和素材，帮助学生获得更多的发展机遇；第六类是人生楷模，这类导师通过发挥榜样作用，引导学生成为优秀的人才。[①] 艺术类研究生兼具科研型研究生和实践型研究生的双重属性，艺术类研究生导师更应该明确自身的身份定位，明确艺术类研究生导师是工作岗位，不是教师序列中的一个独立层次，才能避免在培养过程中出现的各种问题。

艺术类研究生导师应成为艺术类研究生热爱学术、建立志趣的学业顾问。应倡导师生共进、协同发展，以艺术类研究生的荣誉获得和成长进步激发导师的使命感和自豪感。[②] 通过引导导师亲自设计并参与开学典礼宣誓、艺术教育专题辅导、科学道德和学术规范案例教学、研究生文化活动节、服

[①] 王顶明，张立迁. 研究生导师的育人角色和职业规范 [J]. 研究生教育研究，2020 (05)：11–13.

[②] 沈炯，冯建明. 研究生培养协同机制研究 [M]. 南京大学出版社：研究生培养研究丛书，2018.

务人民优秀艺术作品展等活动,在与艺术类研究生共同完成这些活动的过程中,言传身教地加强对艺术类研究生科学道德教育,弘扬认真严谨、求真务实、艺术为人民的学术精神和学术价值观,引导艺术类研究生树立高远的学术理想,守住从艺初心,在增进对学术操守、学术诚信的深入理解同时,树立艺术为人民服务的信念。

  艺术类研究生导师应成为艺术类研究生明确培养方向、实现自我提升的引路明灯。导师身份的定位需要培养单位加强制度保障和政策更新,推动导学关系朝着尊师爱生、教学相长、平等合作方向发展。培养单位应主动打破各部门之间职责独立的窘境,打通学校各部门之间沟通的桥梁,将艺术类研究生导师纳入艺术类研究生培养方案制定与实施的全过程中,在培养单位管理部门与艺术类研究生导师间建立起系统的、常态化的上下沟通机制。艺术类研究生导师应该在科研和教学之外,还要对艺术类研究生的培养方案设定、课程类别、政策制度、毕业要求等相关政策非常熟悉。此外,落实艺术类研究生导师在思想价值引导、知识体系构建、学术道德素养、艺术文化修养、创新能力培养、心理疏导人文关怀和职业方向确定等方面的育人职责,督促和保证艺术类研究生对学习研究和艺术创作的高质量全身心投入,同时赋予艺术类研究生导师招生参与权、学业指导主动权、评奖评优推荐权、管理政策意见权等教育权力,让导师能在艺术类研究生培养各环节都"先行一步,多想一步"。

  艺术类研究生导师应成为艺术类研究生人生价值实现、职业发展选择的人生楷模。导学双方要在充分沟通中实现共情,建立"利师利生"的和谐健康关系。在沟通途径上,可通过定期的组会、建立师生研讨室、线上交流平台、读书分享会、艺术作品鉴赏会、艺术展览等形式,形成导学知识共享、艺术思想碰撞的有效渠道。在沟通内容上,艺术类研究生导师应该摒弃身份上的"距离感"和"等级感",将自己融入艺术类研究生中,给予艺术类研究生充分的选择权、自主权与表达权,[①] 在平等对话和示范引导基础上,督促艺术类研究生主动思考、完善自我规划、建立对艺术学科的深层次认识理解与掌握,为今后成为高层次人才,用艺术服务人民和国家社会主义建设打下基础。艺术类研究生应学会辨别,不要被社会上错误的"导生关系"言论所误导,在艺术创造传播者、科学研究者与单纯"学生"三种身份之间寻找平衡支点,理性包容地看待导师风格、科研任务、艺术创作、艺术实践、论文写作,培养自身良好的科研素养、艺术素养和道德素养。

与此同时,更要不断增强艺术类研究生导师的岗位意识。高素质、高水平、高艺术修养的艺术类研究生导师方能培养出优秀的艺术类研究生。高水平的艺术类研究生导师离不开持续的艺术作品创作和努力奋斗,作为艺术类研究生导师决不能止步于此、不思进取、原地踏步,要对艺术学科的学术前沿问题跟踪研究,开拓创新,要通过自学和各类专业性培训等,不断提升个人政治素养、艺术专业功底、个人魅力、严谨治学态度和行为规范,提升指导艺术类研究生的能力,不断适应新时代对艺术类研究生导师队伍的新要求,全方位提升育人化人能力,既做学业导师,又做人生导师。

三、增强导师师德师风

习近平总书记曾经提到,教师负责教书育人工作,他们向学生传授知识、帮助学生掌握专业技能、引导学生形成正确的价值观,教师的职责十分重大。这就要求艺术类研究生导师一方面要严格遵守教师职业规范和道德,立德树人,导师要具备良好的道德情操,及时鼓舞学生,对学生进行正确引导,此外,导师还要努力成为为人民服务和为社会主义文艺事业发展繁荣贡献自身力量的先行者。导师应该做到宽容、仁爱,重视每一个艺术类研究生,尊重和关心艺术类研究生,为艺术类研究生提供参与实践活动、科研活动的机会,为艺术类研究生提供更多的专业指导和帮助,引导艺术类研究生

---

① 詹必富. 论高校利益和学生权益的实现 [M]. 中国文史出版社:高校德育成果文库,2015.

制定发展规划，提升自身综合素养。

一是要凝聚信仰，让从艺初心和教育本心历久弥新。艺术类研究生导师要提升道德修养、完善知识体系、改善思想政治素质，艺术类研究生导师具备的政治素质对其开展的教学和引导活动起到重要影响作用。艺术类研究生导师的政治素质事关艺术教育的方向和育人的成效。只有艺术类研究生导师坚持正确的政治方向，坚持党的艺术教育方针，才能保证艺术类研究生建立正确的理想信念和政治认同，认同中国共产党、认同中国特色社会主义制度、认同社会主义核心价值观等。艺术类研究生导师必须坚定信仰，以实际行动践行社会主义核心价值观，明确自身的教育职责，把思政教育与艺术教育相结合，将社会主义核心价值观融入教学活动、科学研究和艺术创作的过程中，通过言传身教，履行自身的职责，尽心尽力开展艺术类研究生培养活动。①

艺术类研究生导师要守"功德"，遵守教师职业道德规范，为人师表、爱岗敬业，时刻牢记从艺初心和教育本心，积极投身于培养德才兼备的高层次艺术类人才的教育教学实践中，全心全意为学生服务；艺术类研究生导师可通过自身人格魅力、良好的道德修养去引导艺术类研究生，通过发挥示范带动作用推进人才培养活动的开展。艺术类研究生导师应该尊重每一位艺术类研究生，与艺术类研究生进行沟通交流，重视艺术类研究生的实际需求，运用多种资源和手段为艺术类研究生提供指导，帮助艺术类研究生攻克一道道专业问题。学校要定期组织艺术类研究生导师参与学习和培训活动，确保艺术类研究生导师明确自身职责，树立正确远大的师德观。同时加强师德师风建设，帮助艺术类研究生导师明确其职责和工作规范，建立师德师风评议机制，对师德失范违法违规的导师坚决予以查处。

艺术类研究生导师要严"私德"，强化自我约束的能力和意识，慎独慎初慎微慎欲，不扭曲艺术创作的目的，以规范典雅的德行引领艺术类研究生

---

① 张灿，王进芬．坚持和加强党的全面领导：逻辑理路、根本保障和价值指向［J］．中国特色社会主义研究，2018（4）：39-44．

尊重艺术、热爱艺术、为艺术事业奉献，加强师德建设工作。

二是重视师能水平的提升，改善艺术类研究生导师的专业化素质。网络技术的发展让学生拥有更多学习的渠道，艺术类研究生导师需要养成终身学习的习惯，不断完善自身知识体系，提升艺术修养，紧跟时代发展脚步。艺术类研究生导师要以扎实学识为基本功底。从艺术学科建设的历史进程来看，一个优秀的艺术类研究生导师不仅要有艺术专业知识的储备，还要有文学、理学、历史学和社会学等学科的知识储备。"水之积也不厚，则其负大舟也无力"。艺术类研究生导师需要掌握丰富的专业知识、研究经验，这样才能解决艺术类研究生遇到的一系列专业问题，才不会被狭隘的知识视野和教学模式束缚。艺术类研究生导师应重视教学能力的提升，教学能力与教学工作的开展存在紧密的联系，它也能够影响到师德建设的最终成效。导师可依照专业艺术硕士、学术艺术硕士和艺术博士三种不同类型研究生种类的特点，实施针对性的教学办法，或鼓励艺术类研究生注重将艺术作品服务于社会，或激励艺术类研究生在学理道路上深入探索，促进艺术类研究生导师在"因材施教"过程中强师能、铸师德。

三是服务社会，让师德师风在艺术服务中焕发光彩。在思想上，要对服务社会的两种极端思想予以纠正，增强艺术类研究生导师对艺术服务社会的正确认识，促进艺术类研究生导师将艺术作品与社会服务进行有机结合，并在社会实践中赋予艺术作品新的内涵。同时要促使艺术类研究生导师明确社会服务的利他性质，引导艺术类研究生导师将社会效益放在首位。在环境建设上，学校要改变以往重视科研成果和教学成果的环境，要发动本校艺术学科优势，与社会资源共建艺术服务平台，并出台相应的鼓励政策，让艺术作品"活"起来。并且将服务社会作为一项评价标准，在对艺术类研究生导师进行职称评定、工作考核时应重视他们服务社会的情况，这能促使艺术类研究生导师积极承担社会责任，不断提高社会服务水平。

四、改善导师评价体系

一是健全艺术类研究生导师立德树人评价指标。立德树人工作是一项系统的育人育才工作，工作职责包括"立德"和"树人"两大部分。"立德"即艺术类研究生导师的德育工作，既包括宏观层次的艺术类研究生导师对艺术类研究生的思想道德教育、艺术素养培训、艺术创作指引、政治教育、情感教育等，引导艺术类研究生树立正确的三观和艺术观，还包括微观层次的艺术类研究生导师在教育教学、科研工作、艺术创作及生活交往中对艺术类研究生投入的情感、治学育人态度和人文关怀等多方潜在影响。"树人"的主要目的是培养高层次"德才兼备"艺术类研究生队伍，主要通过艺术类研究生导师的科研工作和艺术创作工作进行。根据《教育部关于全面落实研究生导师立德树人职责的意见》中提到的导师立德树人七大职责，制定艺术类研究生导师评价体系，包括：提升艺术类研究生思想政治素养、培养艺术类研究生学术创新能力和艺术创新能力、加强艺术类研究生艺术实践能力和用艺术作品服务社会能力、增强艺术类研究生为人民服务的社会责任感、教导艺术类研究生恪守学术道德规范、优化艺术类研究生培养条件和职责、注重对艺术类研究生的人文关怀。

二是针对艺术类研究生导师的教育行为建立评价体系。在开展艺术类研究生导师评价工作时必须重视教育行为过程评价机制的建立。健全的教育过程评价机制不仅有利于对艺术类研究生导师的日常教育行为、科研行为和艺术创作行为进行督促和促进，还有利于确保艺术类研究生导师评价的客观性、合理性。艺术类研究生的培养不同于其他学科研究生培养，除包含课程培养和科研培养外，还应对艺术类研究生的艺术素养、创新意识和服务意识进行培养，培养的过程是由多种教育形式和教育内容相互交叉、相互融合的复杂行为构成的，尤其是在艺术类研究生培养目标由"学术性"转向"应用型"，以及艺术专业博士培养布局开展的当下，艺术类研究生的培养过程会更加复杂，对应的，艺术类研究生导师的教育行为也会向交叉化、复杂化方向发展。学校和对应学院应该根据时代大环境和艺术的职责，不断对艺术类研究生导师教育行为过程评价体系进行动态调整，从课程教学、自主学习指导、艺术创作、艺术素养培训、艺术实践、艺术服务、心理辅导、科研水平辅导、学术论文辅导、职业发展指导等多方面入手，不仅注重教育过程评价方法的多样化动态化，更要注重评价模式和体系的多样化动态化。

三是要强调艺术类研究生的应用素质在导师评价中发挥的作用。如今，应用型艺术类研究生成为主要的培养目标，这与过去的学术型培养目标存在显著差异，在开展评价活动时不能只将学术作为评价指标，必须构建完善的评价体系，重视艺术类研究生的应用素质，在建立评价体系时应侧重以下内容：在选择评价内容时，按照社会发展和艺术类硕士人才定位，将艺术类研究生的艺术实践能力、艺术创新能力和科研能力纳入教育效果评价体系；在教育效果表现形式方面，教育效果表现形式不应只局限于学位论文，应该是多元的、多样化的，主体形式可以以应用型论文为主，辅助艺术作品、创意设计等；在评价方式上，可以在同行互评、师生互评和学生自评的基础上，加上社会评价，包括艺术作品评价和工作单位评价。艺术作品评价包括获奖情况、艺术专家对艺术作品进行应用价值和社会价值的评价。工作单位评价是艺术类研究生走入工作岗位后，工作单位对其综合素质和工作表现进行的评价。虽然在操作过程中存在一定的困难，但是可以获得艺术类研究生的应用素质与能力评价更加客观、真实。

第七章

艺术类研究生培养联合机制建立

　　针对艺术类研究生开展的联合培养活动是指艺术院校与其他单位共同开展联合培养活动,这能够加强艺术专业与其他领域的联系,运用多种培养方法打破传统艺术教育形成的壁垒,使艺术教育具有较强的应用价值。艺术理论具有一定的交叉特征,艺术学理论与许多艺术学科存在密不可分的联系,各门类艺术学也存在相似相近之处。艺术学理论并不是孤立存在的,它与社会学、历史学、文学、自然科学等存在相互融合的现象,这也是艺术发展呈现出的一个主要特点。艺术类研究生培养联合机制强化了艺术学科和其他学科的联系,重视不同学科之间的跨界合作。站在理论角度来讲,其他学科能够为艺术学科的发展提供重要支持,通过多学科之间的融合与联动,了解事物存在的联系,探讨不同学科之间产生的相互影响。站在实践角度来讲,将艺术学科与其他事物结合起来,能够拓展艺术范围,丰富艺术内涵。艺术类研究生培养联合机制建立的逻辑图如图7-1所示。

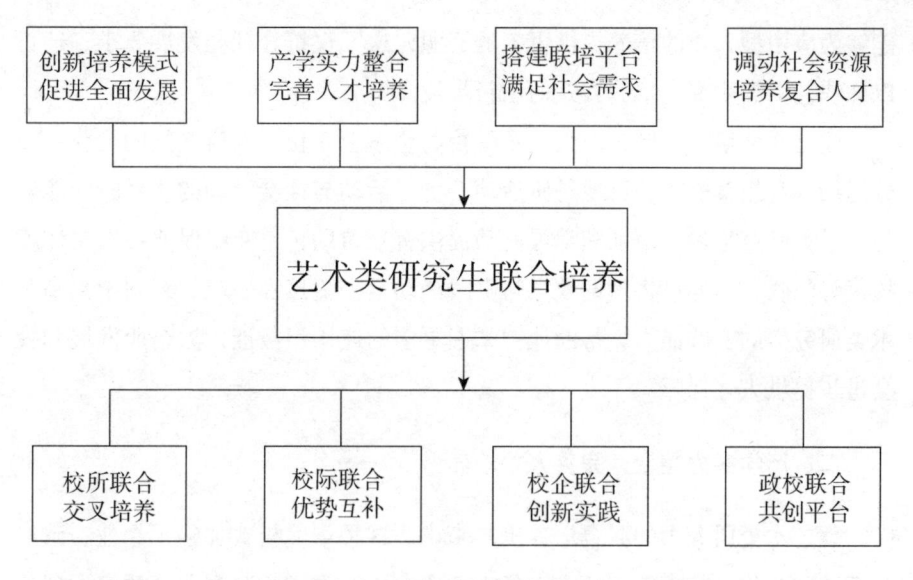

```
┌─────────────┐  ┌─────────────┐  ┌─────────────┐  ┌─────────────┐
│ 创新培养模式 │  │ 产学实力整合 │  │ 搭建联培平台 │  │ 调动社会资源 │
│ 促进全面发展 │  │ 完善人才培养 │  │ 满足社会需求 │  │ 培养复合人才 │
└──────┬──────┘  └──────┬──────┘  └──────┬──────┘  └──────┬──────┘
       │                │                │                │
       └────────────────┴───────┬────────┴────────────────┘
                        ┌───────┴────────┐
                        │ 艺术类研究生联合培养 │
                        └───────┬────────┘
       ┌────────────────┬───────┴────────┬────────────────┐
┌──────┴──────┐  ┌──────┴──────┐  ┌──────┴──────┐  ┌──────┴──────┐
│ 校所联合    │  │ 校际联合    │  │ 校企联合    │  │ 政校联合    │
│ 交叉培养    │  │ 优势互补    │  │ 创新实践    │  │ 共创平台    │
└─────────────┘  └─────────────┘  └─────────────┘  └─────────────┘
```

图7-1 艺术类研究生培养联合机制建立逻辑图

第一节 研究生联合培养的目的性

一、创新培养模式，促进全面发展

政府可发挥引导作用，出台一系列扶持政策，确保艺术院校与政府、企业之间顺利建立合作关系，共同打造多元化的合作机制。高校应积极寻求各方面的支持，通过与企业、政府建立联合培养机制，创新艺术类研究生的培养手段和培养方法。运用高效资源和社会资源共同推进艺术类研究生培养活动的实施，确保艺术类研究生拥有较强的专业素质和综合能力。各类主体需要加强配合交流，及时传递各类教育资源，为艺术类研究生的培养提供资源支持，同时发挥各自的专业优势，弥补传统培养方式存在的缺陷。联合培养机制能够为艺术类研究生提供更多参与社会实践的机会，既能够加强各主体之间的合作，也能够确保艺术类研究生实现综合化发展。建立联合培养机制能够为应用型人才的培养提供更多的资源，这不仅符合社会发展要求，还可以加快艺术类研究生培养方式的创新步伐。

建立联合培养机制，加强艺术院校与企事业单位、政府之间的合作，充分运用各类教育资源，重视科研活动、生产活动与社会活动的联系，既能够为艺术类研究生参与培训和学习活动提供有效帮助，也能够促使各类主体发挥优势。联合培养可将理论教学与实践活动紧密衔接在一起，有利于提高艺术类研究生的实践能力，帮助他们掌握更多的应用型技能，为企业发展和社会进步提供人才保障。

二、产学实力整合，完善人才培养

就艺术类研究生的联合培养机制来讲，这种培养模式加强了企业、政府与高校的合作，艺术院校拥有大量人才资源，这类人才是企业、政府发展的不竭动力，有益于提升政府和企业的科研能力、创新能力。艺术院校与企业、政府建立合作关系后，按照合作者的需求开展艺术类研究生培养活动，能够确保艺术类研究生成为对社会发展有利、对企业创新有益的人才。其表现主要包括：

一是企业、政府与艺术院校建立合作关系后，可以充分利用艺术院校的专业资源、学术资源，不断提升自身的科研能力，增强竞争实力。

二是企业、政府与艺术高校合作后，可委派一些人员进入高校参与进修活动，以此来提升内部人员的专业能力，这有利于企业建立科学化的研发团队，能够有效改善全员的素质。

三是在建立联合培养机制之后，高校能够向政府、企业输送更多的实用型人才，这不仅可以满足政府和企业的人才需求，还能有效保证人才质量，通过为企业输送新鲜血液，加快企业创新步伐。

三、搭建联培平台，满足社会需求

艺术类院校在开展教学活动时对理论教学投入的关注较多，艺术类研究生主要通过参与理论教学活动获取知识和经验，他们的实践水平较低。由于学校的资源有限，采用的培养方式、教育方式存在一些局限性，导致单纯的学校教育无法满足当前的时代发展要求。艺术院校与其他主体加强合作，通过建立联合培养模式，创新教育教学手段，将各类教学资源整合在一起，既能够帮助艺术类研究生提高实践能力，还能够满足社会发展需求，培育更多艺术人才。

十七届六中全会针对文化体制改革和文化发展进行了深入讨论，并提出了多项科学决策，相关部门为文化科技产业的发展提供政策支持，同时引导该类企业与科研机构、高校建立合作关系，加强产业、科研与高校的合作。针对艺术类研究生开展联合培养活动，可确保各项教育政策得到贯彻实施，同时有效整合各类教学资源，为社会培养更多的实用型人才。近年来，许多高校采用联合培养方式开展了一系列教育活动，一些艺术高校与各类企业、单位建立了稳定的合作关系，打造了一批示范基地和实践基地。这种联合培养方式不仅能够推动艺术院校教育活动的实施，还能够为企业提供人才支持，满足企业在科研、创新等方面的需求。联合培养方式改变了高校的培养手段和培养模式，丰富了艺术类研究生培养形式，能够不断提升艺术类研究生的实践能力，将其培养为应用型、实用型、功能型人才，有利于增强企业的竞争实力。在以后，艺术高校应该与各类企业、政府继续加强合作，通过建立多元化的交流机制，实现教育资源的共享，为艺术类研究生的培养提供更多的支持，推动我国艺术产业实现繁荣发展。

四、调动社会资源，培养复合人才

艺术类研究生的培养是以艺术学、社会科学、美学、计算机科学等多门学科为基础研究对象和研究工具。其培养的目标是为政府、社会、人民提供丰富的精神文化产品，依靠公共资源的建设，提供符合思想政治诉求的艺术文化产品，为社会的发展、国家的进步提供优秀的艺术人才保障。艺术类研究生既要对艺术理论有所认识和了解，掌握各类艺术知识、专业能力，也要具备设计、创意、写作、发表、传播等各环节发展需要的素养。艺术类研究生的培养和教育要将实践与理论结合起来，重视艺术类研究生专业能力的提升，同时改善他们的艺术修养，完善其知识体系。

观察现状可知，国内在开展艺术类研究生培养活动时主要采用科研、学术等培养手段，尽管近些年专业艺术硕士的出现，学校开始对实践型硕士的培养加以重视，但依然难以改变传统的学术和科研重叠的现象。艺术院校与企业、政府之间没有建立完善的联合培养机制，过去采用的培养方式难以满足当前艺术类研究生的培养需求。为了确保艺术类研究生培养实现专业化、综合化发展，提高艺术类研究生的应用能力，必须对艺术类研究生的多元化需求投入关注，各类主体应该加强合作交流，艺术院校与企业、政府等主体建立合作关系，通过构建联合培养机制推动艺术教育的发展。联合培养机制的建立能够提高艺术资源使用效率，将学校内部和学校外部的教学资源整合起来，通过建立专业的导师团队推进艺术类研究生培养活动的开展，为实用型艺术人才的培养奠定坚实的基础。

第二节　艺术类研究生联合培养现状

截至当前，我国实施的研究生联合培养活动已经超过半个世纪，在上世纪50年代初，我国开始探索和尝试采用联合培养模式开展研究生教育活动。经过多年的发展，这种培养模式逐渐完善，许多高校都采用该模式培养各类研究生人才。在我国的高学历人才体系中，研究生是一个不可或缺的重要构成，对研究生培养模式进行优化和改进，不仅能够加快教育改革步伐，还能够整合教育资源，促使各类主体发挥自身优势。教育部门与许多院校进行交流沟通，通过深入研究与探讨制定了多项改革政策，这些政策的实施为企业、政府与高校的合作提供了保障，进一步加强了各类主体之间的合作，为研究生人才的培养创造了良好条件。

徐木兴于2016年对众创时代概念进行了阐述，他认为可将三螺旋理论作为指导开展研究生联合培养活动，以此为基础对研究生培养模式进行完善和改进。高校和各类主体通过建立合作关系打造实践基地、合作平台，为研究生参与实践活动提供多元化渠道，帮助研究生提高应用水平和实践能力。联合培养模式离不开各类主体的合作与参与，企业、政府、高校共同发挥作用，推进各类合作平台的建立，按照科学原则分配利益，不断整合和优化教育资源，通过制定各项培养规划，加快研究生教学工作的开展步伐。

一、有需求、无资源

许多艺术院校在实施联合培养时建立了合作关系，它们之间既有合作也有竞争。开展联合培养活动能够对各类资源进行有效整合，可以为艺术类研究生提供更多的实践、科研机会，帮助艺术类研究生积累专业经验，提高他们的专业能力，在合作过程中，一些高校为了维持自身的优势，没有与其他合作伙伴进行深层次、全方面的合作，部分高校刻意隐藏优势资源和成果，导致彼此之间的合作存在严重缺陷。这种联合培养方式无法将各自的教学资源整合起来。尽管各个高校都有联合培养艺术类研究生的需求，但在资源的整合上存在比较的问题。

二、有想法、无抓手

艺术院校为了发展壮大，就必然会急于大幅提升艺术类研究生培养能力，受到功利主义的影响，高校开展的联合培养活动有着单一的目标，一些高校只重视联合培养模式的外在形式，不重视实质内容。还有一部分高校采用联合培养的方式吸收大量资源，以此来弥补自身存在的缺陷，但未对各类合作资源进行深入挖掘，这导致联合培养无法发挥有效作用，联合培养是一种创新模式，它既能够帮助艺术类研究生提高实践能力，也能够带动多个学科实现共同发展，从整体上提高高校的艺术类研究生教育水平。但受到一些因素的影响，许多高校不重视联合培养发挥的实际作用，这导致联合培养流于形式，失去了最初的意义。

三、有平台、无项目

在针对艺术类研究生开展联合培养活动时，合作主体会按照合作目标组织一些科研活动，艺术类研究生通过参与科研活动应用理论知识、提高实践能力，同时获取新的知识和技能，积累丰富的实践经验，进而改善自身综合素质。

近年来，许多高校纷纷实施扩招计划，艺术类研究生数量大幅度增加，比起科研项目的数量，艺术类研究生数量较大，一些艺术类研究生缺少参与项目的机会，而且部分项目缺少研究价值，这不仅会影响到联合培养活动的开展，还会阻碍艺术类研究生教学活动的实施，不利于提升艺术类研究生的专业能力和研究水平。

四、有模式、无效果

开展联合培养活动需要有两个主体或多个主体建立合作关系，通常情况下，高校会与企业、政府等建立合作机制，在实施联合培养时，各类主体必须加强合作交流。但观察实际情况可知，一些主体缺少交流沟通，没有积极参与联合管理活动，这严重影响了联合培养发挥的作用，无法有效整合各类资源。联合培养在管理方面存在诸多漏洞，缺少合作与交流的联合培养不是真正的"联合"，难以实现预期目标。

第三节 艺术类研究生联合培养优化路径

一、校所联合、交叉培养

一是管理协调机制建设。在高校与科研单位建立的联合培养体系中，管理协调机制发挥着重要作用，合作主体在实施联合培养前需要进行深入沟通交流，这种沟通交流将直接影响到联合培养活动的开展，同时也会对培养系统产生直接影响。各类要素的整合、交互、传递受到管理协调机制的影响。在进行多方面的管理协调后，高校和科研单位不断加强资源、要素的融合，积极推进联合培养活动的开展，努力完善和改进联合培养机制。在学校招生、研究生培养、导师挑选、教学质量评价等方面，管理协调机制为各项工作的开展提供了有效保障，能够加强各类主体、各环节之间的衔接。可通过建立专门的委员会，如培养委员会、招生委员会等推进相关工作的实施，培养委员会主要制定培养方案、建立课程标准、制定培训规划、出台挑选导师的标准。观察现状可知，大部分高校并没有针对联合培养制定评价制度，为确保联合培养发挥有效作用，在建立管理协调制度后必须对艺术类研究生质量进行全面的评价和分析，可以通过构建反馈机制为人才评价、人才质量分析提供依据，这有利于了解联合培养发挥的效用。在调查中发现，一些高校在建立管理协调机制时运用了一些创新方法，并积极转变发展理念，在实践中积累了大量经验。

二是艺术类研究生导师遴选及指导方式创新。在实施联合培养时，各类参与主体应该共同参与学科的设定、艺术类研究生的录取、课题的确定、导师的选择等活动，按照科学的标准挑选艺术类研究生导师，重视艺术类研究生导师的专业能力、创新能力、思想道德等，人生导师既要得到高校的认可，也要得到合作主体的认可。合作主体也可以对艺术类研究生导师的资质做出评选要求，确保挑选的艺术类研究生导师符合双方的需求。观察大量案例可知，一些高校在进行联合培养时采用了导师组与主管导师相结合的方式，这种指导方式发挥的作用非常显著。导师组能够将各位导师整合起来，促使其发挥优势，并且能够完善导师体系，为研究生参与联合学习活动提供支持与帮助。集体指导方式既能够整合资源、拓展思维、交叉融合，也能够创新指导模式，巩固指导成果，弥补传统指导方式存在的缺陷。

三是培养方案及课程体系建设。一些高校实施联合培养的时间较晚，在建立课程体系时照搬照抄其他课程的模式，导致课程体系无法达到完整性、专业性要求。当前艺术类博士生和艺术类硕士生的课程存在显著的分类现象，针对联合培养进行的探究活动较少，艺术类博士生的培养方式存在诸多缺陷。在建立课程体系时应该改变这一现状，可以借鉴国外高校的一些成功经验，以模块为基础构建课程体系。在进行教学时重视研讨讲授发挥的积极作用，这种教学方式既能够启发学生进行思考，也能够拓展艺术类研究生的思维，帮助艺术类研究生养成独立思考的习惯，不断提升艺术类研究生的理解能力、思辨能力，艺术类研究生在参与教学活动时还可以广泛吸收他人的经验。在进行联合培养时，应该重视科研与教学的结合，二者是同步进行的。

四是学位授予机制建设。在针对艺术类研究生学位授予设置标准时，管理机构和委员必须发挥自身作用，既要确保授予标准达到科学、规范的要求，也要重视标准的灵活性，将艺术类研究生的培养目标作为出发点，按照综合培养要求，对艺术类研究生专业技能、实践经验、科研水平等进行全面评价，尤其要重视艺术类研究生的实践技能和应用能力。

五是质量评估机制建设。为提高艺术类研究生质量，在对艺术类研究生进行评价时可将培养结果作为评价指标，同时做好人才反馈、质量控制等工作，提升联合培养的质量。在进行联合培养时，由培养委员会开展评估和反馈活动，了解师生在培养活动中的互动情况，对专业考试、论文撰写、论文答辩等活动进行全面的监督和管理。联合主体还应该构建反馈机制，了解艺术类研究生的就业情况，听取用人单位的意见。利用一些渠道发布反馈信息，推进联合培养招生活动的实施，确保优质生源更加倾向于联合培养模式。

二、校际联合、优势互补

艺术类研究生的联合培养过程中，不同学校、不同专业都需要加强合作，联合培养合作有其重要意义，各学校间的优势不同，资源不同，能够让不同的艺术类研究生享受到不同学校的不同资源，对艺术类研究生整体科研能力的提升和学校科研水平的提高都有益处。

学校与学校之间的经费不同、制度不同和培养理念不同，导致联合培养模式各不相同。

一是嫁接式教育。这种培养方式将本校资源与其他学校的评价体系、导师团队、课程安排结合起来，采用3+1、2+2等组合模式构建课程体系，实现跨校园联合，以此来拓展艺术类研究生的思维和视野。该模式具有的优点包括：一是有利于提高教学资源使用效率，确保各方发挥自身优势，通过优势互补，推进培养活动的实施。二是重视实践教学和理论传授的融合，借助不同学校的科研成果推进科研活动的实施，激发艺术类研究生的学习兴趣，帮助艺术类研究生提高实践能力和理论水平。三是有利于构建联合平台，为艺术类研究生创造良好的科研条件，艺术类研究生在浓厚的科研氛围中参与学习活动，能够适应多种科研环境和文化环境。广东外语外贸大学与英国利兹大学打造的联合培养项目采用了该模式，这两所高校在教学、师资等方面进行交流合作，共同培养综合性人才。

二是本土式教学模式。这种培养模式借鉴了其他院校的课程教材、教学资源和教学理念，结合本校的评价体系、课程结构、导师团队等开展教学活动，推进艺术类研究生教育工作的进行。该模式具有的优点包括：一是具有显著的本土化特点，没有过度依赖合作者。二是具有较强的应用性特征，艺术类研究生无须适应不同的教育环境，他们能够在短时间内掌握专业知识和技能，这有利于艺术类研究生胜任岗位需要。

三是移植型教育模式。这种培养模式是指利用合作方的评价体系、教学资源、课程结构、培养规划开展教学活动。该模式是通过复制合作方的教学方式实现的，它将合作方的教学形式应用到本校中，这种培养模式对于某些艺术新兴学科的建设和发展起到了重要作用，有利于学校培养创新型、复合型人才。

三、校企联合、创新实践

一是建立校企联合培养的平台。在艺术类研究生培养阶段，艺术院校必须重视艺术类研究生的实践能力。采用校企联合培养方式，既能够发挥高校的专业优势，也能够充分利用企业的教育资源，有利于提高艺术类研究生的实践能力。这种联合培养方式为艺术类研究生开辟了多元化的实践渠道，有利于按照企业的用人需求培养艺术人才，进而满足企业的发展需求。

二是建立校内外导师联合培养的形式。在开展艺术类研究生教学活动时，导师发挥着至关重要的作用。随着社会的快速发展，综合型人才成为许多企业抢夺的对象。理论型导师自身存在一些缺陷，他们需要和实践型导师加强合作，共同推进艺术类研究生培养活动的实施。企业专家掌握的实战经验较多，校内导师理论水平较高，二者建立合作关系共同开展教学活动，为艺术类研究生提供理论指导和实践帮助，学校通过构建专业的导师队伍，为联合培养活动的实施奠定基础。

三是制定约束双方职责履行的制度。企业按照合作协议挑选一些校外艺术类研究生导师，校外艺术类研究生导师负责实践教学活动的开展，企业必须了解自身的职责，采用多种方式与学校加强合作沟通。在培养艺术类研究生时，校外艺术类研究生导师和学校艺术类研究生导师共同发挥作用，双导师培养是一种创新型培养模式。企业推荐一些企业导师，这类导师积累了丰富的实践经验，具备某些理论知识，他们能够为艺术类研究生提供实践指导和帮助。艺术院校必须重视与企业的交流，为企业提供一些技术支持和帮助，解决企业遇到的科研问题。双方在开展联合活动时，可以在项目申报、项目开发等多个方面进行合作。为了确保联合培养模式发挥有效作用，艺术院校必须建立健全管理体系，可通过建立专门的管理机构推进校企合作活动，与企业建立长期合作关系，制定各项校企合作制度和评价标准。

四、政校联合、共创平台

一是交流协调机制。高校、企业和政府负责人可以用公众号、微博、微信群等平台进行沟通交流。学校和企业应及时进行沟通，了解企业用人需求。2019年，湖南工大商学院与顺丰建立了合作关系，双方讨论了有关第四届大学生现代物流设计赛事的相关事宜。

二是资源共建机制。加强企业、政府和高校之间的合作，对各类主体拥有的资源进行整合，促使其发挥专业优势，就艺术类研究生的培养来讲，合作主体建立竞争平台，政府制定和出台各项政策、制度，企业按照自身需求发布题目，学校为学生提供参与平台，组织学生完成相关题目的设计。2019年，湖南工大商学院提到要建立完善的实践体系，加强各类主体之间的合作，为研究生开辟多元化的实践渠道。

三是利益共享机制。各类合作主体有着不同的利益追求，按照利益分配原则共同承担责任、合理分配利益，通过建立利益共享机制，能够对不同主体进行约束和管理。就企业来讲，可依照自身需求为艺术类研究生提供技能指导、理论指导，确保艺术类研究生能够在较短的时间内适应企业的工作环境。就学校来讲，开展联合培养活动既可以帮助艺术类研究生掌握理论知识，也能够提高他们的实践技能，通过培养专业型、复合型人才，满足企业对各类人才的需求。

四是评价反馈机制。在进行联合培养时学校需要开展监督和管理活动，2018年，湖南工大商学院建立了教学督导组，该督导组负责对联合培养活动进行监督。此外，艺术类研究生的反馈也是评价反馈的一个重要构成，每学期艺术类研究生需要提交相关报告，学校还会组织专人与艺术类研究生进行交流，及时了解艺术类研究生的学习质量、毕业生的表现，同时完成信息反馈工作。

五是政府层面主导引领。政府在联合培养活动中发挥的重要作用，该类主体负责出台各项制度和法规，利用法规对合作主体的责任做出明确规定，确保高校制定的培养目标、设置的专业课程、开设的艺术专业符合相关要求，同时为三方主体的合作提供制度保障，约束不同主体的行为。政府还要负责开展宣传活动，利用政务平台、政府网站等渠道发布联合培养信息，加大宣传力度。可利用网站表扬一些在联合培养中取得显著成效的院校、企业，对其成功经验进行归纳总结。还可以在政务微信平台、政府微博上发布联合培养信息，公众可通过这些平台发挥监督作用。政府可以组织高校和企业建立成果孵化基地，按照市场需求建立技术转移体系，提高成果转化率，确保更多的合作成果能够应用在实践活动中。

六是高校层面规范管理。建立健全课程体系。高校与企业进行联合培养时必须加强互动交流，经过双方讨论设置课程内容，联合培养课程既要与学校的艺术类研究生教学目标相统一，也要与企业的用人需求相一致。采用双导师教学模式，这种模式是指在联合培养艺术类研究生时安排两类导师，一类是校内导师，另一类是校外导师，校内导师由高校导师担任，他们主要负责开展理论教学活动；校外导师由企业的优秀专家担任，他们主要开展实践指导活动。湖南工业大学在2019年采用了双导师模式，兼职导师是研究生的第二导师，这类导师来自多家企业，包括炎帝陵基金会、倍通检测公司、苏宁易购等。制定科学的人才培养和考核规划，学校安排研究生参与理论考试活动，任课教师编写考核内容，学校在和企业进行交流沟通后，组织研究生参与实操考试和专业考试，企业按照实际需求设置考试内容。可采用订单式培养模式为企业提供大量优秀人才，2019年，湖南工业大学与苏宁易购建立合作关系，决定采用订单培养方式培养物流专业人才，当年7月，该校2016级苏宁订单班正式建立。

第八章

艺术类研究生培养评价体系完善

艺术类研究生培养评价体系要遵循艺术学教育的发展规律,并在此基础上探索艺术类研究生培养评价体系的优化路径,具体的逻辑框架图如图8-1所示。

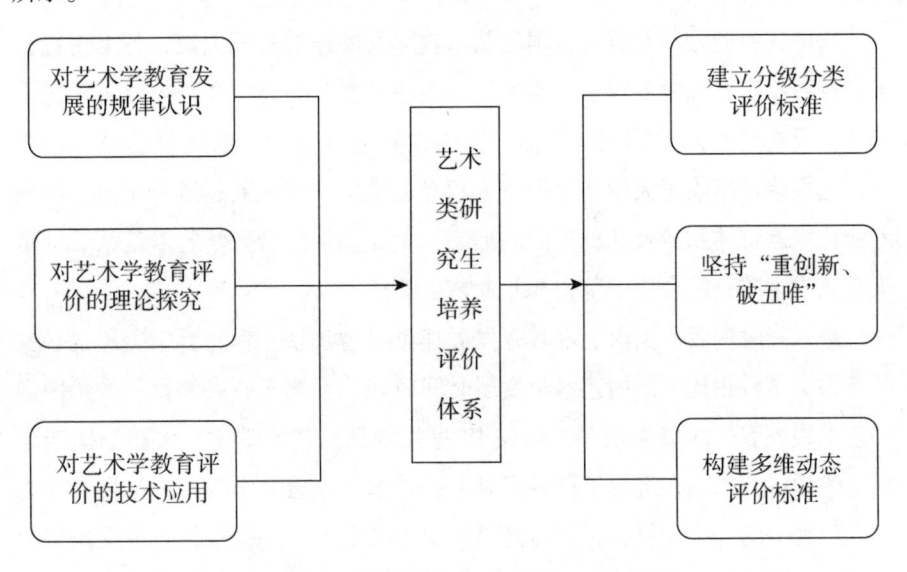

图8-1 艺术类研究生培养评价体系逻辑框架

第一节 艺术类研究生培养评价体系现状

艺术教育在中国古代的发展可追溯到 2000 多年以前。而到近代中国艺术教育却落后于西方国家。西方文化进入我国，具有西方学科特征的艺术教育逐渐在我国发展起来。我国的大教育学家蔡元培曾经提到利用美育代替宗教，他认为艺术教育能够发挥积极有效的作用，这种教育既可以提升人们的精神境界，也能改善人们的艺术修养。

一、对艺术学教育发展的规律认识

我国在实施改革开放后，国内艺术教育发展速度不断加快，各类传统艺术院校纷纷建立并发展起来，此外，一些理工类、综合类高校也设置了艺术院系。通过调查发现，截至当前，国内设置艺术类学科的院校已经超过千所，这些院校招收了大量艺术生，艺术专业学生在校人数超过几十万。国内专业艺术教育体系涉及几种不同的形态，主要包括综合大学艺术院系、师范大学艺术学院、综合艺术院校和专业艺术院校。

进入新时期后，国内艺术教育发展速度日益加快，但与哲学、历史、文学等人文学科相比，国内艺术学发展时间较晚，它属于新兴学科。虽然国内外艺术领域取得的成果较多，但在 19 世纪晚期，艺术学才首次被德国当作独立的学科。国内在进行学科界定时未将艺术当作独立学科，只是将其作为文学门类下的一个学科，它与传播学、中外文学处于并列地位。该现象持续时间超过 50 年，这给艺术教育的发展带来了不良影响，无法推动艺术教育的快速发展，因此必须对艺术教育的学科划分进行调整。在社会各界的努力下，学位委员会于 2011 年将艺术学设定为独立学科，如今，艺术学已经成为我国学科门类的一个重要构成。艺术学门类包含多个一级学科，如设计学、美术学、音乐与舞蹈学等。此后，我国培养的艺术类大学生、研究生不断增多。将艺术学当作独立的学科，不仅能够推动专业艺术教育的发展，还能够丰富和完善我国的学科门类体系，这种学科界定符合时代的发展要求，有利于我国艺术文化实现多元化发展。

近年来，公众的物质生活质量得到显著提升，许多人对文化生活的需求不断增多。影视作品、绘画作品、戏曲作品等各类文艺作品能够有效满足人们的精神需求和文化需求，艺术作品的创作离不开各类专业人员，如舞蹈家、演员、画家等，艺术院校为社会和国家培养了大量艺术人才。文化的发展能够体现出社会的变迁，推动文化实现快速发展，不仅可以满足人们多元化的需求，还能够加快社会发展步伐。站在全球角度来讲，许多发达国家通过发展文化创意产业创造了大量经济效益。将艺术学作为专门的学科门类，既可以推动艺术学科的发展，也能够为专业艺术人才的培养奠定基础，精神文明建设工作的开展离不开各类艺术人才，物质文明建设也需要艺术主体来承载。艺术学科的发展既是文化发展的一个重要构成，也是促使新兴产业不断发展的有力支撑。

随着我国开放力度的加大，许多国家的人民对我国文化产生了浓厚的兴趣，为了将我国的优秀文化传播到其他国家，我国需要培养大量优秀的艺术家。如今艺术学已经成为独立的学科门类，我国设置艺术院系的普通高校多达千所，并且拥有多所专业艺术院校，这些院校应该积极承担社会责任，不断挖掘传统文化的内涵，创作出更多优秀的作品，同时培养出一批批优秀的艺术人才，努力提升艺术人才的专业素质和文化修养，满足社会和时代的发展需求，为优秀文化和艺术作品的传播提供人才支持，扩大我国传统文化、艺术文化在国外的影响力。

通过分析可知，我国在实施改革开放后，国内专业艺术教育发展速度日益加快，并且取得了丰硕的成果。如今，我国在艺术教育方面投入的资金、人力成本不断增多，艺术院校规模越来越大，配备的设施越来越完善，办学水平不断提升，各类艺术院校为国家培养了大量艺术人才。培养如此丰富的专业艺术人才，必须要了解我国艺术教育的发展路径，从古知今，以古喻今，才能找到自身未来的发展定位。

二、对艺术学教育评价的理论探究

艺术教育并非孤立的专业、孤立的学科，它是教育学、美学、艺术等多种学科融合形成的教育形态。人们在学习哲学后能够对自我有更加深入的认识，人们在学习艺术后既能够提高艺术审美能力，也能够促使自身实现全面发展。开展艺术教育既要重视艺术学科发挥的育人作用，也要重视它具备的艺术功能。美学与艺术学存在显著的差异，后者侧重于实践性、应用性。美学能够发现美的内涵及本质，它由许多抽象理论构成；艺术现象有着不同的表现形式，艺术教育、艺术创作通过实践来体现艺术现象。尽管美学和艺术存在一定的联系，但站在艺术教育的角度来讲，将美学应用于艺术审美中，既能突出艺术教育所要实现的美育目标，也能建立起内涵更加丰富、形式更加多样的艺术教育体系。

美学理论在艺术教育中有着具体的体现，艺术创作为美学理论的形成提供了重要支持，美学理论也能够为艺术教育研究、实践活动的开展提供理论指导。蔡元培曾经提到，美育是在教育中应用美学理论。就艺术院校来讲，一部分艺术教师掌握的艺术技能较多，但缺少理论素养；还有一部分教师精通理论知识，但在艺术技能方面有所欠缺。艺术院校开设的艺术课程彼此之间缺少紧密的联系，一些课程存在学科割裂现象，这给艺术教育的完整性带来了不良影响。在解决这一问题时，艺术教育必须加强不同学科之间的融合，重视教育学、美学与艺术之间的联系，通过建立完善的艺术教育体系，推动艺术教育活动的开展。

我国高校培养的艺术类研究生既要有学科基础还要有审美实践。学科基础就是把艺术教育作为人文学科的一大构成，此时的艺术教育由美学、艺术史、艺术创作等学科构成，以此为基础建立的教育系统能够达到动态、互补的要求。

人文思想是艺术实践不可或缺的重要内容。在开展艺术类研究生教育活动时必须将一些美学观念、理论、知识融入其中，同时也要重视这些内容在艺术类研究生教育中发挥的积极作用，深入分析某些艺术现象、艺术实践具有的美学价值，加强艺术技能与理论的融合，以此来提升艺术修养。

上面提到的两种途径不存在优劣差异，应将其融合在一起，同时结合艺术院校的师资条件、教学资源、专业构成等建立完善的教育体系。在对艺术类研究生进行评价时要对艺术教育的理论有所涉及。

三、对艺术学教育评价的技术应用

我国针对教育事业制定的"十四五"规划提到，运用云计算、大数据等技术加强网络与教育的融合，确保各项教育资源能够得到有效利用。这是"十四五"规划首次提到"互联网+教育"概念，该规划的提出为教育事业的发展提供了重要指导，有利于加快教育改革步伐。近年来，我国积极推进素质教育，艺术教育是素质教育的重要构成，在新时期背景下，艺术教育的发展速度日益加快，并且呈现出自身显著的特点。各类艺术院校是开展艺术类研究生教育的主要场所，随着信息技术的快速发展，艺术院校采用的培养模式也在不断创新和发展，对当前的艺术类研究生培养模式和教学模式进行优化改进，有利于改善艺术院校的艺术类研究生教学质量。

"互联网+"融入高校艺术类研究生教育。网络资源具有便捷、海量、高效、交互等特征，在教育领域应用网络资源不仅能够提高教育质量，加快教育创新步伐，还能够完善教育管理体系，开发多种教育手段。近年来，各类新业态、新技术不断发展，数字化加快了教育改革步伐，艺术类研究生的学习方式日益增多，虚拟现实、AI、电子书等技术为美术教学、美术教育的开展提供了有效支持，"互联网+"在美术教学中发挥的作用越来越突出。

一是实现个性化教学，强化教学优势。过去艺术院校在开展艺术类研究生理论教学活动时，教师主要利用多媒体向艺术类研究生展示各类教学素材，如图片、文字等；在开展艺术类研究生实践教学活动时，教师在现场利用笔墨向艺术类研究生展示艺术创作过程。进入网络时代后，可利用多种手段开展艺术教学活动。教师运用不同的互联网技术向艺术类研究生传授知识和技能。网络技术为网络教学活动的开展提供了重要支持，在进行教学时，可以邀请一些艺术专家利用网络授课。教师可按照教学规划安排学习内容，采用线上和线下相结合的方式开展教学活动，能够实现教学形式的创新与突破，也能取得良好的教学成果。艺术类研究生按照自身的学习能力设置学习目标，选择适合自身的学习内容，同时与教师进行双向选择，这种学习方式突破了原有的束缚。利用网络技术开展的教学活动摆脱了场所、人员、时间等因素的限制，能够有效满足艺术类研究生的多元化需求。

二是整合教学资源，提高资源使用效率。网络中的教学资源较多，艺术类研究生教育也可以利用网络资源开展教学活动。网络中的资源包括艺术专家的视频、期刊杂志、专业文献等，师生通过共享资源实现教育学目标。使用平板电脑可以构建学习资源库，资源库中囊括了许多学习资源，如课程视频、习题讲解、图片素材、教案资料等。资源库中还储存着大量艺术家的作品，艺术类研究生可以随时观看这些作品，采用摄影摄像等方式参与一些创作、评价等活动，网络平台能够将各个学校的教育资源整合在一起，通过网络可以及时了解各类科研成果，并实现信息和数据的更新。当艺术类研究生遇到问题需要获得帮助时，可以利用网络查找答案。网络具有交互性特征，利用论坛、电子游戏等社交工具可以加强师生之间的互动。利用网络还能够开展各类互动活动，师生可以在相关平台上表达观点、进行探讨交流，这种交互式学习方式能够营造良好的学习氛围，有利于建立和谐的师生关系。

三是推动艺术专业的发展，培养更多综合性人才。网络不仅能够为艺术类研究生教学提供大量的教学资源，还能够创新教学方式，运用网络技术也能扩大艺术类研究生教学的应用范围及场景。举例来说，利用云计算、大数据等技术可以完成色彩识别、形状模拟等工作，利用各类App还可及时获取专业指导和帮助。近年来，网络技术在许多领域和行业都得到了广泛应用，并且发挥了显著优势。高校美术教学也可以利用这些技术实现创新发展。

高校运用计算机技术开展艺术类研究生教育活动有利于艺术类研究生实现跨学科发展，动漫设计专业便是艺术学与计算机技术的一个完美融合。动漫设计专业设置的课程有美术、色彩、素描、绘画等传统学科，还涉及3D max、Photoshop、Flash等软件的应用。通过参与艺术实践活动和艺术理论的学习，艺术类研究生能够具备一定的艺术审美能力，其创作能力将得到进一步的提升，这有利于艺术类研究生发展成为综合型人才，同时具备较强的专业能力和影视创作能力。进入大数据时代后，高校在开展艺术类研究生教学时既要确保艺术类研究生掌握各项艺术基础，还要确保艺术类研究生能够利用计算机软件创作艺术作品。

当信息基础和科学技术实现快速发展后，网络的应用范围逐渐扩大，网络技术给各行业带来了巨大的影响。高校在开展艺术类研究生教育活动时，其教学方式、教学理念不断改变，运用网络技术开展教学活动，能够培养更多的艺术类研究生。高校应该加强艺术类研究生教育与网络技术的融合，借助先进的网络技术实现传统艺术类研究生教学的创新与突破。高校应积极转变发展理念，运用各类网络技术、大数据技术开展艺术类研究生教学探索活动，提高教育资源的使用效率，为艺术类研究生搭建良好的学习平台，运用信息化手段加强师生之间的互动。

第二节 艺术类研究生培养评价体系优化路径

习近平总书记曾经提到，应该建立完善的教育体系，为高层次人才的培养提供有效保障。只有针对艺术类研究生建立健全培养体系，才能够为国家培养出更多的优秀艺术人才。不仅高校要加强顶层设计和系统谋划，紧紧围绕立德树人根本任务，形成涵盖管理、教学、学科等内容的艺术类研究生培养体系。将双一流建设作为切入点，发挥自身特色，协调好不同学科之间的关系，提高学科体系的建设水平，确保教育体系能够有效发挥育人作用。还要推进艺术类研究生的德育考核体系建设，重视德育考核的价值追求，积极推进德育管理工作，通过构建完善、规范的德育体系，为育人活动的开展提供有利载体。

一、建立分级分类评价标准

教育是国之大计、党之大计。我党在召开十八大后，党中央对教育工作投入了更多关注。习近平总书记针对教育事业进行了深入客观的论述,为新时代教育理论体系的建立指明了方向,为做好新时代教育工作提供了根本遵循。①

习近平总书记关于教育的重要论述,讲的最多、最为核心的是人才培养,人才培养涉及的主要问题包括如何培养人才、培养哪一类人才。高校是开展高等教育活动、培养复合型人才的重要场所,高校必须按照习近平提出的教育观念,明确自身的教育职责,为社会培养全面发展的人才,利用各类资源开展人才培养活动,不断提升高校的办学水平。

艺术类研究生教育有其特殊性,尤其艺术文化表达者影响艺术接收者的审美情趣,所以艺术类研究生作为未来艺术领域的工作者,必须要有更全方位的评价标准,尤其思想领域的评价。

一是打造一批高尚思想和艺德丰富的新时代艺术类研究生。习近平总书记曾经提到,高校开展的思政工作与人才培养目标、人才培养方式、人才培养规划存在紧密联系。思想政治工作是学校各项工作的生命线。思想政治工作既是我国高校的特色,又是办好大学的优势,必须加快构建高质量思想政治工作体系,使之贯穿人才培养体系全过程、各方面。要充分发挥思想政治理论课主渠道作用,同时大力推动"课程思政"建设,各门课程都要切实守好一段渠、种好责任田。思政工作要形成常态化,重视该项工作在日常发挥的作用,落实各项规章制度,引导师生树立远大的理想信念,增强艺术类研究生的爱国意识,提高他们的道德修养水平,拓展其思维,改善艺术类研究生的综合素质。要更加注重以文化人、以美育人,着力加强大学文化建设,弘扬大学精神,培育优良校风学风。倡导开展丰富多彩的校园文化活动,以及健康向上的体育活动,营造人才培养良好氛围。

二是培养一批智力优越和成功智力的新时期艺术类研究生。艺术类研究生群体对我国的发展发挥着越来越重要的作用。但相对于发达国家,我国艺术类研究生的创造能力和实践能力还处于劣势。

---

① 王飞燕. 习近平立德树人重要理论研究[D]. 华中师范大学,2019.

第一，分析性智力要达标。斯滕博格认为成功智力的第一个组成部分是分析性智力，它是指个体对心理活动的方向进行干预，以此来获得解决问题的能力。分析能力的设定更为宽泛，其应用要超出学校的范畴，更广泛地指向现实生活。在问题解决和决策制定的活动情境和过程中深入剖析分析性智力。在解决问题时，分析性智力将具体的问题情境作为切入点，通过克服各类障碍获得解决问题的能力；在制定决策时，分析性智力能够帮助个体对不同的机会、选择进行评价。分析性智力体现在多个方面，包括判断力、分析力、记忆力等。问题的解决属于循环过程，它由确认问题、界定问题、分析问题、提出策略、分配资源等步骤构成。在解决实际问题时，并非需要依照所有上述步骤进行。在应用分析性智力时可及时发现相关问题；可以准确界定问题，对问题的重要性进行判定；提出解决问题的策略，制定解决规划；对问题进行准确描述，提高信息的使用效率；判定风险和回报，合理分配制；监控和分析问题的解决情况，及时发现问题解决中存在的失误现象。作为成功智力的重要内涵之一，分析性智力已经超越了传统智力所关注的学业，回归到现实的问题解决和决策制定中。

第二，实践性智力必须牢固。这种智力是斯滕博格成功智力理论的重要构成，他指出实践智力和分析智力存在显著差异，只有具备一定的实践智力，才能解决现实问题。斯滕博格曾经界定过实践智力概念，实践智力即人们经常提及的共识，它是选择环境、适应环境的能力。实践智力指的是在生活中采用科学的方法应用思想和结果，以此来完成理论的转化，借助实际成果展现抽象思想。实践性智力主要表现在操作、展现、示范等方面。当艺术类研究生的年龄不断增长后，分析性智力将逐渐下降，而实践性智力则不断增加。具体体现为：个体解决试题的能力不断下降，但在实际工作中的表现越来越好。这是因为缄默知识在生活中会不断增加。缄默知识是实践性智力的重要构成，它与学业能力是彼此独立的，在某些方面，它和学业能力是相反的。一些艺术类研究生的考试成绩较好，但在现实生活中并没有出色的表现；反之，一些艺术类研究生考试成绩一般，但他在现实生活中却有良好的业绩表现。缄默知识并非经验自身，它是通过经验获取的东西，是个体在实践活动中得到的知识。缄默知识具有一些显著特点：其一，这类知识与一些情境行动存在紧密联系；其二，缄默知识与个体所要实现的目标存在联系；其三，通常情况下，个体不需要他人帮助就能获得缄默知识。因为缄默知识具有这一特点，因此个体的实践性智力能够持续发展。

第三，创造性智力不断发展。创造性智力指的是超出现有内容，创造新结果的能力。创造性智力涉及构思能力、假设能力、想象能力等。Sternberg在研究中提到，这种智力既涉及创造性中的某些成分，也涉及一般智力中的某些成分。一些学者认为创造性智力的结构由假设检验、创新设计、思维拓展等构成。创造性智力是创造力的核心所在。个体的创造力越强，其综合思维能力越强，这类人发现的联合点往往是其他人发现不了的。实践性智力、分析性智力也是创造力的一个构成部分。分析性智力能够分析新的观点和思想，并对其进行判定；实践性智力可以确保他人理解某些思想价值，同时实施相关活动。如果缺少分析性智力，个体就无法了解创造性思想；假如缺少创造性能力，个体就无法产生创造性思想；假如缺少实践性智力，个体就无法开展实际行动，也难以取得最终的成功。创造性智力发挥着纽带作用，它能够将实践性智力与分析性智力联系在一起。为了提高个体的创造能力，必须确保上述智力达到均衡状态。

三是锻炼一批强健身体和心理健康的新标准艺术类研究生。随着国民收入的提高，居民生活水平的改善，健康成为社会的热门话题。个人的健康不仅对其自身发展有着重要影响，更是决定了社会、民族、国家的未来。艺术类研究生是未来社会艺术事业的建设者和接班人，他们的体质健康对国家的发展有着十分重要的影响，体育达到标准则是艺术类研究生能够满足毕业条件的基础。

第一，强化科学体育锻炼的力度，提高运动器官和系统的机能水平。如，提高骨密质，使骨小梁排列更加规则，提高骨的抗压抗弯能力，促进骨骼发育成长；同时，加强体育锻炼还可以提高艺术类研究生肌肉的工作能力，增加肌肉体积和力量，以及关节的灵活性和稳定性。

第二，依靠科学开展体育锻炼，改善心血管及循环系统的功能。心脏、呼吸、血液循环等系统对个体健康的影响非常大，若其工作能力差，往往会对个体产生较大危害。近些年来，由于生活方式、环境质量等影响，心血管疾病发病率逐年增高，并呈低龄化趋势。通过适当的体育锻炼，可以提高艺术类研究生的心肌力量、增强血管弹性、降低胆固醇水平，促进心肺循环系统机能提高。

第三，掌握科学体育锻炼方式，提高神经系统的功能水平。人在运动时，肌肉、关节等系统接受来自大脑中枢系统的一系列指令，完成各种身体运动，同时自身的感受器也将外部信息不断地反馈给大脑。在这一系列的信息传递过程中，大脑不停运转，工作能力得到加强，国内外研究早已表明，体育锻炼对个体神经系统具有较好的促进作用，可以提高中枢神经系统的机能，对于个体的智力发展也有一定的好处。

第四，进行适当的体育锻炼，促进艺术类研究生个体的心理健康。在体育锻炼中，尤其是集体类项目中，非常注重团队合作精神，有利于增强同学之间的交流和沟通能力，增强个体的主观幸福感，并降低负性情绪，对于抑郁、焦虑有很好的缓解。

四是塑造一批美德高尚和美感优渥的新思想艺术类研究生。在教育工作中，美育教育是一个重要构成。美育属于教育的范畴，它能够提升个体的精神境界，可以促使个体实现全面发展，有利于改善学生的综合素质，将艺术类研究生培养为综合型人才。综合素质指的是艺术类研究生具备的心理、生理、外部形态、内部涵养等方面特点的总称。综合素质涉及心理素质、身体素质、专业素质等内容。

第一，美育利用各种审美活动陶冶个体的情操，改善个体的心理素质、身体素质，它利用现实中的一些名人事迹和美好事物感染艺术类研究生。美育活动能够对艺术类研究生的性格、性情、思维等产生重要影响。当前，受到一些错误思想的影响，人们只重视艺术类研究生的成绩和分数，开展美育教学活动，能够确保艺术类研究生形成完善的人格，有利于艺术类研究生全面发展。

第二，美育能够帮助艺术类研究生改善专业素质，提升文化水平，有利于艺术类研究生了解历史和文化，可以增强艺术类研究生的想象力和观察力，有利于拓展艺术类研究生的视野，促使其发挥创造潜能，确保艺术类研究生拥有较强的专业素质。在个体的成长过程中，美育发挥着至关重要的作用，个体对美有一种天然的追求，个体尊重自然，通过观察自然现象进行自我反思，不断改善自身素质，提高文化修养。个体在追求美的同时，其审美能力得到了显著提升，个体能够以积极的心态对待各类问题，并且从生活和自然中获得力量，其人生格局将得到拓展。美育能够为艺术类研究生获取成功、实现理想打好基础。随着社会的快速发展，美的内涵逐渐丰富起来。就人们来讲，沉稳的性格、渊博的学识、良好的心态都属于美的范畴。美能够让人们享受生活、获得幸福，可以满足人们的需求，提升人的综合素质。

习近平总书记要求教育工作者必须重视美育工作，美育工作对学生的发展起到重要作用。在开展美育活动时，应该明确立德树人的目标，按照美育教育的要求传承优秀文化，确保艺术类研究生能够实现健康发展。习近平总书记对美育发挥的作用进行了深入论述，他提到美育并非只是跳舞、唱歌、画画，它属于一种素质教育，这种教育与个体的心灵、情感存在紧密的联系，它能够在潜移默化中发挥教育引导作用，并且能够使我国的美育精神得到传承。

五是炼造一批热爱劳动和能力强劲的新观念艺术类研究生。习近平总书记提到，应该引导学生参与劳动活动，激发学生的劳动热情，通过开展教育活动，确保学生对劳动有新的认识和了解，学生应该尊重劳动、重视劳动，劳动能够创造价值，劳动能够实现理想目标，劳动能够创造幸福生活，当学生养成热爱劳动的习惯后，他们长大后才能积极参与劳动，为社会、为人民、为国家贡献个人力量。

进入新世纪后，教育与生产劳动和社会实践必须经营结合，这进一步丰富了党的教育方针，具有很强的现实针对性。劳动是人类的本质活动，全面建成小康社会、实现中华民族伟大复兴的中国梦从根本上讲要靠劳动、靠劳动者的奋斗来实现。一方面，要在广大艺术类研究生中大力弘扬劳动精神，开展"爱劳动"主题教育；另一方面，要紧密结合实际，积极创造条件使艺术类研究生能够深入工厂、农村等劳动和社会生活的一线,认真参加劳动和社会实践。劳动和社会实践的内涵非常丰富,既包括体力劳动也包括脑力劳动,既包括专业实习也包括各类社会实践活动。要突出问题导向,深化产教融合,在与国家战略进行对接时承担关键性项目,通过建立科学的联合培养机制①,为艺术类研究生参与实践活动、科研活动提供有力支持,促使其发挥自身潜能,把汗水流在中国大地上,把论文写在中国大地上,养成良好的劳动习惯,进而培育劳动精神、工匠精神和创新精神。

二、坚持"重创新、破五唯"

高等院校必须对艺术类研究生培养模式进行优化创新,观察现状可知,一些高校的教育机制、培养模式存在诸多缺陷,当前国内高校采用的学术评价机制在创新人才培养方面暴露出一系列问题,已经引起社会各界的广泛争议。2018年,习近平总书记在教育大会上提到,应该对教育评价机制进行调整,不能只重视论文、文凭、分数、升学等指标。教育部和相关部门发布了有关清理五唯的行动通知。如今,许多高校积极开展清理五唯活动,但破除旧体系容易,建立新体系却要面对各类问题。当前一些高校并不清楚要立怎样的体系。在破立转换期内,高校如何培养创新人才将是一个迫切需要解决的问题。

一是艺术类研究生创新能力评价。艺术类研究生具备的创新能力主要反映在他们的研究成果、研究项目中,通过开展学术评价活动能够了解研究的创新性。学术评价方法包括以学术成果为基础的学术评价,例如学术稿件录用前的评审;以学术成果外在形式为基础的评价,例如一些高校将论文的级别作为评价成果的一个标准。② 国内高校在培养艺术类研究生时采用了上述两种评价方法,在组织学生进行论文答辩时采用了同行评议方法;在对艺术

---

① 李金龙. 协同创新环境下的研究生联合培养机制改革研究[D]. 中国科学技术大学,2015.
② 何淑通. 高校管理人员专业发展研究[M]. 南京大学出版社,2018.

类研究生的学位申请资质进行评价时采用外在形式评价方法。[①] 量化评价便于操作,具有简洁明了等特征,因此许多高校都采用量化评价方法,如今专家评价方法已经被量化评价法所同化。在开展学术成果评审工作时,专家主要将学生的论文发表数量、论文发刊等级等作为评价重点,他们没有对艺术类研究生的研究成果及相关内容投入关注。

二是艺术类研究生写作水平评价。国内制定的学位条例对艺术类研究生申请学位的条件做出了明确要求,其申请条件涉及专业研究能力、知识构成等,举例来说,在申请硕士学位时,研究生必须掌握专业的学科知识;能够独立开展某项技术工作、开展科研活动。为了确保学位的授予具有一定的操作性,一些高校在制定学位授予细则时对上述标准进行了量化处理,依照研究生的学分对他们的知识构成进行判定;依照研究生发表的论文及答辩情况,对他们的研究能力进行判定。观察现实情况可知,就大部分艺术类研究生来讲,只要他们参加日常学习,按照导师的要求撰写论文,就能够通过专业考试并完成论文答辩,这些工作并不具有挑战性,研究生面临的一个主要问题是论文发表。

艺术类研究生在参与学习活动时认为论文发表是一大难题,学术论文发表也是我国评价人才培养能力和高校科研水平的重要指标,因此许多高校规定艺术类研究生必须发表一定数量的论文。这导致大部分艺术类研究生和指导教师过分看重学术论文。而艺术类研究生培养活动则没有引起学校领导和师生的重视,这导致国内艺术类研究生缺少较强的创新能力。一些艺术类研究生为发表论文,还存在抄袭等不良行为。

三是艺术类研究生国际视野评价。习近平总书记指出,要扩大教育开放,同世界一流资源开展高水平合作办学。[②] 国际化是提升人才培养质量的重要途径。创建"双一流"必然是在国际交流与竞争中实现的,积极借鉴和

[①] 王道红. 学位论文质量管理研究 [D]. 华东师范大学,2005.
[②] 周洪宇,程光旭,宋乃庆,王晓杰,孙绵涛,康翠萍,陈鹏,龙宝新,祁占勇. 学习贯彻全国教育大会精神 加快推进教育现代化 [J]. 陕西师范大学学报(哲学社会科学版),2018,47(06):5-28.

吸收世界一流大学的先进经验和优势资源是创建世界一流大学的必由之路。艺术院校必须坚持国际化发展战略，结合自身优势特色，主动服务国家对外工作大局，在跨境办学、合作科研、涉外培训、人文交流和队伍建设等方面深化对外交流合作。

国家在注重有针对性地培养"一带一路"建设所需的各类人才，积极做好为国际组织培养和推送各类人才工作，支持师生在世界舞台上长才干、做贡献、树形象。艺术类研究生更需要具备国际视野，敢于踏出国门，打破舒适圈，去尝试国际合作，参与国际会议，发表国际演讲等。进入新时期后，我党和我国在发展各项事业时需要大量优秀艺术类研究生，艺术院校应该按照习近平新时代思想要求，不断推进素质教育，重视艺术类研究生的全面发展，为民族复兴、社会发展提供人才支持，开创教育工作新局面，为实现中国梦做出应有贡献。

三、构建多维动态评价标准

在评价艺术类研究生质量时要将规格、目标作为评价指标，收集和整理有关人才培养的信息，对人才培养效益、人才质量进行全面的评价，做好反馈工作，确保人才培养能够达到预期要求。针对艺术类研究生建立培养评价体系，对该类学生的培养质量进行科学、客观的评价，利用多维度判定人才培养质量。艺术类研究生毕业后会进入特定岗位工作，他们需要满足相关企业的发展需求，为人民和社会提供各类服务。在对这类人才进行培养时，应该重视他们的艺术创新能力、知识应用能力，确保艺术类人才具有较强的专业能力，能够运用自身所学的专业知识解决现实问题。在培养艺术类研究生时，必须重视他们的组织管理能力、专业基础和问题解决能力，质量评价要以这些维度作为基础。

一是专业基础评价。专业基础评价由几方面的评价内容构成，首先在对艺术类研究生的学习成绩进行评价后，能够了解他们掌握专业知识和专业技能的情况；其次，确保艺术类研究生具备一定的专业能力，应该按照发展要求建立课程体系，课程设置应该具有灵活性，艺术类研究生在参与学习活动后能够形成特定的知识结构。在对艺术类研究生的专业基础进行评价时应重视上述内容。艺术类研究生与其他学科研究生存在一些差异，这类研究生的专业基础评价涉及课程设计、课堂学习，课程学习是课程设计的前提条件，通过课程学习考核可以判定学生掌握知识的情况，课程设计能够体现出研究生应用知识解决问题的能力，它能够对艺术类研究生的运用能力进行评价。为了确保该项评价更加客观，可采用成绩淘汰制，如果艺术类研究生没有通过考核，需要进行重修，并参与补考，假如没有通过补考，则进行淘汰处理。

当前，一些高校正在针对艺术类研究生的培养建立完善的课程体系。按照该类学生的培养要求，高校必须重视艺术课程的专业性，课程设置要侧重于职业能力的培养，同时达到复合型要求。在培养艺术类研究生时，可以采用模块化方式设置课程，按照具体的专业开设课程，对其进行模块划分。模块能够按照实际需求更换、调整，高校可以按照专业发展情况和发展规律对一些课程模块进行调整，确保专业课程达到灵活性要求。在培养艺术类研究生时，应该将复合型人才、职业型人才作为培养目标，在进行课堂教学时可以采用现场教学、案例教学等方法，这些教学方法既能够改善艺术类研究生的专业素质，也能够加强艺术类研究生之间的合作、沟通。针对艺术类研究生设置的课程体系具有复合性、灵活性等特征，同时还要具备参与式、研讨式特点。

二是解决实际问题能力评价。在对艺术类研究生解决问题的能力进行评价时，主要考察下列内容：其一，艺术类研究生的实习表现；其二，艺术类研究生的课程成绩；其三，艺术类研究生参与研讨式教学、案例教学的情况以及问题解决潜力；其四，艺术类研究生的论文成果。

在培养艺术类研究生时必须重视务实性特征，积极开展实践教学活动，引导艺术类研究生运用知识解决问题，激发艺术类研究生的潜力。在对艺术类研究生解决问题的能力进行评价分析时，可以按照实际的训练内容、训练场所制定不同的考核方法和标准，并将艺术类研究生参与研讨式教学、案例教学时的表现作为评价依据。

在对艺术类研究生的学位论文进行评价时，由于所学专业不同，因此对不同学位论文的要求也存在差异，可以按照专业和学科特点制定相对应的评价制度。整体标准是艺术类研究生的论文应该具备创新性、美学性和实用性特点，能够体现出对客观世界的认识，它并非只是对工作进行总结，它要与实践活动存在紧密的联系，论文能够反映出研究生应用理论知识的能力、解决问题的能力，同时能够体现出他们在某些领域的研究能力和创新能力。各专业将整体规则作为参考，结合本专业特点制定评价标准。

三是艺术表达能力评价。应用型人才、职业型人才是艺术类研究生培养的一个主要目标，为了实现该类人才的培养规划，艺术类研究生必须具备一定的专业素质和知识构成，同时还要掌握艺术管理技能、艺术表达方法。在评价艺术类研究生的培养质量时，需要对该类学生的管理能力、艺术表达能力进行评价。确保艺术类研究生具有较强的艺术表现力，在考核该项内容时，可以对艺术类研究生的技能训练成绩、艺术创作表现、合作能力等进行全面评价。

因为各专业、各学科具有不同的特点，所以在对艺术类研究生的艺术表达能力及管理能力进行评价时，应用的考核标准和考核方法各不相同，但整体标准必须具有较强的可操作性，通过开展全面的评价工作，帮助艺术类研究生提高基本素质，掌握一定的艺术表达技能。

当社会需求改变后，艺术类研究生的培养目标也将随之改变，此时培养质量的评价标准、评价方法也需要做出调整。按照当前社会的发展趋势，可站在整体角度构建与艺术类研究生培养目标相符的评价体系，在设置评价层次、挑选评价内容、分配指标权重时，可以按照各专业、各学科的实际情况进行。在评价研究生的培养质量时还应该对评价对象投入一定的关注，各项评价标准与评价对象的发展潜力、专业能力存在紧密的联系，在评价培养质量时也可将研究生的培养要求作为评价指标，这能够确保评价体系更加全面、完整。

参考文献

[1] 杨雪. 研究生教育研究的学术群探析 [J]. 黑龙江高教研究, 2020, 38 (11): 6-10.

[2] 王应密, 叶丽融. 我国研究生教育规模扩张的发展失衡与应对 [J]. 黑龙江高教研究, 2020, 38 (11): 77-83.

[3] 段远鸿, 吴佐文. 国内研究生思政教育水平现状和提升路径研究 [J]. 教育学术月刊, 2020 (10): 106-111.

[4] 杨倩, 许峰. 简论研究生培养中的多元化智慧教育 [J]. 河南师范大学学报（哲学社会科学版）, 2020, 47 (05): 151-156.

[5] 陈洪捷, 沈文钦, 吴彬, 赵世奎, 王顶明, 张立迁, 高耀. 全国研究生教育大会专家谈 [J]. 研究生教育研究, 2020 (05): 6-14.

[6] 欧阳光华, 杜剑涛. 研究生培养过程预警机制：内涵、意义、问题与对策 [J]. 高教探索, 2020 (10): 28-34.

[7] 刘自团, 汪雅霜. "双一流"建设背景下研究生教育高质量发展路径研究——基于江苏高校的多案例分析 [J]. 高教探索, 2020 (10): 35-41.

[8] 王莉, 陈秋苹. 我国专业学位研究生教育政策：挑战、调整与走向 [J]. 江苏高教, 2020 (10): 88-92.

[9] 刘志. 研究生导师和学生关系问题何在——基于深度访谈的分析 [J]. 教育研究, 2020, 41 (09): 104-116.

[10] 靳诺, 徐志宏, 王占仁, 孙熙国, 石中英, 万美容, 张庆守. 习近平总书记关于教育的重要论述研究笔谈 [J]. 思想理论教育导刊, 2020 (09): 4-20.

[11] 杨卫, 杨斌, 王顶明, 周文辉. 学习贯彻全国研究生教育会议精神（笔谈）[J]. 学位与研究生教育, 2020 (09): 1-9.

[12] 郭强. 在艺术硕士研究生教育中应坚持"专业性""实践性""创造性"原则——以音乐与舞蹈领域为例 [J]. 学位与研究生教育, 2020 (09): 54-59.

[13] 张荣祥, 马君雅. 导学共同体: 构建研究生导学关系的新思路 [J]. 学位与研究生教育, 2020 (09): 32-36.

[14] 王坦. 我国教育博士培养的现实困境与对策——基于两批27所试点授权单位的实证性分析 [J]. 现代教育管理, 2020 (09): 122-128.

[15] 刘海明. 让研究生回归学生本色 [J]. 青年记者, 2020 (24): 5.

[16] 苏燕. 创意产业背景下艺术设计人才培养的问题及对策探析 [J]. 教育理论与实践, 2020, 40 (24): 44-46.

[17] 李锋亮, 王瑜琪. 研究生教育规模对经济增长影响的实证研究——基于国别面板数据 [J]. 中国高教研究, 2020 (08): 43-49.

[18] 张伟. 研究生教育质量第三方评价: 模型构建与实证检验 [J]. 贵州社会科学, 2020 (08): 105-111.

[19] 焦海艳, 饶从满. 教师培养课程对全日制教育硕士从教准备度的贡献研究 [J]. 学位与研究生教育, 2020 (08): 58-66.

[20] 王战军, 娄枝, 蔺跟荣. 世界主要国家博士生教育发展指数研究 [J]. 学位与研究生教育, 2020 (08): 1-7.

[21] 陈新忠, 康诚轩. 研究生教育规律研究的回溯与展望 [J]. 研究生教育研究, 2020 (04): 1-6.

[22] 李军靠, 丁一鑫, 乔刚. "互联网+"环境下硕士研究生教育导生学习共同体构建 [J]. 研究生教育研究, 2020 (04): 41-46.

[23] 于越. 艺术人才培养的创新发展——评《探索与实践——艺术专业人才的培养与研究》[J]. 领导科学, 2020 (14): 126-127.

[24] 马永红, 刘润泽. 研究生教育的本质和发展逻辑探究 [J]. 清华大学教育研究, 2020, 41 (03): 42-51.

[25] 龙宝新.论专业学位研究生教育的应用学术性[J].学位与研究生教育,2020(06):16-23.

[26] 王传毅,杨佳乐,刘惠琴.研究生教育学之学科建设:路径、进展与方向[J].研究生教育研究,2020(03):53-59.

[27] 杨立平.培根铸魂培养德艺双修艺术人才[J].中国高等教育,2020(10):20-22.

[28] 孔令强.全媒体时代数字媒体艺术人才的培养模式[J].青年记者,2020(11):102-103.

[29] 刘惠琴,王传毅,李锋亮,赵琳,程哲.研究生教育发展指数之构建研究[J].清华大学教育研究,2020,41(02):112-121.

[30] 王彦玲,苏玉亮,张玉哲.美国教育认证体系对我国专业学位研究生教育认证的启示[J].黑龙江高教研究,2020,38(04):73-78.

[31] 周海涛,朱玉成.近年来我国研究生教育研究的重点及启示[J].研究生教育研究,2020(02):1-5.

[32] 冉亚辉.中国研究生教育基本理论论纲[J].研究生教育研究,2020(02):6-13.

[33] 刘泽文,罗英姿.博士生教育质量评价:沿革与启示[J].研究生教育研究,2020(02):68-73.

[34] 侯士兵,叶定剑,吕江英,张碧菱.研究生导师思想政治教育首要责任落实路径探析[J].思想理论教育导刊,2020(03):141-144.

[35] 罗英姿,李雪辉.国外专业学位博士生教育:历程、问题与启示[J].学位与研究生教育,2020(03):71-77.

[36] 李文英,陈元元.日本硕士专业学位研究生教育的现状及启示[J].学位与研究生教育,2020(03):66-70.

[37] 胡涌.让思政教育插上艺术翅膀——以"博学绽放"研究生思政教育特色实践音乐会为例[J].中国音乐,2020(01):187-192.

[38] 葛宗男,高新,田昀鑫.艺术类一流学科建设的若干思考[J].中国大学教学,2020(01):60-64.

[39] 殷荷芳. 艺术院校通识课程改革的美育范式 [J]. 美术大观, 2019 (11): 150-152.

[40] 汪瑞霞, 秦佳, 刘永刚. 成果导向教育范式下艺术设计人才培养的创新路径选择 [J]. 职业技术教育, 2019, 40 (32): 27-30.

[41] 吴云勇. 研究生培养政策70年: 演变逻辑与发展走向 [J]. 吉首大学学报 (社会科学版), 2019, 40 (06): 51-57.

[42] 马永红, 刘润泽, 于苗苗. 专业学位研究生教育质量指数研究 [J]. 研究生教育研究, 2019 (05): 9-15+37.

[43] 刘国瑜. 论世界一流学科建设与研究生教育高质量发展的协同推进 [J]. 研究生教育研究, 2019 (05): 21-25.

[44] 朱和平. 论我国设计学研究生培养的四个结合 [J]. 中国高等教育, 2019 (19): 54-56.

[45] 王战军, 杨旭婷. 中国研究生教育70年: 贡献与成就 [J]. 中国高等教育, 2019 (19): 4-6.

[46] 李伟. 协同创新视角下研究生培养的现实困境与应对策略 [J]. 教育理论与实践, 2019, 39 (27): 7-9.

[47] 唐丽. 基于区块链的研究生教育监测评估模式 [J]. 现代教育管理, 2019 (09): 113-117.

[48] 马来平. 与研究生谈成才四要素 [J]. 学位与研究生教育, 2019 (09): 1-6.

[49] 张定强. 新时代如何为研究生扣好人生"第一粒扣子" [J]. 学位与研究生教育, 2019 (09): 7-10.

[50] 梁传杰. 研究生教育质量保障模式: 理想愿景、内涵特征与实现路径 [J]. 江苏高教, 2019 (09): 21-28.

[51] 郭春方. 美育与艺术教育——新时代综合性艺术院校特色发展和服务国家战略的思考 [J]. 东北师大学报 (哲学社会科学版), 2019 (05): 22-28.

[52] 吴小勉. 媒介融合进程中的数字媒体艺术人才培养研究 [J]. 出

版广角，2019（10）：82-84.

[53] 任兰新. 油画专业研究生教学思考——评《油画实验教学》[J]. 高教探索，2019（06）：138.

[54] 陈传文，陈俊奇. 聚焦国家复合型、创新型人才培养目标——新时代背景下综合性大学艺术学科建设论析[J]. 艺术百家，2019，35（03）：50-56+108.

[55] 孙惠柱. 建设具有中国特色的艺术人才培养国家体系——兼论当前艺术人才培养的悖论与前景[J]. 艺术百家，2019，35（03）：35-39+61.

[56] 顾亚奇. 主体性与体系化：强竞争态势下艺术学理论的双重挑战[J]. 现代传播（中国传媒大学学报），2019，41（04）：160-164+168.

[57] 靳诺. 全面建设马克思主义理论学科本硕博一体化人才培养体系——学习习近平总书记学校思想政治理论课教师座谈会重要讲话精神[J]. 马克思主义理论学科研究，2019，5（02）：4-13.

[58] 胡亮. 艺术硕士学位论文质量监控及抽检评议机制研究[J]. 中国高等教育，2019（07）：52-54.

[59] 孙宁宁. 以核心课程为引导 全面加强研究生课程建设——音乐与舞蹈学学科研究生核心课程建设研讨会述评[J]. 人民音乐，2019（02）：68-69.

[60] 陶文昭，孙志伟. 习近平新时代中国特色社会主义思想进思政课教材的几个问题[J]. 中国大学教学，2019（01）：17-24.

[61] 刘利. 展望未来发展趋势，促进研究生层次人才培养[J]. 艺术工作，2018（06）：12.

[62] 张巍. 音乐艺术博士专业学位设置思考[J]. 音乐艺术（上海音乐学院学报），2018（04）：6-13+4.

[63] 赵乐. 美国艺术管理高等教育与学术发展路径研究[J]. 黄钟（武汉音乐学院学报），2018（04）：138-149.

[64] 熊华军. 习近平新时代研究生思想政治理论课教学的理论内涵与实践路径[J]. 西北师大学报（社会科学版），2018，55（06）：19-25.

[65] 韩子勇. 锤炼人格 磨洗心性 专心为学——在中国艺术研究院研究生院开学典礼上的讲话 [J]. 艺术评论, 2018 (10): 6-10.

[66] 陆军. 指导哥伦比亚大学艺术硕士研究生剧本写作的历程与省思 [J]. 戏剧艺术, 2018 (04): 113-120.

[67] 陈思, 顾丽梅. 中国专业艺术类高校的建设发展述论 [J]. 贵州师范学院学报, 2018, 34 (05): 54-59.

[68] 罗红胜, 蔡惠萌. 人文社会学科教育的在场与不在场——以书法艺术硕士人才培养为例 [J]. 现代大学教育, 2018 (02): 103-111.

[69] 嵇凤云. 对艺术院校研究生推免工作机制改革的探讨 [J]. 南京艺术学院学报 (美术与设计), 2018 (01): 169-172.

[70] 杨曦帆. 我们应该为社会培养什么样的艺术人才——音乐院校研究生教育模式探索 [J]. 南京艺术学院学报 (音乐与表演), 2017 (04): 137-143.

[71] 邱乘光. 论习近平新时代中国特色社会主义思想 [J]. 新疆师范大学学报 (哲学社会科学版), 2018, 39 (02): 7-21.

[72] 习近平. 决胜全面建成小康社会 夺取新时代中国特色社会主义伟大胜利——在中国共产党第十九次全国代表大会上的报告 [J]. 中国经济周刊, 2017 (42): 68-96.

[73] 郑海祥, 阚道远. 托起文化自信的三大支柱: 社会主义核心价值观、民族精神和时代精神 [J]. 思想理论教育导刊, 2017 (10): 85-89.

[74] 张园, 刘晓静. 论综合性大学艺术教育中艺术人才培养模式 [J]. 继续教育研究, 2017 (09): 118-119.

[75] 成朝晖. 跨界、多维、共融的社会创新设计——美国纽约视觉艺术学院 DSI 研究生教育特色 [J]. 南京艺术学院学报 (美术与设计), 2017 (05): 142-147.

[76] 李欢, 罗田雨. 全国音乐与舞蹈领域艺术专业学位研究生教育研讨会会议综述 [J]. 中国音乐, 2017 (03): 210-215.

[77] 王冰. 全国师范院校艺术专业学位音乐教育专业研究生教学研讨

会召开 [J]. 学位与研究生教育, 2017 (07): 37.

[78] 王娟娟. 高师音乐教育专业研究生培养的"创意"转型 [J]. 吉首大学学报（社会科学版）, 2017, 38 (S1): 138-140.

[79] 叶振艳. 高校数字媒体艺术专业现状分析及教学体系的研究 [J]. 吉首大学学报（社会科学版）, 2017, 38 (S1): 151-153.

[80] 肖红, 刘珊珊, 陈香. 艺术类研究生多元化英语教学模式探究——基于分类培养的视角 [J]. 外语界, 2017 (02): 67-73.

[81] 倪文东, 范功. 当代高等院校书法研究生教育卮谈 [J]. 中国书法, 2017 (06): 46-50.

[82] 邱才桢. 问题意识与学者思维: 书法研究生能力的培养 [J]. 中国书法, 2017 (06): 52-56.

[83] 王希俊, 李精明. 时代与书法研究生教育观念管窥 [J]. 中国书法, 2017 (06): 57-59.

[84] 辛尘. 从生源看书法专业研究生教学 [J]. 中国书法, 2017 (06): 76-79.

[85] 张伟, 王玥, 宋东文. "专业化"还是"通识化"?——对高等师范院校"音乐学硕士"培养现状的思考 [J]. 音乐创作, 2017 (03): 179-181.

[86] 陆卫明, 孙喜红. 论习近平对中国优秀传统文化的新阐析 [J]. 社会主义研究, 2017 (01): 8-13+172.

[87] 唐鑫梅. 艺术设计专业研究生ESP"翻转课堂"教学模式研究——以山东大学（威海）艺术学院为例 [J]. 装饰, 2017 (01): 130-131.

[88] 王资博. 习近平文化自信思想的三个维度 [J]. 中华文化论坛, 2016 (11): 82-89+192.

[89] 张杨. 新时期应用型艺术人才培养的实践与思考 [J]. 西北人口, 2016, 37 (06): 119-123+126.

[90] 刘业峰. 新形势下的全日制艺术硕士专业学位研究生教育改革的

实践与思考［J］．南京艺术学院学报（美术与设计），2016（06）：151－153．

［91］朱艳红．当前艺术硕士培养模式的回顾与反思［J］．艺术百家，2016，32（06）：258－259．

［92］吴明娣．艺术市场专业人才培养的现状与问题［J］．美术，2016（11）：118－121．

［93］高淑琴．文化传承与新型民族艺术人才培养探析［J］．广西民族大学学报（哲学社会科学版），2016，38（04）：112－115．

［94］梁玖．"艺术教育"专业博士生的学术责任［J］．民族艺术研究，2016，29（03）：114－121．

［95］林威，马达，陈诗祺．英国埃克塞特大学艺术教育类研究生培养的探究与启示［J］．中国音乐教育，2016（07）：38－42．

［96］金旭东．新媒体语境中多元化艺术人才培育的职业教育思维［J］．山东社会科学，2016（S1）：289－291．

［97］吴晓春．艺术院校思想政治理论课教学创新研究——基于艺术的意识形态属性［J］．思想教育研究，2016（05）：92－95．

［98］陈池瑜．坚守和拓展中国艺术学——四十年之艺术学探索心路［J］．民族艺术，2016（02）：5－11＋19．

［99］曹宏，刁艳飞．文化创意产业视野中我国艺术人才培养的问题与对策［J］．山东社会科学，2016（03）：166－170．

［100］郑艺，高新，蒋明．综合艺术院校创新型艺术人才培养机制的研究与实践［J］．中国大学教学，2015（12）：22－25．

［101］梁小雁．艺术硕士研究生培养基地建设的几种模式——以广州美术学院为例［J］．人民论坛，2015（33）：157－158．

［102］董峰．美国艺术管理研究生教育课程设置探讨［J］．南京艺术学院学报（美术与设计），2015（06）：134－137．

［103］章文．基于传统"工匠精神"的高校艺术人才培养模式研究［J］．艺术设计研究，2015（03）：126－128．

[104] 赵宇. 艺术教育与社会需求之间的差异及对策思考 [J]. 广西社会科学, 2015 (08): 217-220.

[105] 何世剑, 房星强, 王譞. 国学经典教育与综合性高校艺术人才培养 [J]. 江西社会科学, 2015, 35 (08): 240-244.

[106] 李朋朋. 交叉学科创新型人才产学研合作培养探微——以数字媒体艺术专业人才培养为例 [J]. 中国高校科技, 2015 (08): 46-47.

[107] 姜朝晖, 于洋. 思想政治教育视野下的艺术院校研究生导师育人机制创新研究 [J]. 中国成人教育, 2015 (13): 79-81.

[108] 冯刚. 提升质量 务求实效 扎实推动研究生思想政治教育发展 [J]. 学校党建与思想教育, 2015 (13): 4-7.

[109] 嵇凤云. 艺术类硕士研究生分类培养模式改革探析——以南京艺术学院为例 [J]. 学位与研究生教育, 2015 (06): 17-21.

[110] 李净, 谢霄男. 浅谈习近平中国传统文化观 [J]. 人民论坛, 2015 (08): 179-181.

[111] 高阳. 艺术学科人才培养模式和立体平台建设研究 [J]. 黑龙江高教研究, 2014 (12): 158-160.

[112] 王晨, 米如群. 国家文化战略与艺术人才培养的关系研究 [J]. 南京艺术学院学报 (美术与设计版), 2014 (06): 56-59.

[113] 张德祥, 林杰. "高等教育内涵式发展"本质的历史变迁与当代意蕴 [J]. 国家教育行政学院学报, 2014 (11): 3-8.

[114] 周奇迅, 蒲亨建. 关于艺术学硕士研究生培养问题的思考 [J]. 中国音乐, 2014 (04): 249-251.

[115] 刘明福, 王忠远. 习近平民族复兴大战略——学习习近平系列讲话的体会 [J]. 决策与信息, 2014 (Z1): 8-157+2.

[116] 李军. 学习贯彻五四讲话精神 深化研究生教育综合改革 [J]. 学位与研究生教育, 2014 (07): 1-4.

[117] 史静寰, 许甜, 李一飞. 我国高校教师教学学术现状研究——基于44所高校的调查分析 [J]. 高等教育研究, 2011, 32 (12): 52-66.

附 录

附录1 关于按《学位授予和人才培养学科目录》进行学位授权点对应调整的通知

学位办〔2011〕25号

各学位授予单位：

《学位授予和人才培养学科目录（2011年）》（以下简称新目录），已经国务院学位委员会和教育部批准印发。新目录是在《授予博士、硕士学位和培养研究生的学科、专业目录（1997年颁布）》（以下简称原目录）的基础上修订形成，为保证研究生招生、培养和学位授予工作的有序进行，需将按原目录批准的现有博士、硕士学位授权点，对应调整到新目录相应的一级学科。现将对应调整工作通知如下：

一、对应调整的范围

本次学位授权点对应调整所涉及的学科，主要是新目录中由原目录一级学科拆分或以二级学科为基础新增，且与原目录相关学科有明确对应关系的一级学科。

其它一级学科的现有学位授权点暂不做调整，相关研究生人才培养和学位授予按原渠道进行。

二、对应调整的原则和要求

1. 学位授权点对应调整，要以保证学位授予质量为前提，以学科内涵为基础，根据各单位学科水平，坚持标准，规范调整。

2. 学位授权点对应调整，要在现有学位授权级别内，按照学科对应关系进行。具体对应关系见《新目录有关学科与原目录学科的对应关系表》（以下简称《对应关系表》，见附件一）。

3. 对应调整为新目录一级学科学位授权点，必须达到学位授权点的最低要求（见附件二）和基本条件（见附件三）。

4. 对于以原目录现有二级学科学位授权点为基础，申请对应调整为新目录中一级学科学位授权点的，若经学科评议组审议同意则予以调整，其现有二级学科学位授权点自动撤销，若不予调整，仍保留现有二级学科学位授权点。

三、对应调整的申请

1. 原目录中"历史学"、"艺术学"、"建筑学"、"军队指挥学"和"军事后勤学与军事装备学"等一级学科，在新目录中分别拆分为多个一级学科。

在上述原目录一级学科中具有一级学科学位授权的学位授予单位，可对照《对应关系表》，将其原1个学位授权一级学科申请对应调整为新目录中的1个或多个一级学科。

在上述原目录一级学科中没有一级学科学位授权，但有所属二级学科学位授权的学位授予单位，可对照《对应关系表》，以其原学位授权二级学科为基础，申请对应调整为新目录中相应一级学科。

2. 新目录中"生态学"、"统计学"、"软件工程"、"安全科学与工程"、"草学"、"特种医学"和"护理学"等一级学科，分别以原目录1个或多个二级学科为基础新增。在原目录中相应学科具有学位授权的学位授予单位，可对照《对应关系表》，以原学位授权学科为基础，申请对应调整为新目录中上述与其对应的一级学科。

3. 原目录中"农业资源利用"、"图书馆、情报与档案管理"一级学科，在新目录中更名为"农业资源与环境"、"图书情报与档案管理"一级学科，其所涉及的现有一级学科学位授权点，自然对应调整，学位授予单位不需申请。

四、工作程序

1. 学位授予单位按照新目录与原目录学科对应关系、原学科学位授权级别、一级学科学位授权点最低要求和基本条件，提出学位授权点对应调整的申请，并填写《学位授权点对应调整申请表》（样表见附件四）。

2. 国务院学位委员会办公室对各学位授予单位提交的申请材料进行资格审查，不符合申请资格的学位授权点将不予调整。

3. 国务院学位委员会学科评议组按照一级学科学位授权点的基本条件，对各学位授予单位提交的申请材料进行审议。

4. 根据学科评议组审议结果，完成对应调整工作。

五、材料报送

各学位授予单位应于2011年5月20日前，将申请对应调整学位授权点的有关材料报送教育部学位与研究生教育发展中心。有关材料的报送事宜，由教育部学位与研究生教育发展中心另行通知。

学位授权点对应调整是一项政策性和学术性很强的工作，请各学位授予单位加强领导，坚持标准，严格要求，保证质量，认真切实地把这项工作做好。

国务院学位委员会办公室
二〇一一年四月二日

附录2 教育部 国家发展改革委 财政部关于深化研究生教育改革的意见

教研〔2013〕1号

各省、自治区、直辖市教育厅（教委）、发展改革委、财政厅（局），新疆生产建设兵团教育局、发展改革委、财务局，有关部门（单位）教育司

（局），中国社会科学院研究生院，中共中央党校学位评定委员会，中国人民解放军学位委员会，教育部直属各高等学校：

研究生教育是培养高层次人才的主要途径，是国家创新体系的重要组成部分。改革开放以来，我国研究生教育取得了重大成就，基本实现了立足国内培养高层次人才的战略目标。但总体上看，研究生教育还不能完全适应经济社会发展的多样化需求，培养质量与国际先进水平相比还有较大差距。为全面贯彻落实党的十八大精神和《国家中长期教育改革和发展规划纲要（2010—2020年）》，进一步提高研究生教育质量，现就深化研究生教育改革提出以下意见：

一、指导思想和总体要求

1. 指导思想：高举中国特色社会主义伟大旗帜，以邓小平理论、"三个代表"重要思想、科学发展观为指导，全面贯彻党的教育方针，把立德树人作为研究生教育的根本任务。深入实施教育、科技和人才规划纲要，坚持走内涵式发展道路，以服务需求、提高质量为主线，以分类推进培养模式改革、统筹构建质量保障体系为着力点，更加突出服务经济社会发展，更加突出创新精神和实践能力培养，更加突出科教结合和产学结合，更加突出对外开放，为提高国家创新力和国际竞争力提供有力支撑，为建设人才强国和人力资源强国提供坚强保证。

2. 总体要求：优化类型结构，建立与培养目标相适应的招生选拔制度；鼓励特色发展，构建以研究生成长成才为中心的培养机制；提升指导能力，健全以导师为第一责任人的责权机制；改革评价机制，建立以培养单位为主体的质量保证体系；扩大对外开放，实施合作共赢的发展战略；加大支持力度，健全以政府投入为主的多渠道投入机制。通过改革，实现发展方式、类型结构、培养模式和评价机制的根本转变。到2020年，基本建成规模结构适应需要、培养模式各具特色、整体质量不断提升、拔尖创新人才不断涌现的研究生教育体系。

二、改革招生选拔制度

3. 优化人才培养类型结构。基本稳定学术学位授予单位和学位授权学科总体规模，建立学科动态调整机制，鼓励学科交叉与融合，进一步突出学科特色和优势。积极发展硕士专业学位研究生教育，稳步发展博士专业学位研究生教育，重视发展非全日制研究生教育。

4. 深化招生计划管理改革。根据国家发展需要和高层次人才培养规律，合理确定研究生招生规模。加强和改进招生计划管理，对全日制和非全日制研究生招生计划实行统一管理，改革全日制研究生招生计划形式，取消国家计划和自筹经费"双轨制"。加强宏观管理，逐步建立研究生教育规模、结构、布局与经济社会发展相适应的动态调整机制。进一步完善计划分配办法，通过增量安排和存量调控，积极支持优势学科、基础学科、科技前沿学科和服务国家重大需求的学科发展。

5. 建立健全科学公正的招生选拔机制。以提高研究生招生选拔质量为核心，积极推进考试招生改革，建立与培养目标相适应、有利于拔尖创新人才和高层次应用型人才脱颖而出的研究生考试招生制度。优化初试，强化复试，发挥和规范导师作用，注重对考生专业基础、综合素质和创新能力的考察。

6. 完善招生选拔办法。推进学术学位与专业学位硕士研究生分类考试。完善专业学位研究生考试办法，注重选拔具有一定实践经验的优秀在职人员。建立博士研究生选拔"申请—审核"机制，发挥专家组审核作用，强化对科研创新能力和专业学术潜质的考察。建立博士研究生中期分流名额补充机制。对具有特殊才能的人才建立专门的选拔程序。加强对考试招生工作的管理和监督。强化考试安全工作。

三、创新人才培养模式

7. 拓展思想政治教育的有效途径。加强中国特色社会主义理论体系教育，把社会主义核心价值体系融入研究生教育全过程，把科学道德和学风教育纳入研究生培养各环节。广泛开展社会实践和志愿服务活动，着力增强研究生服务国家、服务人民的社会责任感。加强人文素养和科学精神培养，培育研究生正直诚信、追求真理、勇于探索、团结合作的品质。认真组织实施研究生思想政治理论课课程新方案。加强研究生党建工作。加强研究生心理健康教育和咨询工作。

8. 完善以提高创新能力为目标的学术学位研究生培养模式。统筹安排硕士和博士培养阶段，促进课程学习和科学研究的有机结合，强化创新能力培养，探索形成各具特色的培养模式。重视对研究生进行系统科研训练，要求并支持研究生更多参与前沿性、高水平的科研工作，以高水平科学研究支撑高水平研究生培养。鼓励多学科交叉培养，支持研究生更多参与学术交流和国际合作，拓宽学术视野，激发创新思维。

9. 建立以提升职业能力为导向的专业学位研究生培养模式。面向特定职业领域，培养适应专业岗位的综合素质，形成产学结合的培养模式。引导和鼓励行业企业全方位参与人才培养，充分发挥行业和专业组织在培养标准制定、教学改革等方面的指导作用，建立培养单位与行业企业相结合的专业化教师团队和联合培养基地。加强实践基地建设，强化专业学位研究生的实践能力和创业能力培养。大力推动专业学位与职业资格的有机衔接。

10. 加强课程建设。重视发挥课程教学在研究生培养中的作用。建立完善培养单位课程体系改进、优化机制，规范课程设置审查，加强教学质量评价。增强学术学位研究生课程内容前沿性，通过高质量课程学习强化研究生的科学方法训练和学术素养培养。构建符合专业学位特点的课程体系，改革教学内容和方式，加强案例教学，探索不同形式的实践教学。

11. 建立创新激励机制。根据研究生的学术兴趣、知识结构、能力水平，制定个性化的培养计划。发掘研究生创新潜能，鼓励研究生自主提出具有创新价值的研究课题，在导师和团队指导下开展研究，由培养单位提供必要的条件支持。制定配套政策，支持研究生为完成高水平研究适当延长学习时间。加强研究生职业发展教育和就业指导，提高研究生就业创业能力。

12. 加大考核与淘汰力度。加强培养过程管理和学业考核，实行严格的中期考核和论文审核制度，畅通分流渠道，加大淘汰力度。建立学风监管与惩戒机制，严惩学术不端行为，对学位论文作假者取消学位申请资格或撤销学位。完善研究生利益诉求表达机制，加强研究生权益保护。

四、健全导师责权机制

13. 改革评定制度。改变单独评定研究生导师资格的做法，强化与招生培养紧密衔接的岗位意识，防止形成导师终身制。根据年度招生需要，综合考虑学科特点、师德表现、学术水平、科研任务和培养质量，确定招生导师及其指导研究生的限额。完善研究生与导师互选机制，尊重导师和学生选择权。

14. 强化导师责任。导师是研究生培养的第一责任人，负有对研究生进行学科前沿引导、科研方法指导和学术规范教导的责任。完善导师管理评价机制。全面落实教师职业道德规范，提高师德水平，加强师风建设，发挥导师对研究生思想品德、科学伦理的示范和教育作用。研究生发生学术不端行为的，导师应承担相应责任。

15. 提升指导能力。加强导师培训，支持导师学术交流、访学和参与行业企业实践，逐步实行学术休假制度。加强高校、科研院所和企业之间人才交流与共享，建设专兼结合的导师队伍，完善校所、校企双导师制度。重视发挥导师团队作用。

五、改革评价监督机制

16. 改革质量评价机制。发布培养单位质量保证体系建设规范。按照一级学科和专业学位类别分别制定博士、硕士学位基本要求。学术学位注重学术创新能力评价，专业学位注重职业胜任能力评价。研究生教育质量评价要更加突出人才培养质量，人才培养质量评价要坚持在学培养质量与职业发展质量并重。强化质量在资源配置中的导向作用。

17. 强化培养单位质量保证的主体作用。培养单位要加强培养过程的质量管理。按照一级学科和专业学位类别，分别设立研究生培养指导委员会，负责制订培养标准和方案、建设课程体系、开展质量评价等。专业学位研究生培养指导委员会应有一定比例的行业和企业专家参加。定期开展自我评估，加强国际评估。建立毕业生跟踪调查与用人单位评价的反馈机制，主动公开质量信息。

18. 完善外部质量监督体系。加快建设以教育行政部门监管为主导，行业部门、学术组织和社会机构共同参与的质量监督体系。加强研究生教育质量评估，加大学位论文抽检力度，改进优秀博士学位论文评选办法，统筹学科评估。对评估中存在问题的单位，视情做出质量约谈、减少招生计划、停止招生直至撤销学位授权的处理。建立专业学位教育质量认证体系，鼓励培养单位参与国际教育质量认证。

19. 建立质量信息平台。建设在学研究生学业信息管理系统，建立研究生教育质量信息分析和预警机制。加大信息公开力度，公布质量标准，发布质量报告和评估结果，接受社会监督。

20. 规范在职人员攻读硕士专业学位和授予同等学力人员硕士、博士学位工作的管理。进一步强化培养单位办学责任，加强统一管理，建立定期检查机制。将在职人员攻读硕士专业学位纳入研究生学业信息管理系统。同等学力人员申请学位，须将学位论文在研究生教育质量信息平台上公示。研究生培养单位不得以"研究生"和"硕士、博士学位"等名义举办课程进修班。

六、深化开放合作

21. 推进校所、校企合作。进一步加强高等学校与科研院所和行业企业的战略合作，支持校所、校企联合建设拔尖创新人才培养平台，完善校所、校企协同创新和联合培养机制。紧密结合国家重大科研任务，通过跨学科、跨院校、产学研联合培养等多种途径，培养和造就科技创新和工程技术领域领军人才。

22. 增强对外开放的主动性。服务国家对外开放战略，加快建设有利于国际互认的学位资历框架体系，继续推动双边和多边学位互认工作，加强与周边国家、区域的研究生教育合作。完善来华留学研究生政策，适时提高奖学金标准，扩大招生规模，提高生源质量，创新培养方式。扩大联合培养博士生出国留学规模，继续实施"国家建设高水平大学公派研究生"项目。支持有条件的学校建设海外教学实践基地。

23. 营造国际化培养环境。加强国际化师资队伍建设，吸引国外优秀人才来华指导研究生。推动中外合作办学，支持与境外高水平大学合作开展"双学位"、"联合学位"项目，合作开发研究生课程。加大对研究生访学研究、短期交流、参加国际学术会议的资助力度，提高具有国际学术交流经历的研究生比例。提高管理与服务的国际化水平，形成中外研究生共学互融、跨文化交流的校园环境。

七、强化政策和条件保障

24. 完善投入机制。健全以政府投入为主、受教育者合理分担培养成本、培养单位多渠道筹集经费的研究生教育投入机制。培养单位要按国家有关规定加大纵向科研经费和基本科研业务费支持研究生培养的力度，统筹财政投入、科研经费、学费收入、社会捐助等各种资源，确保对研究生教学、科研和资助的投入。

25. 完善奖助政策体系。建立长效、多元的研究生奖助政策体系。强化国家奖学金、学业奖学金和国家助学金等对研究生的激励作用。健全研究生助教、助研和助管制度。提高研究生国家助学贷款年度最高限额，确保符合条件的研究生应贷尽贷。加大对基础学科、国家急需学科研究生的奖励和资助力度。奖助政策应在培养单位的招生简章中予以公开。

26. 加强培养条件和能力建设。在国家高等教育重点建设项目中，突出对研究生教育改革和发展的支持。建立优质资源共享机制，国家各类重大项目投资的仪器设备与平台，应向研究生开放。培养单位要改善培养条件，支持研究生教育教学改革。对生均资源过低的培养单位，减少其招生规模。对参与研究生培养和建设实践基地的企业，按规定落实税收优惠等政策。

27. 鼓励改革试点。着力破除制约研究生教育质量提高的体制机制障碍和政策瓶颈，营造良好的政策环境。鼓励有条件的地区和培养单位开展研究生教育综合改革试点，建设拔尖创新人才和高层次应用型人才培养示范平台，积极探索提高质量的新机制。

八、加强组织领导

28. 深化改革、提高研究生教育质量是贯彻落实党的十八大精神和教育规划纲要的一项重要任务。各级教育部门要转变职能，加强宏观指导和监督，加大地方统筹力度，扩大培养单位的自主权。研究生培养单位要高度重视研究生教育工作，认真制定本单位改革方案，强化改革的主体和责任意识，重视发挥基层学术组织在学科建设、研究生培养和质量评价中的作用。

各地区和培养单位要重视宣传引导，加强风险评估，处理好推进改革与维护稳定的关系，保证改革顺利进行。

教育部　国家发展改革委　财政部
2013 年 3 月 29 日

附录 3　教育部 人力资源社会保障部关于深入推进专业学位研究生培养模式改革的意见

教研〔2013〕3 号

各省、自治区、直辖市教育厅（教委）、人力资源社会保障厅（局），新疆生产建设兵团教育局、人力资源社会保障局，中国人民解放军学位委员会，各专业学位研究生教育指导委员会，教育部直属各高等学校：

专业学位研究生教育是研究生教育体系的重要组成部分，是培养高层次应用型专门人才的主要途径。积极发展专业学位研究生教育，是全面建成小康社会、建设创新型国家的必然要求，也是研究生教育服务国家经济建设和社会发展的必然选择。发展专业学位研究生教育，要深入推进培养模式改革，加快完善体制机制，不断提高教育质量。根据《教育部 国家发展改革委 财政部关于深化研究生教育改革的意见》，现就深入推进专业学位研究生培养模式改革提出如下意见：

一、明确改革目标

以职业需求为导向，以实践能力培养为重点，以产学结合为途径，建立与经济社会发展相适应、具有中国特色的专业学位研究生培养模式。

二、改革招生制度

坚持招生制度改革为人才培养服务的方向。积极推进专业学位与学术学位硕士研究生分类考试、分类招生。建立符合专业学位研究生教育特点的选拔标准，完善专业学位研究生招生办法，重点考查考生综合素质、运用基础理论和专业知识分析解决实际问题的能力以及职业发展潜力。拓宽和规范在职人员攻读硕士专业学位的渠道。

三、完善培养方案

专业学位研究生的培养目标是掌握某一特定职业领域相关理论知识、具有较强解决实际问题的能力、能够承担专业技术或管理工作、具有良好职业素养的高层次应用型专门人才。

培养单位应依据特定职业领域专门人才的知识能力结构和职业素养要求，以及全日制或非全日制学习方式，科学制订培养方案并定期修订。全日制研究生和非全日制研究生须分别制定培养方案。培养方案应合理设置课程体系和培养环节，加大实践性课程的比重。鼓励培养单位结合区域经济社会发展特点和自身优势，制订各具特色的培养方案。培养方案的制（修）订工作应有相关行（企）业专家参与。

四、改进课程教学

培养单位应紧密围绕培养目标，优化课程体系框架，优选教学内容，突出课程实用性和综合性，增强理论与实际的联系。创新教学方法，加强案例教学、模拟训练等教学方法的运用。完善课程教学评价标准，转变课程考核方式，注重培养过程考核和能力考核，着重考察研究生运用所学基本知识和技能解决实际问题的能力和水平。

五、加强实践基地建设

培养单位应积极联合相关行（企）业，建立稳定的专业学位研究生培养实践基地。共同建立健全实践基地管理体系和运行机制，明晰各方责任权利。明确研究生实践内容和要求，健全实践管理办法，加强实践考核评价，保证实践质量。促进实践与课程教学和学位论文工作的紧密结合，注重在实践中培养研究生解决实际问题的意识和能力。

六、强化学位论文应用导向

培养单位应根据各专业学位研究生教育指导委员会意见，分类制定专业学位论文标准，规范专业学位论文要求。专业学位论文选题应来源于应用课题或现实问题，要有明确的职业背景和行业应用价值。专业学位论文应反映研究生综合运用知识技能解决实际问题的能力和水平，可将研究报告、规划设计、产品开发、案例分析、管理方案、发明专利、文学艺术作品等作为主要内容，以论文形式表现。专业学位论文应与学术学位论文分类评阅。专业学位论文评阅人和答辩委员会成员中，应有不少于三分之一的相关行业具有高级职称（或相当水平）的专家。

七、推进与职业资格衔接

对具备条件的专业学位类别或培养单位，积极推进专业学位研究生课程和实践考核与特定职业人才评价标准有机衔接，推进专业学位研究生培养内容与特定职业人才工作实际有效衔接，推进专业学位授予与获得相应职业资格有效衔接。

八、充分调动研究生积极性主动性

促进研究生全面发展，着力增强研究生服务国家服务人民的社会责任感、勇于探索的创新精神和善于解决问题的实践能力。鼓励培养单位引导研究生制订职业发展规划、提高对职业领域及岗位的认识。鼓励培养单位开展互动式、探究式教学，激发研究生自主学习的积极性主动性；鼓励研究生早实践，多实践，在实践中提升职业胜任力。加强专业学位研究生创业能力培养，完善就业指导。加快完善专业学位研究生奖助体系，创造有利于研究生成长成才的氛围。

九、加强教师队伍建设

培养单位应根据不同专业学位类别特点，聘请相关学科领域专家、实践经验丰富的行（企）业专家及国（境）外专家，组建专业化的教学团队。加强教师培训，选派青年教师到企业或相关行业单位兼职、挂职，提高实践教学能力。

鼓励培养单位对研究生导师按专业学位和学术学位分类制订评定条件，分类评聘，逐步形成稳定的专业学位研究生导师队伍。大力推广校内外双导师制，以校内导师指导为主，重视发挥校外导师作用。根据不同专业学位类别特点，探索导师组制，组建由相关学科领域专家和行（企）业专家组成的导师团队共同指导研究生。

完善教师考核评价体系，突出育人责任。根据专业学位研究生教育特点，科学合理制定考核评价标准。将优秀教学案例、教材编写、行业服务等教学、实践、服务成果纳入专业学位教师考核评价体系。

十、完善质量保障体系

培养单位是质量保证体系的主体。培养单位应完善校内质量监督机制，建立招生、培养、学位授予等全过程质量保障制度，加强专业学位毕业生就业质量和职业发展跟踪。根据专业学位类别，分别设立培养指导委员会，负责指导、规范本单位专业学位研究生培养工作。委员会中应有一定比例来自行（企）业的专家。

国家按专业学位类别（或领域）制订博士、硕士专业学位基本要求，建立与特定职业岗位要求相适应的质量评价标准，完善质量监管制度，加快建立管理服务平台，推进招生、培养、就业信息公开。

十一、鼓励开展联合培养

鼓励培养单位加大校企合作力度，按照"优势互补、资源共享、互利共赢、协同创新"的原则，选择具备一定条件的行（企）业开展联合招生和联合培养，构建人才培养、科学研究、社会服务等多元一体的合作培养模式，提高专业学位研究生培养质量。

十二、支持开展改革试点

支持省级学位与研究生教育管理部门和培养单位结合行（企）业和区域人才需求，开展培养模式改革试点，树立专业学位特色品牌。案例教学、实践基地建设等改革试点成效将作为培养单位申请新增专业学位授权点及专业学位授权点定期评估的重要内容。

支持各专业学位研究生教育指导委员会开展培养模式改革研究，加强对培养单位的指导，统筹编写教材、制定课程教学基本要求、建设案例库、定期开展教学研讨等工作，推动本类别专业学位研究生实践基地建设、案例库建设和师资培训。

教育部 人力资源社会保障部

2013 年 11 月 4 日

附录4　关于开展增列硕士专业学位授权点审核工作的通知

学位〔2013〕37号

各省、自治区、直辖市学位委员会，中国人民解放军学位委员会，有关学位授予单位：

为深化研究生教育改革，推动研究生教育布局结构调整，不断提高研究生教育质量，更好地满足经济社会发展对高层次应用型人才的迫切需求，根据国务院学位委员会第30次会议通过的有关决议，决定开展增列硕士专业学位授权点审核工作。现将有关事项通知如下：

一、审核工作的基本原则

本次学位授权审核工作坚持"服务需求、深化改革、动态调整、保证质量"的基本原则。

1. 服务需求。增列硕士专业学位授权点应重点考虑当前和今后一个时期内国家或区域相关行业对高层次应用型人才的迫切需求，按需申请、择优授权、宁缺毋滥。

2. 深化改革。积极推进学位授权审核办法和研究生培养模式改革。突出专业学位人才培养要求，不以学术学位授权点作为增列专业学位授权点的必要条件。

3. 动态调整。鼓励学位授予单位根据自身办学特色及人才培养的实际需要，在硕士学位授权点（含学术学位和专业学位）总量不变的前提下调整硕士专业学位授权点。

4. 保证质量。将学位授权审核与人才培养及后期质量评估相结合，将培养模式改革作为学位授权审核的重要依据。充分发挥学位授权审核的导向和调节作用，构建前期学位授权审核、培养过程监控与后期学位授予质量评估相结合的质量保障体系。

二、授权点的基本条件

硕士专业学位授权点应具备的基本条件，按本通知附件1所列的标准掌握。

三、申请单位和专业学位类别范围

本次增列硕士专业学位授权点工作，只面向具有博士、硕士学位授予权的普通高等学校和军队院校，不包括具有博士、硕士学位授予权的科研机构以及"服务国家特殊需求硕士人才培养项目"试点单位（5所民办高等学校除外）；党校等其它博士、硕士学位授予单位确有需要的，由所在地区省级学位委员会从严把握。

本次增列硕士专业学位授权点的类别包括：金融、国际商务、应用统计、税务、保险、资产评估、法律、教育、汉语国际教育、翻译、体育、艺术、应用心理、警务、社会工作、新闻与传播、出版、文物与博物馆、工程、林业、农业推广、风景园林、兽医、临床医学、口腔医学、公共卫生、药学、中药学、护理、会计、公共管理、工程管理、旅游管理、图书情报、审计、军事等36种专业学位；其中，工程硕士专业学位按工程领域进行审核增列，警务硕士限公安警察系统内院校申报。

工商管理、建筑学和城市规划等3个硕士专业学位类别不列入此次授权审核范围。

四、审核的办法

1. 委托省级学位委员会开展所属院校增列硕士专业学位授权点审核工作；委托中国人民解放军学位委员会开展军队院校增列硕士专业学位授权点审核工作；委托部委属普通高等学校自行开展本单位增列硕士专业学位授权点审核工作。

2. 本次授权审核实行限额审核、总量控制。各省级学位委员会、中国人民解放军学位委员会及部委属高等学校审核增列的硕士专业学位授权点数不得超过规定限额。

3. 鼓励学位授予单位根据自身办学特色及人才培养的实际需要，在硕士学位授权点总量不变的基础上调整硕士专业学位授权点，即撤销硕士专业学位授权点，或硕士学位授权一级学科点（本一级学科内有博士学位授权点的，须一并撤消），可以不计入限额增列相应数量的硕士专业学位授权点。申请调整增列硕士专业学位授权点所涉及的专业学位类别不得超过本次授权审核规定的专业学位类别范围。其中，工程硕士专业学位按工程领域审核调整，撤消工程领域只能调整增列其他工程领域。申请调整增列的硕士专业学位授权点须按照本次授权审核的申报及审核程序办理。

4. 部委属高等学校自审结果和各省级学位委员会、中国人民解放军学位委员会审核结果报国务院学位委员会审批。

五、审核工作要求

1. 各学位授予单位要以服务需求为导向，结合本单位办学定位、特色及发展规划科学制定申报方案，切实做好自评推荐工作。申报过程中，要与行（企）业组成联合专家组对申报点逐一进行论证和评审，校学位评定委员会要进行全程监督和评审把关。各学位授予单位提交的申报表（见附件2）将作为本次授权审核及取得授权后进行评估的重要依据。

2. 各省级学位委员会须结合本省研究生教育发展规划，制定具体的审核办法和实施方案，重点向区域经济社会发展的急需领域倾斜，着力优化研究生教育布局结构，从源头推进培养模式改革，并积极引导学位授予单位明确办学定位，提高培养质量，办出特色和水平。审核过程中，省级学位委员会要加强分类指导，按照相同或相近专业学位类别组成联合专家组，以公开答辩方式对申请增列硕士专业学位授权点的需求论证、培养方案和支撑条件等进行全面认真评审。专家组成员中应有相关全国专业学位研究生教育指导委员会委员和实务部门的专家。

3. 部委属高等学校自行审核增列硕士专业学位授权点，须采取两级评审方式进行。由相关依托院系组织相关行（企）业专家共同进行论证后提出申请。学位授予单位须组成专家组，以公开答辩的方式对所申请增列的硕士专业学位授权点进行审议。专家组成员中应有相关全国专业学位研究生教育指导委员会委员和实务部门的专家。

4. 学位授予单位申报、自审及省级学位委员会审核过程要严格履行评审程序，加强公示环节，主动接受社会监督。学位授予单位的申报材料、自评推荐或自审办法、推荐或自审结果要在本单位网站公示不少于 7 天。省级学位委员会要将审核程序及办法、通过评审的授权点申报材料和评审结果进行公示，公示期不少于 7 天。

5. 申报和审核工作中，省级学位委员会及有关学位授予单位要严把质量关，坚决制止不正之风的干扰，坚持标准，规范操作，做到程序公平，过程公开，结果公正。

6. 中国人民解放军学位委员会增列硕士专业学位授权点审核工作参照上述要求执行。

六、报送材料时间及要求

1. 各省级学位委员会、中国人民解放军学位委员会和部委属高等学校须在 2014 年 3 月 1 日前将以下材料（纸质版及电子光盘各 1 份）报国务院学位委员会：

（1）审核工作总结报告和审核结果；

（2）拟增列硕士专业学位授权点申请表和汇总表（见附件 2 和附件 3）；

（3）动态调整取消的硕士学位授权点和增列的硕士专业学位授权点汇总表（见附件 4）。

2. 材料报送地址和联系方式：

国务院学位委员会办公室专业学位研究生教育处（地址：北京西单大木仓胡同 37 号，邮编：100816）。

国务院学位委员会
2013 年 11 月 18 日

附件5　国务院学位委员会 教育部关于加强学位与研究生教育质量保证和监督体系建设的意见

学位〔2014〕3号

各省、自治区、直辖市学位委员会、教育厅（教委），新疆生产建设兵团教育局，中国科学院大学，中国社会科学院研究生院，中共中央党校学位评定委员会，中国人民解放军学位委员会，各学位授予单位：

为贯彻落实党的十八大和十八届三中全会精神以及《国家中长期教育改革和发展规划纲要（2010－2020年）》，实施《教育部国家发展改革委财政部关于深化研究生教育改革的意见》（教研〔2013〕1号），走内涵式发展道路，提高研究生教育质量，现就加强学位与研究生教育质量保证和监督体系建设提出如下意见。

一、加强质量保证和监督体系建设的意义

加强质量保证和监督体系建设，在学位与研究生教育事业发展中具有重要作用。面对高层次人才培养的新形势，提高质量是研究生教育改革和发展最核心最紧迫的任务，亟需进一步完善与研究生教育强国建设相适应、符合国情和遵循研究生教育规律的质量保证和监督体系。

二、总体思路

1. 指导思想。全面贯彻落实研究生教育改革精神，转变政府职能，推进管办评分离，树立科学的质量观，以研究生和导师为核心，以学位授予单位为重心，从研究生教育基本活动入手，明确各质量主体职责，保证研究生教育基本质量，创新机制，激发学位授予单位追求卓越的积极性和创造性，不断提高人才培养水平。

2. 建设目标。构建以学位授予单位质量保证为基础，教育行政部门监管为引导，学术组织、行业部门和社会机构积极参与的内部质量保证和外部质量监督体系。内部质量保证体系要明确学位授予单位第一主体的职责，增强质量自律，培育质量文化。外部质量监督体系要加强教育行政部门的政策支撑与宏观监管，以质量为主导统筹资源配置，发挥学术组织、行业部门和社会机构的质量监督作用。

3. 基本原则。①标准先行。根据经济社会发展多样化需求，制订不同类型、层次和学科类别研究生培养和学位授予标准。②分类监管。根据不同主体和对象，采取相应的质量监管方式，加强分类指导和管理。③统筹协调。充分调动各主体的创造性，形成上下配合、内外协调、积极有效的质量保证和监督机制。④支撑发展。质量保证和监督体系建设要有利于促进学位与研究生教育事业科学发展，有利于全面提升研究生教育质量。

三、强化学位授予单位的质量保证

1. 学位授予单位是研究生教育质量保证的主体，要按照《学位授予单位研究生教育质量保证体系建设基本规范》（见附件），健全内部质量保证体系，确立与本单位办学定位相一致的人才培养和学位授予质量标准，建立以培养质量为主导的研究生教育资源配置机制。

2. 学位授予单位要充分发挥学位评定委员会、学术委员会等学术组织在质量保证方面的作用，审定研究生培养方案和学位授予标准，指导课程体系建设，开展质量评价等工作。不断完善导师管理评价机制，把师德师风和研究生培养质量作为导师评价的重点，加强导师对研究生思想、学习和科研实践的教育与指导。

3. 学位授予单位要统筹各类研究生教育经费，建立健全研究生奖助体系，激励优秀人才脱颖而出。加强研究生培养过程管理，畅通分流渠道，加大对不合格学生的淘汰力度，激发研究生学习的积极性和主动性。把学术道德教育和学术规范训练贯穿到研究生培养全过程，建立学风监管与惩戒机制，严惩学术不端行为。

4. 学位授予单位要建立研究生教育质量自我评估制度，组织专家定期对本单位学位授权点和研究生培养质量进行诊断式评估，发现问题，改进学科建设和人才培养工作，不断提高研究生教育质量。鼓励有条件的单位积极开展国际评估。

四、加强教育行政部门的质量监管

1. 委托国务院学位委员会学科评议组和全国专业学位研究生教育指导委员会，按一级学科和专业学位类别分别制订《博士硕士学位基本要求》，为学位授予单位实施研究生培养、各级教育行政部门开展质量监管提供基本依据。

2. 建立学位授权点合格评估制度，以人才培养为核心，制订科学的评估标准，开展研究生教育质量评估工作。按类型、分层次组织实施评估工作，提高评估实效。对存在质量问题的学位授予单位，采取约谈、通报、限期整改直至撤销学位授权等处理办法。不断改进学科评估工作。

3. 开展博士、硕士学位论文抽检工作，强化学位授予单位、导师和研究生的质量意识，加强学位授予管理，保证学位授予质量。建立研究生教育绩效拨款制度，推动人才培养的改革与创新，促进研究生教育质量不断提升。

4. 建立全国研究生教育质量信息平台，及时公开学位与研究生教育相关信息，开展质量调查，定期发布教育行政部门、学位授予单位和相关学术组织的研究生教育质量报告，促进学位授予单位质量自律，加强质量预警，营造良好的质量环境。

5. 省级教育行政部门要加大对本地区学位与研究生教育质量的监管力度，做好硕士学位授权点合格评估、省级重点学科评选、硕士学位论文抽检、优秀学位论文评选等工作。积极推动研究生教育质量监督区域协作机制建设。

五、充分发挥学术组织、行业部门和社会机构的监督作用

1. 充分发挥国务院学位委员会学科评议组、全国专业学位研究生教育指导委员会、中国学位与研究生教育学会等学术组织在研究生教育质量调查研究、标准制订、评估论证及学风建设等方面的重要作用。

2. 充分发挥行业部门在人才培养、需求分析、标准制订、实践训练和专业学位质量认证等方面的积极作用。鼓励社会机构积极参与研究生教育质量监督，逐步建立独立、科学、公正、且具有良好声誉的研究生教育质量社会评价机制。

各省级教育行政部门和学位授予单位要加强领导，把学位与研究生教育质量保证和监督体系建设作为推进研究生教育改革与发展的重要内容，认真做好组织实施工作。省级教育行政部门要根据本地区实际，制订相关措施，统筹本地区研究生教育质量保证和监督工作。学位授予单位要在全面总结已有经验的基础上，健全质量保证体系，不断提高研究生教育质量。

附件：学位授予单位研究生教育质量保证体系建设基本规范

国务院学位委员会 教育部
2014 年 1 月 29 日

附件 6 学位授予单位研究生教育质量保证体系建设基本规范

为指导学位授予单位建设内部质量保证体系，制定本规范。

一、目标与标准

确立研究生教育发展目标。根据国家和区域经济社会发展的需求，结合本单位研究生教育实际，确定研究生教育层次、类型、规模和结构等方面的发展目标，并定期调整。

制订学位授予标准。在国家制定的《博士硕士学位基本要求》基础上，按学科或专业学位类别制订与本单位办学定位相一致的博士、硕士学位授予标准。

制订学科专业设置与调整办法。制订本单位一级学科授权点和专业学位授权点增列与撤销办法，二级学科自主设置与调整的办法，明确标准，规范程序，形成学位授权点动态调整机制，优化结构，发展特色。

二、招生管理

制订研究生招生指标配置办法。综合考虑经济社会发展需求，研究生生源质量、培养质量、就业状况，以及培养经费、科研任务、导师队伍、实践基地等研究生培养条件方面的因素，制订以质量为导向的研究生招生指标配置办法。

制订研究生招生选拔规定。建立有效的招生自我约束机制，规范招生选拔，充分明确导师在研究生招生选拔中的职责和权力，加强对考生综合素质和发展潜力的考察，保证招生质量。

三、培养过程与学位授予管理

制订培养方案。培养方案应明确培养目标、课程体系、培养环节，要遵循研究生教育规律，创新培养模式，体现学科特色和学术前沿，突出个性化培养。专业学位研究生培养方案的制订要吸收行业部门参与，注重实践和创新能力培养。

制订研究生课程体系建设办法。根据经济社会发展需求、学科发展前沿和研究生个人发展需要，建构科学合理的课程体系，及时更新课程内容，丰富课程类型。

制订课程教学质量监控办法。明确授课教师资质，规范课程教学，建立科学的教学督导和评价制度，加强对授课质量的监测和评估，提高课程教学质量。制订专业学位研究生实践教学质量的监督与评价办法，保证实践教学质量。

建立健全中期考核制度。不断提高研究生中期考核或博士生资格考试的科学性和有效性，切实发挥其在研究生培养过程中的筛选作用。

健全学位论文开题及评阅制度。论文开题要有规范的程序，论文评阅要保证有一定数量的外单位同行专家参与，加强匿名评阅等适合本单位实际的论文评阅制度建设，有条件的单位应探索国际同行评阅。

健全论文答辩和学位授予制度。完善学位论文预答辩、答辩和答辩后修改等制度。答辩委员会和各级学位评定委员会要严格履行职责，保证学位授予质量。

建立科学道德与学术规范教育制度。在研究生培养过程中安排必修环节，对研究生进行科学精神、科学道德、学术规范、学术伦理和职业道德教育。明确学术不端行为处罚办法。

制订研究生分流与淘汰办法。制订研究生课程学习、中期考核、资格考试和学位论文开题等各阶段的分流与淘汰办法。

四、导师岗位管理

制订导师考核评价办法。规范导师岗位管理，实施导师招生资格审查，建立学术学位和专业学位研究生导师分类考核评价制度。

制订导师交流与培训办法。建立和完善导师国内外学术交流与合作制度，为导师提高学术和实践能力提供平台。加强导师培训，不断提高导师指导能力。

建立导师激励与问责制。完善导师激励制度，明确和保障导师在研究生培养中的责任与权力，调动导师育人积极性，发挥导师科学道德和学术规范的示范作用。完善导师问责制，对培养质量出现问题的导师，视情况分别采取质量约谈、限招、停招等处理。

五、研究生管理与服务

建立健全研究生奖助制度。以鼓励创新为导向，完善机制，充分发挥奖助学金的激励作用。统筹制订各类奖助学金评选办法，保证评选过程公平、公正、公开，奖助学金的评选要有一定比例的导师和研究生参加。

建立研究生权益保护机制。完善研究生培养过程中的正当利益诉求和权利救济机制，加强对研究生的权益保护。

建立研究生就业指导与服务制度。健全研究生就业市场和信息服务体系，加强研究生创业教育，鼓励研究生创业和面向基层就业。

六、条件保障与质量监督

制订研究生教育资源配置办法。按学科或专业学位类别制订研究生教育资源配置办法，保障各类研究生学习、科研、实践和生活等基本条件。

建立自我评估制度。以提高质量为导向，定期开展学位授权点和研究生培养质量自我评估，发现问题，提出改进措施。鼓励有条件的学科或专业学位类别参加国际评估或专业资格认证。

建立质量跟踪和反馈制度。建立毕业生发展质量跟踪调查和反馈制度，定期听取用人单位意见，开展人才培养质量和发展质量分析，及时调整人才培养结构。

建立质量信息公开制度。建立研究生教育质量信息公开制度，主动公开研究生培养质量和发展质量信息，定期发布本单位研究生教育发展质量报告。

七、质量管理与质量文化

健全质量管理组织机构。学位授予单位要明确研究生教育质量管理组织机构，以及学位评定委员会等组织的管理职责，规范研究生培养过程信息与档案管理。

营造质量文化。通过质量制度建设、规范研究生教育过程管理，加强导师、研究生和管理人员的质量意识，形成体现自身发展定位、学术传统与特色的质量文化。

附件7　教育部关于改进和加强研究生课程建设的意见

教研〔2014〕5号

各省、自治区、直辖市教育厅（教委），新疆生产建设兵团教育局，中国人民解放军总参军训部，有关部门（单位）教育司（局），各研究生培养单位：

为贯彻《国家中长期教育改革和发展规划纲要（2010－2020年）》，落实《教育部　国家发展改革委　财政部关于深化研究生教育改革的意见》要求，更好地发挥课程学习在研究生培养中的作用，提高研究生培养质量，现就加强研究生课程建设提出以下意见：

一、进一步明确加强研究生课程建设的重要意义和总体要求

1. 高度重视课程学习在研究生培养中的重要作用。课程学习是我国学位

和研究生教育制度的重要特征，是保障研究生培养质量的必备环节，在研究生成长成才中具有全面、综合和基础性作用。重视课程学习，加强课程建设，提高课程质量，是当前深化研究生教育改革的重要和紧迫任务。

2. 立足研究生能力培养和长远发展加强课程建设。坚持服务需求、深化改革、立德树人，以研究生成长成才为中心，以打好知识基础、加强能力培养、有利长远发展为目标，尊重和激发研究生兴趣，注重培育独立思考能力和批判性思维，全面提升创新能力和发展能力。以强化单位责任、加强制度和机制建设为主线，充分发挥培养单位主体作用，调动单位、教师和研究生的积极性，加强规范管理，鼓励特色发展，为研究生培养质量提高提供稳固支撑。

二、强化研究生培养单位的课程建设责任

3. 发挥培养单位课程建设主体作用。培养单位应科学认识课程学习在研究生培养中的重要地位和功能，重视课程建设工作，全面承担课程建设责任，加强对课程建设的长远和系统规划。切实转变只重科研忽视课程的实际倾向，把课程建设作为学科建设工作的重要组成部分，将课程质量作为评价学科发展质量和衡量人才培养水平的重要指标。

4. 完善投入机制，健全奖励体系。培养单位应统筹使用各类经费，加大对研究生课程建设、教学改革的常态化投入。支持和奖励研究生教学，建立完善课程建设成果奖励政策，把课程建设、教学改革和教学管理工作纳入学校和院系工作考核、评价指标体系，加大考核评价指标权重，提升课程教学工作地位。

三、构建符合培养需要的课程体系

5. 把培养目标和学位要求作为课程体系设计的根本依据。完整贯彻本学科研究生培养目标和学位要求，重视课程体系的系统设计和整体优化。坚持以能力培养为核心、以创新能力培养为重点，拓宽知识基础，培育人文素养，加强不同培养阶段课程体系的整合、衔接，避免单纯因人设课。科学设计课程分类，根据需要按一级学科设置课程和设置跨学科课程，增加研究方法类、研讨类和实践类等课程。

6. 提供丰富、优质的课程资源。加大课程开发投入力度，跨院（系）统筹课程资源，建立开放性、竞争性课程设置申请机制。增加开设短而精的课程和模块化课程。探索将在线开放等形式的课程纳入课程体系的机制办法。鼓励培养单位与企事业单位合作开设实践性课程。

四、建立规范、严格的课程审查机制

7. 严格审查新开设课程。建立完善新开设课程申报、审批机制，明确课程设置标准，坚持按需、按标准审查课程。对于申请新开设课程，应从课程的目标定位、适用对象、课程内容、教学设计、考核方式、师资力量、预期教学效果等方面进行全面审查。对初步审查通过的新开设课程，应加强对课程开发的指导监督，通过试讲等确认达到预期标准的，方可批准正式开设。

8. 定期审查已开设课程。对已设置课程的开设情况和教学效果进行定期审查，保证课程符合培养需要、保持较高质量。除管理部门和内外部专家外，注意吸收毕业研究生和用人单位参与课程审查。对于不适应培养需要的课程应及时进行调整，对于质量未达到要求的课程提出改进要求。对于无改进可能或改进后仍不能达到要求的，应及时调整任课教师另行开设或停止开设。

五、加强研究生选课管理

9. 重视研究生课程学习计划的制定和审查。课程学习计划是研究生培养计划的重要组成部分，是实施培养和进行管理的重要依据。课程计划的制定，应以培养目标和学位基本要求为依据，综合考虑研究生已有基础和兴趣志向，重视全面能力培养和长远发展需要。要进一步完善制度机制，更好发挥导师组和培养指导委员会作用，加强对研究生课程学习计划制定的指导和审查，严格对计划执行的管理和监督。

10. 形成开放、灵活的选课机制。建立完善研究生跨学科、跨院（系）和跨校选课的制度机制，支持研究生按需、择优选课。扩大研究生的课程选择范围，增加课程选择和修习方式的灵活性。在相对集中安排课程学习的同时，支持研究生根据培养需要在论文工作阶段修习部分相关课程。

六、改进研究生课程教学

11. 促进学生、教师之间的良性互动。尊重研究生的主体地位，鼓励研究生参与教学设计、教学改革和教学评价。注意营造良好的学术民主氛围，促进课程学习中的教学互动。重视激发研究生的学习兴趣，发掘提升研究生的自主学习能力，要求和指导研究生积极开展自主学习。

12. 优化课程内容，注重前沿引领和方法传授。根据学科发展、人才需求变化和课程实际教学效果，及时调整和凝练课程内容，加大课程的教学训练强度。重视通过对经典理论构建、关键问题突破和前沿研究进展的案例式教学等方式，强化研究生对创新过程的理解。加强方法论学习和训练，着力培养研究生的知识获取能力、学术鉴别能力、独立研究能力和解决实际问题能力。结合课程教学加强学术规范和学术诚信教育。

13. 加强对研究生课程学习的支持服务。构建研究生课程学习支持体系，为研究生提供个别化的学习咨询和有针对性的课程学习指导，开展各类研究生课程学习交流活动。加强教学服务平台和数字化课程中心等信息系统建设，对研究生课程学习提供信息和技术支持。

七、完善课程考核制度

14. 创新考核方式，严格课程考核。根据课程内容、教学要求、教学方式等的特点确定考核方式，注重考核形式的多样化、有效性和可操作性，加强对研究生基础知识、创新性思维和发现问题、解决问题能力的考查。重视教学过程考核，加强考核过程与教学过程的紧密结合，通过考核促进研究生积极学习和教师课程教学的改进提高。

15. 探索建立课程学习综合考核制度。根据学校、学科、博士和硕士层次的实际情况，结合研究生中期考核或设立单独考核环节，对研究生经过课程学习后知识结构、能力素质等是否达到规定要求进行综合考核。对于综合考核发现问题的，指导教师和培养指导委员会要对其进行专门指导和咨询，针对存在的问题进行课程补修或重修，确有必要的应对培养计划做出调整，不适宜继续攻读的应予分流或淘汰。

八、提高教师教学能力和水平

16. 加大对教师参与课程建设和教学改革的激励与支持。深化教师薪酬制度改革，提高课程建设和教学工作在教师薪酬结构中，特别是绩效工资分配中的比重。将承担研究生课程建设和教学工作的成果、工作量以及质量评价结果列入相关系列教师考评和专业技术职务评聘要求。加大对教师承担研究生课程建设和教学改革项目的资助力度。对在课程建设和教学改革工作中做出突出成绩的教师予以表彰。

17. 加强师德与师能建设，提升课程教学能力。完善制度体系，强化政策措施，引导和要求教师潜心研究教学、认真教书育人。明确研究生课程任课教师资格要求，加强对教师的教学指导与服务。支持教师合作开发、开设课程，鼓励国际和跨学科合作。实施新、老教师结对制度，充分发挥教学经验丰富教师的传、帮、带作用。建设教学交流和教学技能培训平台，有计划地开展经验交流与培训活动。

九、加强课程教学管理与监督

18. 严格课程教学管理。培养单位要建立健全研究生课程教学管理制度，按照规定程序办法严格教学管理。已确定开设的研究生课程，必须按计划组织完成教学工作，不得随意替换任课教师、变更教学和考核安排、减少学时和教学内容。研究生课程开课前，教师应按照课程设置要求、针对选课学生特点认真进行教学准备，制定课程教学大纲。课程教学大纲应对课程各教学单元的教学目标、教学内容、教学方法及考核形式做详实安排，对学生课前准备提出要求和指导。课程教学大纲应在开课前向学生公布并提交管理部门备案，作为开展教学和教学评价的重要依据。

19. 完善课程教学评价监督体系。培养单位要加强研究生课程教学评价，制定科学的评价标准，定期实施课程评价。建立以教学督导为主、研究生评教为辅的研究生课程教学评价监督机制，对研究生教学活动全过程和教学效果进行监督。完善评价反馈机制，及时向教师和相关部门反馈评价结果，提出改进措施，并督促和追踪整改工作。注重通过评价监督发现优秀教学典型和进行经验推广。鼓励引入社会或行业的专业机构以及国际认证组织对研究生课程教学质量进行诊断式评估。

十、强化政策和条件保障

20. 有关教育主管部门要高度重视研究生课程建设工作，通过规划引导、资源配置和质量监管等手段，鼓励和支持研究生培养单位不断加强课程建设、教学改革和管理。鼓励省级教育行政主管部门组织实施课程建设试点和课程建设示范项目，组织开展课程建设经验交流，营造重视课程建设的良好氛围。进一步完善国家教学成果奖励政策，对研究生教学成果的评审奖励实行分类管理，加大对研究生教学成果的奖励力度。

教育部
2014 年 12 月 5 日

附件 8　教育部关于做好研究生担任助研、助教、助管和学生辅导员工作的意见

教研〔2014〕6 号

各省、自治区、直辖市教育厅（教委），新疆生产建设兵团教育局，中国人民解放军总参军训部，有关部门（单位）教育司（局），各研究生培养单位：

为贯彻落实《教育部 国家发展改革委 财政部关于深化研究生教育改革的意见》（教研〔2013〕1 号）、《财政部 国家发展改革委 教育部关于完善研究生投入机制的意见》（财教〔2013〕19 号），深化研究生教育综合改革，进一步提高研究生培养质量，现就进一步做好研究生担任助研、助教、助管和学生辅导员（以下简称"三助一辅"）工作提出以下意见：

一、重视发挥"三助一辅"对研究生能力培养的重要作用

1. 进一步突出"三助一辅"的培养功能。研究生参加"三助一辅"工作，符合研究生培养规律和全面能力培养要求，并对培养单位的科研、教学以及管理具有重要的支撑或补充作用。但在实际工作中，还存在将"三助一

辅"研究生单纯作为科研、教学、管理的支撑或补充,将"三助一辅"工作单纯作为助学助困渠道等倾向,相关管理还存在不够科学规范,限制了"三助一辅"作用的充分发挥。进一步强化"三助一辅"的培养功能,改进和加强管理服务,对于推进研究生培养模式和培养机制改革,提高研究生培养质量具有重要意义。

2. 坚持把助研作为研究生科研能力培养的重要途径。"在科研和实践中培养"是培养研究生的基本模式。对于适合以助研方式进行科研训练的学科,研究生均应参加助研工作。要以培养目标和学位基本要求为依据,以有利于研究生成才成长和长远发展为目标,合理安排研究生的助研工作,避免单纯服从科研任务需要、工作内容简单重复,或缺乏必要的科研工作支撑、研究生不能参与足够科研训练等问题,保证研究生接受全面、系统的能力培养和训练。

3. 提升助教对研究生能力培养和知识掌握的有效作用。研究生担任助教工作,有助于培养研究生从事教学工作的能力,增强研究生对相关知识的系统掌握和理解,是研究生在实践中培养的有效途径。要根据本单位研究生培养目标定位和不同学科特点,结合教学方法改革和教学工作实际需要,对研究生参加助教工作做出要求。要在承担作业批改和一般答疑工作的基础上,科学设计和充实助教工作内容,从工作、培养两方面提出要求和进行考核。通过更多参与课程教学准备,更多参与研讨式教学、案例教学的组织工作等,加大对研究生教学能力的培养力度,加深研究生对知识的系统掌握和理解。

4. 重视通过助管工作加强研究生管理能力锻炼。在适度发挥助困作用的同时,重视助管工作对研究生协调、沟通能力和责任意识的锻炼。积极探索将实验室管理、学生咨询服务等纳入助管工作范畴,增强助管工作与专业学习的相关性,支持研究生组成项目小组合作开展工作,为研究生提供提出问题、分析问题和解决问题的全面能力训练。

5. 有力推进研究生担任学生辅导员工作。发挥研究生与大学生身份相同、年龄相近、专业相通的优势,遴选政治素质好、业务能力强、学有余力的研究生担任学生辅导员。将担任学生辅导员作为加强研究生思想政治工作的新途径，积极探索和不断完善机制办法，使得研究生在担任学生辅导员的工作中同受教育、共同提高。

二、强化和落实培养单位的主体责任

6. 加强对"三助一辅"工作的统筹协调。培养单位要高度重视"三助一辅"工作，统筹协调"三助一辅"工作在能力培养、人力资源补充和助学助困渠道等方面的多重作用，按照"培养功能为主、其他功能为辅"的原则，做好管理体系建设、制度机制建设和资源配置工作，优先保证培养功能的充分发挥。要根据本单位办学定位和学科特点，统一制订助研、助教、助管和研究生担任学生辅导员工作的基本要求，建立基本的管理制度，规定基本的津贴标准，指导和规范院（系）做好"三助一辅"工作。

7. 保证"三助一辅"岗位提供能力与培养需求相适应。要将"三助一辅"岗位提供能力和管理水平作为反映本单位、各学科和研究生指导教师研究生培养能力的重要方面，纳入建设规划和考核评价体系。研究生的招收培养及其规模，要根据助研岗位提供能力和管理水平协调配置。对于研究生培养需求迫切、设置助研岗位存在困难的学科和导师，培养单位应建立专门机制予以支持。对于需要将助教作为必要培养环节的学科和研究生，培养单位应积极创造条件，提供数量充足、符合要求的助教工作岗位。

8. 建立完善指导与培训体系。按照发挥"三助一辅"培养功能的要求，分类建立指导与培训体系。设立助研岗位的指导教师要按照因材施教原则，合理安排不同研究生的助研工作内容并加强科学方法指导和研究能力培养。建立助教基本技能、基本知识岗前培训制度，明确任课教师对助教研究生的指导责任和指导要求。设立助管岗位的单位或部门要同时承担对助管研究生的指导职责，安排有经验的管理人员对助管研究生进行指导。将担任学生辅导员的研究生纳入辅导员培训体系，根据研究生以学生身份兼职开展工作的特点，有针对性地对其进行指导和培训。对于教师承担的"三助一辅"指导工作，应以适当方式进行考核并可计入教学工作量。

三、建立完善管理服务体系

9. 建立开放、公开的聘用制度。助教、助管和学生辅导员原则上应公平、开放、竞争和择优聘任，岗位职责、工作时间、申请要求、选聘标准、选聘程序、岗位津贴、考核方式等信息应统一公开发布，聘任、考评结果等应进行公示。以助困等为目的设置的岗位需要规定特别聘用条件的，应在发布信息时明确说明。鼓励对部分助研岗位实行跨学科、跨院系公开招聘，营造跨学科、多学科的培养环境。

10. 分类进行岗位管理和考核。根据助研、助教、助管和担任学生辅导员工作各自特点，按照工作量与工作质量相结合的原则，分别制定岗位管理和考核办法。充分发挥指导教师、任课教师在岗位考核中的作用，根据不同岗位特点合理确定指导教师、任课教师的评价意见在考核评价中的权重。综合考虑岗位性质、设岗目的和当地生活物价水平确定岗位津贴基本标准，加强对津贴发放的规范、监管。对研究生担任助教、助管和担任学生辅导员的合计工作时间，应按照不影响专业学习和研究的原则做出合理限定。

11. 提高管理效率和服务水平。明确"三助一辅"管理工作服务培养、服务教学、服务学生、服务教师的定位要求。优化管理流程，提高工作效率，保证"三助一辅"管理工作与研究生培养、本科教学、学生管理等工作有机衔接、协调配合。加强支持"三助一辅"工作的管理信息系统建设，在与培养、教学、人事、财务等管理系统有效融合的同时，面向学生、教师等提供专门的信息发布与交流服务。

四、进一步加强政策配套和条件保障

12. 加强与奖助学金政策的有机结合。坚持"三助一辅"与国家奖学金、学业奖学金、国家助学金等制度、政策的统筹设计和整体优化，实现优化学科结构、加强能力培养、调动师生积极性、支持完成学业、提高培养质量的综合政策效果。鼓励探索研究生"三助一辅"工作与学业奖学金设置、评定的有机结合。研究生参加"三助一辅"工作情况及考核结果，可以作为奖助学金发放的参考因素。统筹考虑"三助一辅"津贴和各类奖助学金的总体资助强度和资助覆盖面，提高经费使用效益。

13. 多渠道加大经费支持。将研究生"三助一辅"所需经费纳入研究生培养经费进行统筹安排。在统筹利用学费收入和社会捐助等资金支持"三助一辅"工作的同时，进一步加大基本科研业务费、科研经费对助研等工作的支持力度。在培养单位科研和师资队伍建设以及辅导员队伍建设等工作中，对"三助一辅"工作予以统筹考虑和必要支持。

教育部
2014 年 12 月 5 日

附件 9　教育部关于加强专业学位研究生案例教学和联合培养基地建设的意见

教研〔2015〕1 号

各省、自治区、直辖市教育厅（教委），新疆生产建设兵团教育局，各专业学位研究生教育指导委员会，有关研究生培养单位：

为贯彻落实《教育部 国家发展改革委 财政部关于深化研究生教育改革的意见》（教研〔2013〕1 号）、《教育部 人力资源社会保障部关于深入推进专业学位研究生培养模式改革的意见》（教研〔2013〕3 号），深化专业学位研究生培养模式改革，提高培养质量，现就加强专业学位研究生案例教学和联合培养基地（以下简称基地）建设提出如下意见。

一、充分认识加强案例教学和基地建设的重要意义

1. 案例教学是以学生为中心，以案例为基础，通过呈现案例情境，将理论与实践紧密结合，引导学生发现问题、分析问题、解决问题，从而掌握理论、形成观点、提高能力的一种教学方式。加强案例教学，是强化专业学位研究生实践能力培养，推进教学改革，促进教学与实践有机融合的重要途径，是推动专业学位研究生培养模式改革的重要手段。

2. 基地是培养单位为加强专业学位研究生实践能力培养，与行业、企

业、社会组织等（以下简称合作单位）共同建立的人才培养平台，是专业学位研究生进行专业实践的主要场所，是产学结合的重要载体。加强基地建设，是专业学位研究生实践能力培养的基本要求，是推动教育理念转变、深化培养模式改革、提高培养质量的重要保证。

二、加强案例教学，改革教学方式

3. 重视案例编写，提高案例质量。培养单位和全国专业学位研究生教育指导委员会（以下简称教指委）要积极组织有关授课教师在准确把握案例教学实质和基本要求的基础上，致力于案例编写，同时吸收行业、企业骨干以及研究生等共同参与。鼓励教师将编写教学案例与基于案例的科学研究相结合，编写过程注重理论与实际相结合，开发和形成一大批基于真实情境、符合案例教学要求、与国际接轨的高质量教学案例。

4. 积极开展案例教学，创新教学模式。培养单位要根据培养目标及教指委制定的指导性培养方案，明确案例教学的具体要求，规范案例教学程序，提高案例教学质量，强化案例教学效果。加强授课教师与学生的双向交流，引导学生独立思考、主动参与、团队合作，建立以学生为中心的教学模式。

5. 加强师资培训与交流，开展案例教学研究。培养单位和教指委要积极开展案例教学师资培训和交流研讨，推出案例观摩课和视频课，帮助教师更新教学观念，了解案例教学的内涵实质，准确把握案例教学的特点和要求，熟练掌握教学方法，提高案例教学的能力和水平，积极主动开展案例教学。同时，组织开展相关理论与实践研究，解决案例编写和教学中的难点问题，探索提高案例编写和教学水平的思路与方法，为推广和普及案例教学提供指导。

6. 完善评价标准，建立激励机制。完善教师考核评价机制和人才培养评价标准，调动教师和学生参与案例教学的积极性。培养单位要把案例研究、编写、教学以及参加案例教学培训等情况，纳入教师教学和科研考核体系。有条件的教指委和培养单位，可以组织开展优秀案例、优秀案例视频课评选和案例教学竞赛等活动，引导和推动广大教师更加深入地研究和实施案例教学。

7. 整合案例资源，探索案例库共享机制。鼓励不同专业学位类别之间、培养单位之间积极开展案例研究、开发和使用等方面的交流与合作。完善案例库建设、管理和使用办法，提高案例使用效率。有条件的机构、组织和培养单位可以充分运用网络媒介和信息化手段，搭建案例研究、开发、使用和共享的公共平台。整合案例资源，支持建设"国家级专业学位案例库和教学案例推广中心"。

8. 加强开放合作，促进案例教学国际化。各培养单位和教指委，要积极搭建合作交流平台，逐步将国内优秀案例推向国际，展示中国专业学位研究生教育成果。同时，根据实际需要，积极引进国外高质量教学案例，加以学习和借鉴，逐步建立起具有中国特色、与国际接轨的案例教学体系。

三、加强基地建设，推进产学结合

9. 创新建设模式，构建长效机制。培养单位要根据社会需求和人才培养目标，坚持创新，讲求实效，积极探索多种形式的联合培养机制。充分发挥合作单位在专业学位研究生培养过程中的积极性、主动性和创造性，共同制定培养目标、建设相关课程、参与培养过程、评价培养质量，建立产学有机融合的协同育人模式。以基地建设为纽带，充分发挥各自优势，构建人才培养、科学研究、成果转化、社会服务、文化传播等多元一体、互惠共赢的资源共享机制和合作平台。

10. 健全标准体系，规范基地管理。培养单位应根据不同专业学位类别的特点和培养目标定位，紧紧围绕行业和区域人才需求，分类制定基地遴选与建设标准，建立一批满足人才培养需求的规范化基地。协调合作单位，建立健全基地管理体系，组建基地运行专门管理机构，完善管理制度和运行机制，妥善解决知识产权归属等问题，明确各方责权利，推动基地科学化管理。针对不同专业学位类别，建立多样化的基地评价体系，定期开展自我评估，重点考核基地人才培养的实际效果。

11. 严格培养过程，创新培养模式。培养单位要依托基地，建立健全合作单位在招生录取、课程教学、实践训练和学位论文等方面全程参与研究生培养的合作机制。会同合作单位，根据培养方案，结合基地实际，制订研究生在基地期间的培养细则，明确培养考核要求，落实学生在培养单位与培养基地的时间分配和具体培养内容，加强对基地期间培养过程监督。要紧密结合基地实际，创新培养模式，通过采用阶段考核和终期考核相结合等方式，加强对研究生实践能力的培养。

12. 加强导师队伍建设，构建"双师型"团队。培养单位要完善研究生导师遴选机制，在合作单位中遴选一批思想政治素质过硬、师德高尚、实践经验丰富和学术水平较高的人员担任研究生实践教学的导师，建立基地导师定期培训、考核和退出制度，有针对性地提升基地导师实践指导能力和水平。选派青年教师到基地挂职锻炼或参与实践教学，提高实践教学能力。建立校内外导师定期交流合作机制，共同制定培养计划，共同参与指导，构建分工明确、优势互补、通力合作的"双师型"团队，实现培养单位人才培养规格与行业、企业人才需求之间的有机衔接。

13. 建立激励机制，加强示范引领。各教指委和省级教育部门要悉心指导基地建设工作，可根据实际需要组织开展示范性基地遴选和优秀实践教学成果评选，积极推进示范性基地建设工作，发掘先进典型，及时总结并推广好的经验和做法，加强示范引导。各培养单位应会同合作单位制订切实可行的基地建设和实施方案，以创建示范基地为驱动，大力推进实践教学工作，充分发挥示范基地先行先试的引领带动作用，深入推动专业学位研究生培养模式改革。

四、加大投入，完善政策配套和条件保障

14. 各培养单位要高度重视案例教学和基地建设，科学规划、创造条件，加大经费和政策支持力度。设立案例教学和基地建设专项经费，为案例教学和基地建设提供必要的条件保障。通过人才培养项目、实验室建设、联合科研攻关等途径加大对案例教学和基地建设等方面的投入。

15. 各教指委要加强对案例教学和基地建设的指导，研究制定案例教学和基地建设的基本要求，积极推广普及案例教学和基地建设经验，引导培养

16. 各省级教育部门要加强组织领导，会同有关部门，统筹区域内案例教学和基地建设，加强政策引导和经费支持，调动行业、企业的积极性，推动专业学位研究生教育与地方经济社会发展的紧密结合。鼓励有条件的地区，设立专项资金支持本地区研究生培养单位的案例教学和基地建设工作。

17. 案例教学和基地建设情况将作为专业学位授权点合格评估的重要内容。各省级教育部门和教指委要针对案例教学和基地建设情况加强督促检查，切实推动案例教学和基地建设工作积极发展。

教育部
2015年5月7日

附件10　教育部办公厅关于统筹全日制和非全日制研究生管理工作的通知

教研厅〔2016〕2号

各省、自治区、直辖市教育厅（教委），新疆生产建设兵团教育局，有关部门（单位）教育司（局），中央军委训练管理部职业教育局，部属各高等学校：

为推进全日制和非全日制研究生教育协调发展，促进全日制和非全日制研究生教育规范管理，依据《中华人民共和国学位条例》《中华人民共和国高等教育法》以及《教育部 国家发展改革委 财政部关于深化研究生教育改革的意见》（教研〔2013〕1号）相关规定和精神，现就统筹全日制和非全日制研究生管理工作有关要求通知如下，请遵照执行。

一、准确界定全日制和非全日制研究生

全日制研究生是指符合国家研究生招生规定，通过研究生入学考试或者国家承认的其他入学方式，被具有实施研究生教育资格的高等学校或其他高等教育机构录取，在基本修业年限或者学校规定年限内，全脱产在校学习的研究生。

非全日制研究生指符合国家研究生招生规定，通过研究生入学考试或者国家承认的其他入学方式，被具有实施研究生教育资格的高等学校或其他高等教育机构录取，在基本修业年限或者学校规定的修业年限（一般应适当延长基本修业年限）内，在从事其他职业或者社会实践的同时，采取多种方式和灵活时间安排进行非脱产学习的研究生。

2016年11月30日前录取的研究生按原有规定执行；2016年12月1日后录取的研究生从培养方式上按全日制和非全日制形式区分。

二、统一下达全日制和非全日制研究生招生计划

从2017年起，教育部会同国家发展改革委按全日制和非全日制两类分别编制和下达全国博士、硕士研究生招生计划。相关投入机制、奖助和收费等政策按《财政部 国家发展改革委 教育部关于完善研究生教育投入机制的意见》（财教〔2013〕19号）执行。

三、统一组织实施全日制和非全日制研究生招生录取

全日制和非全日制研究生考试招生依据国家统一要求，执行相同的政策和标准。各研究生培养单位的招生简章须明确学习方式、修业年限、收费标准等内容。考生根据国家招生政策和培养单位招生简章自主报考全日制或非全日制研究生。

四、坚持全日制和非全日制研究生教育同一质量标准

研究生培养单位根据社会需求自主确定不同学科、类别研究生教育形式，根据培养要求分别制定培养方案，统筹全日制与非全日制研究生教育协调发展，坚持同一标准，保证同等质量。

五、做好全日制和非全日制研究生学历学位证书管理工作

全日制和非全日制研究生毕业时，所在高等学校或其他高等教育机构根据其修业年限、学业成绩等，按照国家有关规定发给相应的、注明学习方式的毕业证书；其学业水平达到国家规定的学位标准，可以申请授予相应的学位证书。

全日制和非全日制研究生实行相同的考试招生政策和培养标准，其学历学位证书具有同等法律地位和相同效力。

各省级教育行政部门和研究生培养单位要调整现有的招生计划安排办法，规范招生宣传和正确引导，加强学籍管理，完善研究生奖助体系，强化培养过程管理及质量保障体系建设，确保全日制和非全日制研究生培养质量。

教育部办公厅
2016年9月14日

附件11　教育部 国务院学位委员会关于印发《学位与研究生教育发展"十三五"规划》的通知

教研〔2017〕1号

各省、自治区、直辖市学位委员会、教育厅（教委），新疆生产建设兵团教育局，有关部门（单位）教育司（局），中国科学院前沿科学与教育局，中国社会科学院研究生院，中共中央党校学位评定委员会，中央军委训练管理部职业教育局，部属各高等学校：

根据党中央的总体要求和国务院关于"十三五"规划编制工作的总体部署，为适应新时期经济社会发展对高层次人才的需要，全面提高学位与研究生教育质量，现将《学位与研究生教育发展"十三五"规划》印发给你们。请结合实际，认真贯彻落实。

附件：学位与研究生教育发展"十三五"规划

教育部 国务院学位委员会
2017年1月17日

学位与研究生教育发展"十三五"规划

"十三五"是全面建成小康社会的决胜阶段。为贯彻落实党的十八届五中全会精神，根据国民经济和社会发展"十三五"规划，为适应新时期经济社会发展对高层次人才的需求，全面提高研究生教育质量，深入推进学位与研究生教育事业改革发展，制定本规划。

序 言

研究生教育作为国民教育体系的顶端，是培养高层次人才和释放人才红利的主要途径，是国家人才竞争和科技竞争的重要支柱，是实施创新驱动发展战略和建设创新型国家的核心要素，是科技第一生产力、人才第一资源、创新第一动力的重要结合点。没有强大的研究生教育，就没有强大的国家创新体系。

我国自恢复研究生教育以来，始终结合国家战略和经济社会发展需求，坚持中国特色研究生教育发展道路，建立了较为完备的学位与研究生教育体系，保证了研究生教育基本质量，研究生教育规模从小到大，发展成为研究生教育大国，基本实现了立足国内自主培养高层次人才的战略目标。

"十二五"时期，特别是党的十八大以来，研究生教育改革全面深化，确立了"服务需求、提高质量"的发展主线，专业学位研究生培养模式改革取得突破，质量意识和发展水平较大提升，结构优化调整取得明显进展，投入保障明显改善，简政放权转变职能力度加大，高校办学自主权明显增强，一批高水平大学和高水平学科迅速崛起，若干重点建设高校进入或接近世界前100名，国际影响力不断提升，为"十三五"期间学位与研究生教育创新发展奠定了良好基础。

当前，国际环境错综复杂，世界经济正处于深度调整之中，全球范围内科技创新呈现出前所未有的发展态势，知识创新速度加快，科技变革加剧，高端人才在经济增长和科技创新中的作用进一步凸显，教育与人才竞争日趋激烈，很多国家把研究生教育作为培养和吸引优秀人才的重要途径。我国已进入全面建成小康社会的决胜阶段，改革发展任务艰巨繁重。实施创新驱动发展战略、制造强国战略和人才优先发展战略，推进"一带一路"建设，着力推动理论、制度、科技和文化创新，统筹推进世界一流大学和一流学科建设，必须以高素质人才构建新的竞争优势，以创新激发新的发展动力。我国研究生教育面临前所未有的发展机遇和挑战，必须树立科学的发展质量观，大力提升高层次创新人才培养水平。

与党中央的要求和人民群众的期盼相比，与肩负的历史使命和国际高水平研究生教育相比，我国研究生教育仍然存在明显差距。主动服务国家经济社会发展需求不到位，培养模式不能满足高水平创新能力和实践能力人才培养的要求，质量保障和评价机制未能有效发挥作用，国际影响力与国家地位不相匹配。

"十三五"时期，学位与研究生教育改革发展要继续坚持以服务需求、提高质量为主线，优化结构布局，改进培养模式，健全质量监督，扩大国际合作，推动培养单位体制机制创新，全面提升研究生教育水平和学位授予质量，加快从研究生教育大国向研究生教育强国迈进。

一、发展思路和目标

（一）发展思路

全面贯彻落实党的十八大和十八届三中、四中、五中、六中全会精神，深入学习贯彻习近平总书记系列重要讲话精神，按照"四个全面"战略布局，落实国家"十三五"规划、国家创新驱动发展战略纲要、深化人才发展体制机制改革的意见、教育规划纲要及教育"十三五"规划，坚持创新、协调、绿色、开放、共享的发展理念，全面推进内涵发展，全面深化研究生教育综合改革，更加突出培养模式转变，更加突出体制机制创新，更加突出结构调整优化，更加突出调动各方资源参与研究生教育的积极性，更加突出对外开放，统筹推进世界一流大学和一流学科建设，为建设创新型国家和人力资本强国、全面建成小康社会发挥关键支撑作用。

把服务需求、提高质量作为发展主线。面向国家和区域发展战略，面向国际科技前沿，面向教育现代化，全面提高研究生教育的结构适应性、人才培养质量、科技创新水平和社会服务能力，切实将学位授予单位的发展重点引导到提高质量、内涵发展上来。

把寓教于研、激励创新作为根本要求。遵循研究生教育规律，突出研究生教育在高等教育发展中的战略地位，把促进研究生成才成长作为出发点和落脚点，以学生为主体，以教师为主导，提倡开放合作和个性化培养，充分激发研究生从事科学研究和实践创新的积极性、主动性。统筹利用国内国际两方面资源，促进科研优势资源、行业优质资源与研究生培养的深度融合，科教协同、产学结合培养创新人才。

把分类改革、机制创新作为主要驱动。健全分类体系，实行分类管理和指导，增强发展协调性，拓宽发展空间。建立研究生教育主动适应经济社会发展需求的自主调节机制、以质量为导向的评价机制和资源配置机制。根据不同层次、不同类型研究生培养要求，分类改革选拔方式和培养模式。推进管办评分离，促进政府、研究生培养单位与社会之间良性互动。加强省级统筹。推动建立现代大学制度，形成主动创新、特色发展的办学机制。

（二）发展目标

到2020年，实现研究生教育向服务需求、提高质量的内涵式发展转型，基本形成结构优化、满足需求、立足国内、各方资源充分参与的高素质高水平人才培养体系，国际影响力显著增强，建成亚太区域研究生教育中心，为建设研究生教育强国奠定更加坚实的基础。

规模结构更加合理。保持研究生培养规模适度增长，千人注册研究生数达到2人，在学研究生总规模达到290万人。专业学位硕士招生占比达到60%左右。学位授权布局更趋合理，不同层次、不同类型的研究生比例更加协调，服务经济社会发展的能力持续增强。

培养质量整体提高。寓教于研、产教结合的培养模式基本形成，更好满足科技创新和人才市场需求，人才质量评价体系更加科学、完善。研究生创新和实践能力不断增强，用人单位的满意度持续提高。研究生对高水平科研成果、经济社会发展的贡献稳步提升。

形成拔尖创新人才培养高地。统筹建设世界一流大学和一流学科，若干所大学和一批学科进入世界一流行列，若干学科进入世界一流学科前列。建成一批中国特色、国际一流的研究生培养基地。

国际影响力显著增强。成为吸引海外研究生的区域中心，来华留学研究生占在学研究生的比例达到3%。研究生参与国际学术前沿研究的活跃度大幅提高。境外研究生培养项目的覆盖面和影响力进一步扩大。

二、发展改革任务

（一）主动适应需求，动态调整优化结构

以服务需求、提高质量为主线，着力优化学科结构和培养结构，改革招生计划管理模式和授权审核制度，联动协同，建立健全结构调整优化机制。

1. 优化研究生教育学科结构。支持建设一批国家发展急需、影响未来发展的学科专业。促进哲学社会科学与自然科学、基础学科与应用学科协调发展。完善学科设置与管理模式，增强灵活性，支持引导学位授予单位不断优化学科结构。支持学位授予单位按照经济社会发展需求自主设置二级学科，以前沿问题或重大科学、重大工程问题为导向自主设置新兴、交叉学科。健全学科预警机制，对水平持续低下、长期脱离经济社会发展需求、人才培养过剩的学科进行预警。创新财政支持方式，根据办学质量、学科水平和特色等因素分配资金，通过计划调控、绩效拨款等方式引导学科建设。

2. 增强招生计划服务需求的主动性。加强宏观管理，逐步建立研究生教育规模、结构、布局与经济社会发展相适应的动态调整机制。发挥政策引导和调控作用，主动对接国家重大战略需求，解决重大战略问题，储备战略人才。改进完善招生计划分配方式，调整优化区域间、培养单位间和学科专业间的招生结构。深入推进招生计划管理改革创新，扩大高校办学自主权、明确高校主体责任，加强事中事后监管。探索开展由少数高水平研究型大学依据国家核定的中长期办学规模、社会需求和办学条件，自主确定年度研究生招生计划工作。加强各类研究生教育、各类专项计划统筹管理，鼓励高校和科研院所联合培养研究生。

3. 稳步发展博士研究生教育。适度扩大博士研究生教育规模。加强博士专业学位的论证和设置工作。适度提高优秀应届本科毕业生直接攻读博士学位的比例，以弹性学制打通硕士、博士研究生培养阶段。适度增加与国家重大发展战略、重点发展地区,以及繁荣哲学社会科学、加强马克思主义理论学科、传承中华优秀传统文化相关领域的研究生培养规模。

4. 积极发展硕士专业学位研究生教育。保持硕士专业学位研究生教育合理发展速度。建立以职业需求为导向的硕士专业学位研究生教育发展机制,加快完善专业学位体系,满足各行各业对高层次应用型人才的需求。鼓励和支持经济欠发达地区重点发展以专业学位为主的应用型研究生教育。探索硕士专业学位研究生教育与应用型本科和高等职业教育相衔接的办法,拓展高层次技术技能人才成长的通道,继续推动专业学位教育与职业资格衔接。

5. 增强学位授权审核的优化结构功能。统筹学术学位与专业学位授权审核,健全新增学位授权审核常态化与授权点动态调整相结合的工作机制。进一步明确国务院学位委员会、省级学位委员会和学位授予单位的职责,加强学位授权前瞻布局,促进学位授权与研究生培养的有效衔接。加强省级学位委员会对区域学位授权审核工作统筹,明确省级学位委员会在学位授予单位布局、学科与专业学位类别结构优化等方面的职责,提高研究生教育主动服务区域经济社会发展需求的能力。允许部分学位授予单位开展自主审核增列学位授权点。完善学位授权点定期评估制度,建立学位授权点强制退出机制。

(二)改革培养模式,提升创新和实践能力

坚持立德树人,突出人才培养的核心地位,分类推进培养模式改革,着力培养具有历史使命感和社会责任心、富有创新精神和实践能力的高素质人才。

6. 全面加强研究生思想政治工作。坚持把立德树人作为研究生教育的中心环节,把思想政治工作贯穿研究生教育教学全过程。建立健全培育和践行社会主义核心价值观的长效机制。加强以爱国主义为核心的民族精神和以改革创新为核心的时代精神教育,加强中国特色社会主义理论体系教育,增强研究生的国家意识、法治意识、社会责任意识和科学精神。全面加强马克思主义理论学科建设。深入推进研究生思想政治理论课教育教学改革。着力加强研究生基层党组织建设。将学术规范和职业伦理教育课程纳入培养方案,构建科研诚信和学术道德建设的长效机制。广泛开展社会实践和志愿服务活动。大力支持研究生开展创新创业活动。加强研究生心理健康教育和咨询服务工作。

7. 加强学术学位研究生创新能力培养。健全完善博士研究生培养与科学研究相结合的培养机制。强化问题导向的学术训练，围绕国际学术前沿、国家重大需求和基础研究，着力提高博士研究生的原始创新能力。培养单位根据学科特点和培养条件，实行弹性化培养管理，合理确定培养年限。鼓励跨学科、跨机构的研究生协同培养，紧密结合国家重大科学工程或研究计划设立联合培养项目。继续支持培养单位与国际高水平大学和研究机构联合培养研究生。鼓励学校设立科研基金，资助研究生独立选定前沿课题开展科学研究。支持研究生参加形式多样的高水平学术交流。

8. 加强专业学位研究生实践能力培养。依据特定学科背景和职业领域的任职资格要求，分类改革课程体系、教学方式、实践教学，强化与职业相关的实践能力培养。充分发挥行业企业和专业组织的作用，健全分类评价体系，促进专业学位与专业技术岗位任职资格的有机衔接。加大行业企业及相关协会等社会力量参与专业学位研究生培养过程的力度，构建互利共赢的应用型人才产学合作培养新机制，支持建设一批专业学位研究生联合培养基地。鼓励高校与行业优势企业联合招收培养一线科技研发人员。推动部分专业学位与国际职业资格认证有效衔接。

9. 加强研究生教材和课程建设。加强教材建设，精编细选所用教材，严格把握教材的思想性，强化教材的前沿性和针对性。培养单位承担课程建设主体责任，加强对课程建设的长远和系统规划。加强不同培养阶段课程的整合、衔接，面向需求科学设计课程体系，加强研究生课程的系统性和前沿性，将创新创业能力培养融入课程体系。改革授课方式和考核办法，构建研究生课程学习支持体系，满足个性化发展需求。探索在线开放等形式的教学方式，建设一批优质研究生网络公开课程。建立规范的课程审查评估机制。统筹使用各类经费，加大对研究生课程建设、教学改革的常态化投入，完善课程建设成果奖励政策。

10. 深化研究生考试招生改革。完善多元化招生选拔机制。进一步深化硕士研究生考试招生改革，推进分类考试，优化初试科目和内容，强化复试考核，加强能力考查，注重综合评价，建立健全更加科学有效、公平公正的考核选拔体系。建立完善博士研究生"申请－考核"选拔机制，强化对科研创新能力的考查。构建科学、规范、严密的研究生考试安全工作体系。强化招生单位的招生录取主体责任，发挥和规范导师作用，加强信息公开和社会监督。

11. 完善研究生培养分流退出制度。进一步完善研究生学籍管理办法，加强研究生课程学习、中期考核、资格考试、论文开题、答辩等环节的过程管理和考核，畅通博士研究生向硕士层次的分流渠道，加大分流退出力度。建立健全博士研究生分流退出激励机制。

（三）健全质量评价，完善监督保障体系

完善研究生教育质量评价机制，推进管办评分离，建立健全主体多元、多维分类、公开透明的评价监督保障体系。

12. 健全研究生教育内部质量保证体系。强化培养单位质量保障主体地位和主体责任，增强质量意识，建立与本单位办学目标和定位相一致的质量标准，争创高水平研究生教育。创新校、院（系）研究生教育管理机制，实现管理服务重心下移，提高管理服务精细化水平。推进信息公开，增强培养单位研究生培养的透明度。完善研究生教育质量自我评估制度，定期对学位授权点和研究生培养质量进行诊断式评估，鼓励有条件的单位积极参与学科国际评估和国际教育质量认证。培养单位定期发布研究生教育发展和质量报告，主动建设学位与研究生教育品牌。完善学风监管与学术不端惩戒机制。

13. 强化政府质量监控。修订《学位条例》。根据学位制度改革发展的实践，积极推动有关法规及规范性文件的立改废释工作，构建位阶分明、系统完整的学位法律制度体系。研究建立基于大数据分析的研究生教育质量监测与分析系统，加强博士硕士学位论文抽检力度，开展研究生培养质量跟踪调查与反馈。借鉴国际评估加强质量监控。加强省级学位委员会的评估与监督职能，积极推动研究生教育质量监督区域协作机制建设。提高政府信息公开和检查监督的透明度，引导社会合规合理参与监督。

14. 加强第三方监督。充分发挥第三方机构在研究生教育质量调查研究、标准制订、绩效评估及学风建设等方面的重要作用。充分发挥行业部门在需求分析、标准制订和专业学位质量认证等方面的积极作用。鼓励引导第三方机构积极参与研究生教育质量监督与评估，逐步建立独立、科学、公正、以社会评价为主的多样化评估认证机制。

（四）扩大国际合作，提升国际影响力

树立开放合作共赢理念，坚持引进来和走出去相结合，积极参与国际交流与合作，不断扩大研究生教育国际竞争优势。

15. 主动服务国家对外开放战略。积极对接国家外交战略，在更宽领域、更深层次上开展研究生教育的国际交流与合作。加快建设学位资历框架体系，推进双边和多边学位互认工作，加强与周边国家、区域的研究生教育合作，形成深度融合、互利合作格局。鼓励研究生和导师参与国际大科学计划和大科学工程。鼓励有条件的培养单位到海外开展研究生教育。以"一带一路"等国家重大战略为引领，积极推进沿线国家学生来华留学。配合中国企业走出去，以海外研发、培训等基地建设为依托，与企业合作进行定制培养。加快培养一批具有国际视野与跨文化交流能力、通晓国际规则、能够参与国际事务和国际竞争的高层次专门人才。

16. 推动中外合作办学内涵发展。支持培养单位与境外高水平大学联合开展高层次人才培养，深化研究生课程建设、联合授课、学分互换和学位互认等领域的合作。建立国际科研合作长效机制，探索"政府－大学－企业"多边国际合作创新模式，与境外一流大学和研究机构合作建立一批国际合作研究中心、联合实验室或研发基地，搭建高水平的研究生培养平台。

17. 鼓励支持导师和研究生国际流动。提高师资队伍国际化水平，开展任务导向的师资培训。吸引国外优秀人才来华培养研究生。进一步提高海外交流、访学的导师和研究生比例，开拓海外实践基地，加强研究生跨文化学习、交流和工作能力的培养。提高对研究生海外学习、学术交流的资助力度。

18. 提高来华留学生培养能力和管理水平。扩大来华攻读学位留学生规模，提高留学生生源的质量和多样性。完善留学生培养目标与培养体系，改进留学生教学内容和教学方式，促进留学生对中华文化的理解。加大对来华攻读学位留学生的中国政府奖学金资助力度，完善以中国政府奖学金为主导，地方政府、教育机构、企业及社会组织等各方参与的多元化来华留学奖学金体系。整合教务管理、校园生活等工作职能，促进留学生与中国学生的趋同化管理，为留学生创造更好的学习与生活条件。

（五）统筹推进"双一流"建设，提升研究生教育整体实力

坚持中国特色、世界一流，使若干所大学和一批学科进入世界一流行列，努力建设世界一流的研究生教育。

19. 发挥研究生教育的引领支撑作用。立足中国国情，把研究生教育作为一流大学和一流学科建设的重要内容，推动高水平大学开展各具特色的研究生教育综合改革，建立与世界一流大学、一流学科相适应的研究生教育质量标准，以提升整体质量为中心，加快完善研究生教育制度。以一流的师资队伍、高水平的科学研究支撑高端人才培养，大力提升研究生创新能力和实践能力，发挥研究生教育在科技创新、产业结构转型升级、优秀文化传承中的重要作用。

20. 聚焦学科建设。坚持以学科为基础，引导和支持高水平大学统筹各类优质资源，创新学科组织模式，构建跨学科平台，培养跨学科人才。加强学科内涵建设，开展高水平科学研究，形成一流的学术声誉和品牌，打造更多的世界一流学科和学科高峰，带动学校发挥优势、办出特色。

21. 构筑拔尖创新人才培养高地。将研究生培养与经济社会发展需求紧密结合，培养和引进一批活跃在国际学术前沿、满足国家战略需求的一流科学家、学科领军人物和创新团队；加大博士研究生培养力度，着力培养各类创新型、应用型、复合型优秀人才；结合颠覆性技术创新和国家实验室、国家技术创新中心建设，促进高校人才培养、科学研究、学科建设与产业发展良性互动，形成具有示范作用的拔尖创新人才培养模式。

（六）拓展育人途径，推动培养单位体制机制创新

以研究生成长成才为中心，着力构建优势资源和有利因素互补相融的协同培养机制，持续深化研究生教育综合改革。

22. 完善科教融合、产学结合机制。进一步加强高等学校与科研院所和行业企业的资源共享、战略合作，支持校所、校企、校校联合建设拔尖创新人才培养平台，开展联合招生、联合培养试点，拓展合作育人的途径与方式。促进教学与科研实践的融合，建立以科学与工程技术研究为主导的导师责任制和导师项目资助制。推进研究生创新创业教育中心建设，强化创新创业实训实践，加大创新创业人才培养力度。

23. 深化以人才培养为中心的全面改革。聚焦质量效益，以体制机制创新作为持续发展的保障。以全面质量观为指导，推动研究生教育的各项制度更加成熟定型。加强和改进高校党的领导，加快形成以大学章程为统领的研究生培养制度体系，统筹研究生教育综合改革。完善有关研究生培养的学术组织和管理体系，扩大研究生群体在民主决策机制中的作用，加快在人事制度、科研体制机制、资源调配机制、评估评价制度等方面实现有效突破。建立健全社会支持、参与、监督研究生教育发展的长效机制。

三、保障措施

（一）形成各方合力支持的投入保障机制

1. 完善多元投入机制。健全以政府投入为主、受教育者合理分担培养成本、培养单位多渠道筹集经费的研究生教育投入机制。构建科学规范、公平公正、讲求绩效、有利于质量提升的预算拨款制度。培养单位统筹财政投入、科研事业收入、学费收入、社会捐助等各种资源，确保对研究生教学、科研和资助的投入，完善研究生培养的项目资助制，加大纵向科研经费和基本科研业务费支持研究生培养的力度，稳步提高研究生教育经费生均支出。

2. 发挥好奖助政策体系作用。培养单位统筹各类资金，建立健全多元奖助政策体系，激发研究生学习和科研积极性，保障和提高研究生待遇水平。加大对农、林、水、地、矿、油、核等艰苦行业以及有关基础学科的研究生资助力度。加强"三助一辅"与国家奖学金、学业奖学金、国家助学金等制

度政策的统筹优化，提高经费使用效益。采取减免学费、发放特殊困难补助和助学贷款等方式，加大对家庭经济困难研究生的资助力度。积极鼓励社会团体和个人设立研究生奖学金。

（二）强化导师培养责任和能力

3. 强化和完善导师负责制。加强师德师风建设，健全研究生导师工作规范，引导教师潜心教学和研究、认真教书育人。进一步强化导师的思想政治教育责任，充分发挥导师对研究生思想品德、科学伦理、学术研究的示范和教育作用。导师是研究生培养质量第一责任人，保障导师在招生、培养、资助、学术评价等环节中的权力；对培养质量出现问题的导师，培养单位视情况采取质量约谈、限招、停招等处理措施。

4. 改革导师评聘评价机制。改变单一科研导向，将研究生成长成才作为导师考核要素。建立学术学位和专业学位研究生导师分类评聘、分类考核评价制度和岗位动态调整机制，将承担研究生课程建设和教学工作的成果、指导工作量以及质量评价结果列入相关系列教师考评和专业技术职务评聘要求。

5. 加强导师队伍能力建设。建设教学交流和新任导师培训平台。加大对导师承担研究生课程建设和教学改革项目的资助力度。支持导师合作开发、开设课程，鼓励国际和跨学科合作。鼓励教师流动，完善校内外"双导师"制，聘任相关学科领域专家、实践经验丰富的行业企业专家及境外专家，优化导师队伍结构。支持导师国内外学术交流、访学和参与行业企业实践。逐步实行导师学术休假制度。

（三）构建信息化支撑服务体系

6. 丰富信息化教育资源和手段。加强优质数字教育资源开发与共享，构建信息化学习与教学环境，满足个性化学习需求。加速信息化环境下科学研究与拔尖创新人才培养的融合，推动最新科研成果转化为优质教育教学资源，提升个性化互动教学水平。利用信息化手段，推进研究实验基地、大型科学仪器设备、自然科技资源、科研数据与文献共享。

7. 提高信息共享和公开水平。整合建设覆盖所有培养单位的研究生教育管理信息体系，实现国家与地方资源数据库之间系统互联与数据互通，建设纵向贯通、横向关联的教育管理信息化系统，开展研究生教育大数据分析，加强质量监测与调控。加强学位与研究生教育质量信息平台建设，面向社会开放。建设在学研究生学业信息管理系统，建立研究生教育质量信息分析和预警机制。加大信息公开力度，公布质量标准，发布质量报告和评估结果，接受社会监督。

（四）组织实施重大项目

围绕研究生教育改革发展战略目标，着眼于提高研究生教育质量和增强可持续发展能力，以加强关键领域和薄弱环节为重点，完善激励和引导机制，组织实施一批重大项目。

项目一：一流研究生教育建设计划。按照《统筹推进世界一流大学和一流学科建设总体方案》及其实施办法的要求，坚持中国特色、世界一流，以支撑国家战略、服务发展需求为导向，以学科为基础，以研究生培养机制改革为重点，建设世界一流大学和一流学科，着力提升研究生培养水平和质量，提升科技创新水平，打造一流导师队伍，形成一批研究创新中心，使一批高校的研究生教育水平达到或接近国际一流，打造我国高水平研究生教育基地。

项目二：未来科学家计划。培养国民经济和社会发展重点领域急需紧缺专门人才，充实国家未来科学家后备队伍。国家留学基金委实施未来科学家项目，面向国家急需、薄弱、空白、关键领域，聚焦现代科技尖端、前沿领域，每年选派一批科研潜质突出的博士研究生到国外顶尖、一流大学和科研机构学习、研究，有针对性地培养一批顶尖创新人才、领军人才和大师级人才；实施其他公派研究生项目，支持具有科研潜质的研究生出国留学、访学。鼓励支持部属高校统筹使用基本科研业务费等资金，自主设立未来科学家计划项目，支持品学兼优且具有较强科研潜质的在校研究生开展自主选题的创新研究工作，重点资助具有创新潜力的博士生开展基础性、战略性、前沿性科学研究和共性技术研究。

项目三：研究生导师能力提升计划。国家留学基金委实施博士生导师短期出国交流项目，选派派有学生的博士生导师赴国外进行一个月的短期交流，加强导师对派出学生在外学习的检查和指导；实施西部地区人才培养特别项目，每年选派西部12个省、市、自治区及新疆生产建设兵团地方院校的教学科研骨干（包括研究生导师）出国访学，缩小东西部地区导师水平差距，支持西部急需人才培养需要；实施其他公派教师、学者项目，大力推进研究生导师出国访学。依托"高等学校青年骨干教师国内访问学者"项目，选派研究生导师到国内高水平大学和科研机构访学。支持高校研究生导师到企业或相关行业单位交流学习，提高实践教学能力；鼓励企业导师到高校学习培训、合作开发课程，提高学术指导能力。

项目四：课程体系及案例库建设。将课程体系建设纳入研究生教育综合改革。充分发挥课程体系、案例库在知识传授、技能训练、品格塑造等方面的作用。鼓励各培养单位整体建设和优化符合教学规律、突出学习成效的模块化、系统性、多元化课程体系。支持培养单位开展案例教学，整合案例资源，完善信息化支撑平台，建设专业学位案例库和教学案例推广中心，逐步建立起具有中国特色、与国际接轨的案例教学体系，实现案例资源共享、师资共享、学术成果共享和国际合作资源共享。

项目五：研究生学术交流平台建设。支持学位授予单位开展研究生学术交流，拓宽学术视野，激发创新思维，提升培养质量。通过"学校自筹、政府奖补、社会参与"的多元化投入方式，建立健全研究生学术交流机制，鼓励高校与行业、学（协）会、企业合作，通过举办博士生学术论坛、开设研究生暑期学校、开设短期工作坊、建立博士生国内外访学制度，搭建多层次、多学科研究生学术交流平台。

（五）完善工作机制

全面落实从严治党、从严治教要求，切实加强党对学位与研究生教育工作的领导。学位与研究生教育战线要从战略和全局的高度，充分认识研究生教育在建设创新型国家中的重要地位作用，把发展研究生教育摆在更加突出的位置，把思想和行动统一到主动服务需求、提高质量的改革主线上来。要从实际出发，进一步强化统筹，紧密结合研究生教育发展阶段、区位优势和资源条件，围绕学位与研究生教育发展"十三五"规划确定的战略目标、主要任务、重大措施和项目等，制定本地区、本单位实施研究生教育发展"十三五"规划的具体方案和措施，分阶段、分步骤组织实施，全面推进学位与研究生教育改革和发展。

国务院学位委员会学科评议组、全国专业学位研究生教育指导委员会、中国学位与研究生教育学会等组织机构，根据规划目标任务和职责定位，积极发挥在质量标准制订、跟踪评价、咨询与信息服务等方面的作用。鼓励支持行业部门、社会机构积极参与规划的落实、监督，形成合力推动学位与研究生教育发展的新格局。

附件12 教育部办公厅关于进一步规范和加强研究生培养管理的通知

教研厅〔2019〕1号

各省、自治区、直辖市教育厅（教委），新疆生产建设兵团教育局，有关部门（单位）教育司（局），部属各高等学校、部省合建各高等学校：

近年来，教育行政部门陆续出台了一系列文件，采取了一系列举措，健全研究生培养管理体系，促进研究生培养单位规范管理，提高研究生培养质量。总体上看，各研究生培养单位质量保证和监督体系不断完善，培养机制、质量监督保障制度建设取得了很大进展，形成了国务院学位委员会、省级学位委员会、学位授予单位三级质量管理保障体制，构建了研究生培养单位质量保证为基础，教育行政部门监管为引导，学术组织、行业部门和社会机构积极参与的内部质量保证和外部质量监督体系。人才培养规模稳步提升、结构不断优化，形成了学术型与应用型人才并重的培养格局，培养了大批服务于国家和地方经济社会发展、科学技术进步、文化传承创新的优秀人才，国际影响不断扩大。另一方面，个别研究生培养单位在研究生培养过程、师德师风、学位授予等方面仍有学术不端、论文作假等问题发生，暴露了导师责任还未完全落实，研究生学习和自我管理主动性还不足，管理制度还不细密，政策举措还不到位，制度执行不够严格、监督管理不够透明。为进一步规范和加强研究生培养管理，现将有关要求通知如下。

一、切实落实质量保证主体责任。培养单位要切实加强党对学位与研究生教育工作的领导，严格按照《关于加强学位与研究生教育质量保证和监督体系建设的意见》（学位〔2014〕3号）精神，增强查摆问题、堵塞工作疏漏、保证培养质量的紧迫感和自觉性，迅速行动，全面梳理和健全内部质量保证体系，没有制订相关制度的必须立即制订，已经制订的制度要根据实际情况的新变化新要求及时依规修改，切实加强执行检查。完善与本单位办学定位相一致的人才培养和学位授予质量标准，严格落实各环节管理职责，把抓督查、抓执行贯穿管理全过程。

二、突出立德树人根本任务和要求，严格执行培养制度。培养单位要切实加强研究生思想政治教育，促进研究生德智体美劳全面发展。加强培养过程管理和学业考核，确保培养方案的严格执行。落实以教学督导为主、研究生评教为辅的研究生课程教学评价监督机制，对研究生教学活动全过程和教学效果进行监督。加强学术规范和学术道德教育，把论文写作指导课程作为必修课纳入研究生培养环节。

三、狠抓学位论文和学位授予管理。培养单位要珍惜用好办学自主权，加强自律，科学合理设置培养要求和学位授予条件，重点抓住学位论文开题、中期考核、评阅、答辩、学位评定等关键环节，严格执行学位授予全方位全流程管理，进一步强化研究生导师、学位论文答辩委员会和学位评定委员会责任。对不适合继续攻读学位的研究生要落实及早分流，加大分流力度。

四、切实加强导师队伍建设。培养单位要进一步提高对建设高素质导师队伍重要性的认识。导师是培养质量第一责任人，要把培养人放到第一位，既要做学术训导人，指导和激发研究生的科学精神和原始创新能力，更要做人生领路人，言传身教引导研究生树立正确的世界观人生观价值观，恪守学术道德规范，增强社会责任感。培养单位要把落实立德树人根本任务、增强导师培养人才的责任心和事业心作为着力点，筑牢质量第一关口。建立完善导师培训体系，切实提高导师指导和培养研究生的能力。加强师德师风建设，对违反师德、行为失范的导师，实行一票否决，并依法依规坚决给予相应处理。健全导师评价机制，对于未能切实履行职责的导师，培养单位视情况采取约谈、限招、停招、取消导师资格等处理措施。

五、健全预防和处置学术不端的机制。培养单位要突出学术诚信审核把关，加大对学术不端、学位论文作假行为的查处力度，举一反三，防范在前，层层压实责任，强化日常监督。对学术不端行为坚决露头即查、一查到底、有责必究、绝不姑息，实现"零容忍"，依法依规从快从严查处。对当事人视情节给予纪律处分和学术惩戒。对违反法律法规的，应及时移送有关部门查办。探索建立学术论文、学位论文馆际和校际学术共享公开制度，以公开促进学术透明，主动接受社会监督。

六、切实增强教育行政部门督导监管责任。国务院学位委员会、教育部进一步优化学术型与应用型人才培养结构，委托国务院学位委员会学科评议组等专家组织及时修订不同学位不同类型研究生的学位基本要求，进一步完善优化研究生培养指导性方案，深化研究生培养制度改革。省级学位委员会和省级教育行政部门要切实加大对本地区研究生教育质量的监管力度，做好学位授权点合格评估等研究生教育质量监督工作，加大专项检查、抽查、盲评等质量监督力度，对在本地区研究生教育领域的问题要早调查、早发现、早整改，坚决查处违规违纪和师德失范行为。

七、强化学位论文抽检结果使用。教育部对连续或多次出现"存在问题学位论文"的学位授予单位和学位授权点，将加大对涉事单位主要负责人约谈力度，视情况开展专项检查、核减招生计划、暂停直至撤销相关学位授权。

八、加大评估和问题单位惩戒力度。教育部2019年将强化运用学位授权点合格评估、学位论文抽检等手段，把学位授予管理环节问题较多，师德师风、校风学风存在突出问题的学位授予单位作为重点检查对象。对于情节严重、无法保证研究生教育质量的学科或专业学位类别，坚决撤销学位授权。

对问题严重的培养单位，视情况限制申请新增学位授权。

教育部办公厅
2019 年 2 月 26 日

附件 13　教育部关于切实加强新时代高等学校美育工作的意见

教体艺〔2019〕2 号

各省、自治区、直辖市教育厅（教委），新疆生产建设兵团教育局，部属各高等学校、部省合建各高等学校：

美是纯洁道德、丰富精神的重要源泉。学校美育是培根铸魂的工作，提高学生的审美和人文素养，全面加强和改进美育是高等教育当前和今后一个时期的重要任务。党的十八大以来，我国高校美育工作取得可喜的进展，美育的育人导向更加凸显，结构布局不断优化，课程建设稳步推进，美育活动丰富多彩，资源保障持续向好。但是，高校美育工作与当前教育改革发展的要求还不相适应，与构建德智体美劳全面培养的育人体系还不相适应，与满足广大青年学生对优质丰富美育资源的期盼还不相适应。为全面贯彻落实习近平总书记关于教育的重要论述和全国教育大会精神，切实加强新时代高等学校美育工作提出如下意见。

一、高校美育工作的总体要求

（一）指导思想

以习近平新时代中国特色社会主义思想为指导，全面贯彻党的教育方针，坚持马克思主义指导地位，坚持中国特色社会主义教育发展道路，坚持社会主义办学方向，坚持明德引领风尚，落实立德树人根本任务，引领学生树立正确的审美观念、陶冶高尚的道德情操、塑造美好心灵，切实改变高校美育的薄弱现状，遵循美育特点，弘扬中华美育精神，以美育人、以美化人、以美培元，培养德智体美劳全面发展的社会主义建设者和接班人。

（二）基本原则

坚持正确方向。学校美育具有很强的意识形态属性，要坚持以社会主义核心价值观为引领，弘扬中华优秀传统文化，继承革命文化，发展社会主义先进文化，形成高校学生自觉增强文化主体意识、强化文化担当的新面貌。

坚持面向全体。健全并不断完善面向人人的高校美育育人机制，让所有在校学生都享有接受美育的机会，促进德智体美劳有机融合。加强分类指导，因地因校制宜，鼓励特色发展，形成"一校多品"的新局面。

坚持改革创新。全面深化高校美育综合改革，整合美育资源，全面提高普及艺术教育教学质量，切实推进专业艺术教育和艺术师范教育的改革发展，形成充满活力、多方协作、开放高效的高校美育新格局。

（三）总体目标

到2022年，高校美育取得突破性进展，美育教育教学改革成效显著，师资队伍建设和场馆设施明显加强，推进机制和评价体系日益完善，高校学生的审美和人文素养显著提升。到2035年，形成多样化高质量具有中国特色的社会主义现代化高等学校美育体系。

二、高校美育工作的重点任务

高校美育要以艺术教育的改革发展为重点，紧紧围绕高校普及艺术教育、专业艺术教育和艺术师范教育三个重点领域，大力加强和改进美育教育教学。

（一）强化普及艺术教育

普通高校要强化面向全体学生的普及艺术教育。完善课程教学、实践活动、校园文化、艺术展演"四位一体"的普及艺术教育推进机制。规范公共艺术课程，加强公共艺术课程教材建设，修订《全国普通高等学校公共艺术课程指导方案》。各高校要明确普及艺术教育管理机构，把公共艺术课程与艺术实践纳入高校人才培养方案，纳入学校教学计划，实行学分制管理，鼓励高校开展学生跨校选修公共艺术课程和学分互认。每位学生须修满学校规定的公共艺术课程学分方能毕业。高校要根据不同专业人才培养特点和专业能力素质要求，结合自身优势和跨学科特点，针对学生美育的实际需要，积极探索构建以审美和人文素养培养为核心、以创新能力培育为重点、以中华优秀传统文化传承发展和艺术经典教育为主要内容的公共艺术课程体系。鼓励学校因地因校制宜开展丰富多彩的艺术实践活动，积极探索创造具有时代特征、校园特色、学生特点、教育特质的艺术实践活动形式。开展公共艺术教育微课展示，培育建设一批高质量的美育精品课程。加强高校艺术社团建设，加大从普通在校生中挖掘、选拔、培养艺术团成员力度，带动校园文化活动开展，学校艺术实践活动要让大多数学生参与其中、享受其中。

（二）提升专业艺术教育

专业艺术教育要创新艺术人才培养模式。注重内涵建设，突出办学特色，进一步优化学科专业布局，构建多元化、特色化、高水平，具有中国风格的艺术学科专业体系。专业设置应与学科建设、产业发展、社会需求、艺术前沿有机衔接，加强社会服务意识，增强人才培养和社会经济发展的契合度，依托一流专业建设"双万计划"（一万个国家级一流专业点和一万个省级一流专业点），建设好国家级一流艺术类专业点。遵循艺术人才培养规律，推动高校修订专业人才培养方案，促进艺术教育与思想政治教育有机融合、专业课程与文化课程相辅相成，深入实施普通高校艺术相关本科专业类教学质量国家标准和高等职业学校文化艺术大类专业教学标准，不断完善艺术专业人才评价标准。提高高校艺术人才培养能力，加强卓越拔尖艺术人才培养，鼓励和支持艺术类高校和综合性大学联合开展艺术类人才培养模式改革，创新人才培养机制，着力提升学生综合素养，培养造就文化底蕴丰厚、素质全面、专业扎实的艺术专门人才。

（三）改进艺术师范教育

高等学校艺术师范专业要凸显师范教育特质。要以培养党和人民满意的高素质专业化创新型教师队伍为根本，坚定办学方向、坚守师范特质、坚持服务需求、强化实践环节，依托卓越教师培养计划2.0，推进高校艺术师范专业人才培养模式改革，加快构建高校与地方政府、行业企业、中小学校协同培养的育人机制。支持高校设立并办好音乐教育、美术教育、舞蹈教育、戏剧教育、戏曲教育、影视教育相关专业。建设一批高师改革试点学校，大力开展高校艺术师范专业学生和教师基本功展示活动，引导艺术师范专业不断优化课程体系和教学内容，改进教学方法，培养造就教育情怀深厚、专业基础扎实、勇于创新教学、善于综合育人和具有终身学习发展能力的中小学艺术教师。

三、高校美育工作的主要举措

（一）建强美育教师队伍

配齐配好美育教师。要把提高美育教师思想政治素质和职业道德水平摆在首要位置，全面提高美育教师教育教学能力和质量。要按照在校学生总数合理安排普及艺术教育教师，鼓励高校探索实施公共艺术课特聘教授制度。要优化专业艺术教育教师结构，搭建院系、校际合作交流平台。要加强艺术师范专业教师队伍建设，鼓励高校建立与中小学艺术教师互聘和双向交流等长效机制。要建设一批高校美育名师工作室，汇聚培养一批美育名家名师。要加大教师教学岗位激励力度，鼓励高校建立符合美育特点的教师职称评审制度和考核评价机制，为美育教师职称晋升、职业发展、教学科研成果评定等提供支撑。

（二）深化美育教学改革

推进美育教学改革与创新。促进高校美育与德育、智育、体育和劳动教育相融合，与各学科专业教学、社会实践和创新创业教育相结合。充分运用现代化信息技术手段，探索构建网络化、数字化、智能化、线上线下相结合的课程教学模式，规划建设一批高质量美育慕课，扩大优质课程覆盖面。成立全国高校美育教学指导委员会，提高面向全体大学生的美育教育质量，发挥高校艺术学类专业教学指导委员会的作用，加强专业艺术人才培养。提升高校美育科学研究水平，打造一批美育综合研究的高地和决策咨询的重地，建设一批美育高端智库，重点研究高校美育的课程和教材体系、教学规律和模式、考核评价标准、教师队伍建设等，深入研究中华美育精神。推动美育协同创新，促使高校美育联盟发挥实质性作用，探索建设一批校校协同、校所协同、校企协同、校地协同创新培养模式，逐步完善高校与文化宣传部门、文艺团体、中小学校等协同育人机制。

（三）推进文化传承创新

推动中华优秀传统文化的创造性转化和创新性发展。把中华优秀传统文化教育作为学校美育培根铸魂的基础，弘扬中华美育精神，要在传统文化艺术的提炼、转化、融合上下功夫，让收藏在馆所里的文物、陈列在大地上的文化艺术遗产成为学校美育的丰厚资源，让广大青年学生在艺术学习的过程中了解中华文化变迁，触摸中华文化脉络，汲取中华文化艺术的精髓。持续深入开展高雅艺术进校园、戏曲进校园、全国大学生艺术展演、中华优秀传统文化传承基地建设、"传承的力量""五月的鲜花"等品牌活动，组织原创校园歌曲、舞台剧、舞蹈、影视、校园景观设计等作品的展示与推广，营造格调高雅、富有美感、充满朝气的校园文化。艺术专业院校要大力推进主题性艺术创作活动，实施高校原创文化精品推广行动计划，以弘扬主旋律为己任，深入生活，扎根人民，用情用心用功抒写人民，以精品奉献人民，为时代画像、为时代讴歌、为时代立传、为时代明德。

（四）增强服务社会的能力水平

高校美育要主动融入国家和区域发展战略服务经济社会发展。引导高校美育教师和学生强化服务社会意识，提升服务社会能力，支持高校参与基础教育的美育教学改革、课程教材建设等工作。实施高校美育浸润行动计划，依托"结对子，种文化""校园文艺轻骑兵"等项目，积极开展对口定点帮扶、支教扶贫、社区服务等美育志愿服务和社会实践活动。充分挖掘高校艺术场馆的社会服务功能，推动高校艺术场馆纳入国家公共文化服务机构免费开放政策实施范围，鼓励有条件的高校将博物馆、美术馆向社会有序开放。深化国际人文交流合作，借助国际和国内、政府和民间多种对外交流渠道和活动平台，发挥专业艺术院校和高水平学生艺术社团的重要作用，积极参与共建"一带一路"教育行动和中外人文交流项目。

四、高校美育工作的组织保障

（一）明确高校主体责任

要明确高校党委在高校美育工作中的领导核心作用，切实加强组织领导。高校要建立健全美育管理机构，完善工作机制，加强工作统筹、决策咨询和评估督导。要创新管理体制与运行机制，高校书记校长及分管负责人要定期研究美育工作和相关学科专业发展，相关部门和院系负责人要切实担起责任，形成高校领导负责、部门分工、全员协同参与的责任体系。要制定美育发展规划，落实保障配套条件，将美育工作经费纳入学校经费预算，保障美育工作的经费需求。

（二）加强地方统筹协调

各地教育行政部门要结合实际，科学制定本地区高校美育工作的总体规划和政策措施，并做好与教育规划和改革任务的有效衔接。要科学配置公共资源，通过多种形式在资金、政策、资源等方面对高校美育给予支持，指导和督促高校将美育工作目标、任务、政策、举措落到实处。要进一步提高对高校艺术教育场馆建设的支持力度，将更多的文化建设项目布点在高校，促进高校资源与社会资源互动互联，推动优质资源设施共建共享。

（三）落实美育经费保障

教育部会同财政部等有关部门，继续做好美育品牌项目专项经费保障工作，并全面实施预算绩效管理。各高校要加大对美育工作的投入，根据自身建设计划，加大与国家和地方政策的衔接、配套和执行力度。中央部门所属高校应统筹利用中央高校预算拨款和其他各类资源，结合学校实际，支持美育工作。鼓励高校建立多元筹资机制，完善政府、社会、高校相结合的共建机制。研制高校美育场地器材建设规划，加强高校剧院、音乐厅、博物馆、美术馆等艺术场馆建设，建立高校美育器材补充机制。

（四）完善评价监测督导

完善高校美育评价体系，把美育工作及效果纳入普通高校人才培养工作评估指标体系，作为办学评价的重要因素，更加注重过程及效果评价，发挥专家组织和社会机构在美育评价中的作用。研制艺术人才培养评价标准。实施高校美育工作自评和年度报告制度，积极探索中国特色现代高校美育评价制度。教育部将把高校美育工作和高校公共艺术课程教学纳入国家教育督导范畴，强化督导检查结果应用。

各高校要结合本校实际，制定落实本意见的实施细则，纳入学校整体发展规划。部属高校实施细则须于2019年9月1日前报教育部体育卫生与艺术教育司。各省（区、市）教育行政部门要加强指导，汇总属地高校实施细则，及时总结落实情况，宣传工作经验，推广先进典型。

教育部
2019年3月29日

附件14　国务院学位委员会 教育部 人力资源社会保障部关于修订《专业学位研究生教育指导委员会工作规程》的通知

学位〔2019〕17号

有关专业学位研究生教育指导委员会：

为进一步规范专业学位研究生教育指导委员会的工作，经国务院学位委员会第35次会议审议通过，决定修订《专业学位研究生教育指导委员会工作规程》。

现将修订后的《专业学位研究生教育指导委员会工作规程（2019年修订）》印发给你们，请遵照执行。

附件：专业学位研究生教育指导委员会工作规程（2019年修订）

国务院学位委员会 教育部 人力资源社会保障部
2019年6月3日

附件

专业学位研究生教育指导委员会工作规程
(2019年修订)

第一条 为贯彻习近平新时代中国特色社会主义思想，坚持党的全面领导，落实党的教育方针和立德树人根本任务，积极发展专业学位研究生教育，建立具有中国特色的专业学位研究生教育制度，根据《中华人民共和国高等教育法》等法律法规的规定，制订本工作规程。

第二条 专业学位研究生教育指导委员会（以下简称"教指委"）经国务院学位委员会、教育部、人力资源社会保障部批准设立，其组成、任务、运行与管理适用本工作规程。

第三条 教指委按照国务院学位委员会批准设置的专业学位类别组建，是协助主管部门开展相应类别专业学位研究生教育研究、咨询、指导、评估和交流合作的专业组织。

教指委经批准可设立若干分委员会。

第四条 教指委一般由15至35人组成；设立分委员会的教指委，委员人数不得超过50人。

第五条 教指委设主任委员1名，副主任委员2-6名，秘书长1名，根据工作需要，可设副秘书长。

第六条 教指委由有关主管部门、行业、企业和事业单位及学位授予单位推荐的专家和负责人组成。教指委委员由国务院学位委员会、教育部、人力资源社会保障部聘任（均系兼职），受聘者年龄一般不超过60周岁。

第七条 教指委委员应坚持社会主义办学方向，贯彻党的教育方针，热爱研究生教育事业，落实立德树人根本任务，遵纪守法、廉洁自律、履职尽责，谨遵学术规范，严守工作纪律和保密纪律，自觉抵制不正之风，以严谨、科学、负责的态度，按时完成教指委的各项工作任务，不得以教指委委员的身份从事与教指委工作无关的活动。

第八条　教指委委员每届任期5年，连续聘任一般不超过两届。聘任期间不宜继续担任教指委委员的，应由国务院学位委员会、教育部、人力资源社会保障部解聘。

主任委员、副主任委员、秘书长以及非高校委员在任期内因工作岗位发生变动需要调整的，由原推荐单位向国务院学位委员会办公室提出调整申请。国务院学位委员会办公室受理后，集中报国务院学位委员会、教育部、人力资源社会保障部批准后公布。

第九条　教指委设秘书处。秘书处是教指委的工作机构，负责教指委的日常工作。

秘书长领导秘书处工作，副秘书长协助秘书长工作。

第十条　教指委承担以下任务：

（一）研究专业学位研究生教育改革发展的重大问题，制订有关专业学位研究生教育发展规划，推动专业学位研究生教育服务国家需求，大力培养高层次、创新型、复合型、应用型人才，提升专业学位研究生教育整体水平；

（二）研究并推动专业学位研究生招生选拔机制改革和培养体系建设，制订和修订专业学位研究生指导性培养方案、教学大纲和学位基本要求，指导加强专业学位研究生课程建设和学位论文工作等；

（三）研究并指导专业学位研究生实践能力培养，加强与行业实务部门的联系，构建产学研协同创新机制，推动专业学位与职业资格的衔接认证工作；

（四）对新增、调整、撤销专业学位授权点进行评议并提出审核意见，组织开展专业学位授权点合格评估、质量监测和专项检查等工作；

（五）就专业学位研究生教育的发展状况、教育质量、社会需求等开展调查、监测、分析和研究，并向主管部门、研究生培养单位提供咨询建议；

（六）组织开展专业学位研究生教育的国内外交流与合作，指导专业学位研究生培养单位提高办学水平；

（七）加强专业学位研究生教育的宣传与引导，提高信息化服务和管理水平；

（八）其他相关工作。

第十一条　教指委每年至少召开一次全体会议。根据工作需要，可以召开专项工作会议。

第十二条　教指委表决可采取会议投票、会议举手表决、实名通讯表决等方式。对重要事项表决前，应召开会议充分酝酿讨论。

参加表决的人数须达到全体教指委委员数的三分之二以上（含三分之二），表决结果有效；获得参加表决人数的三分之二以上（含三分之二）同意且同意人数达到教指委全体委员数二分之一以上（含二分之一）的，表决结果通过。

第十三条　教指委委员所在单位，应支持教指委委员的工作，给予必要的经费保障，并视情计入工作绩效考核。

第十四条　教指委秘书处所在单位，应设专职管理岗位，为其提供必要的工作条件和经费保障，保证教指委及其秘书处正常开展工作。

第十五条　教指委的经费来源为：

（一）有关部门专项拨款；

（二）有关机构和个人的赞助、捐赠；

（三）其他合理经费来源。

第十六条　教指委不得收取任何形式的会员费、年费、工作经费等。教指委应当建立完善的经费管理制度，严格按照国家财务管理规定使用经费。

第十七条　秘书处负责教指委经费的预算、使用和决算，经费接受秘书处所在单位审计。

秘书处应每年向教指委全体会议报告年度经费收支情况，由教指委全体会议审议。

第十八条　教指委根据本工作规程，制订章程及工作细则。

第十九条　本工作规程由国务院学位委员会办公室负责解释。

第二十条　本工作规程自修订之日起生效。

附件15　教育部办公厅等五部门关于进一步做好非全日制研究生就业工作的通知

教研厅函〔2019〕1号

各省、自治区、直辖市党委组织部、教育厅（教委）、人力资源社会保障厅（局）、公安厅（局）、国资委，新疆生产建设兵团党委组织部、教育局、人力资源社会保障局、公安局、国资委，中央和国家机关各部委、各人民团体组织人事部门，各中央企业，部属各高等学校、部省合建各高等学校：

发展非全日制研究生教育，是促进我国学习型社会建设、构建服务全民终身学习教育体系的重要举措，有利于加快培养高层次创新型、复合型、应用型人才。为促进非全日制研究生教育健康发展，进一步做好非全日制研究生就业工作，现就有关事项通知如下。

一、非全日制研究生教育是我国研究生教育的重要组成部分

《中华人民共和国高等教育法》明确规定，高等教育采用全日制和非全日制教育形式。为推进全日制和非全日制研究生教育协调发展，加强规范管理，2016年，教育部办公厅印发《关于统筹全日制和非全日制研究生管理工作的通知》（教研厅〔2016〕2号），明确自2017年起，全日制和非全日制研究生由国家统一下达招生计划，考试招生执行相同的政策和标准，培养质量坚持同一要求，学历学位证书具有同等法律地位和相同效力。

二、强化就业权益保护

用人单位招用人员应当向劳动者提供平等就业机会。各级公务员招录、事业单位及国有企业公开招聘要根据岗位需求合理制定招聘条件，对不同教育形式的研究生提供平等就业机会，不得设置与职位要求无关的报考资格条件。各地要合理制定人才落户条件，精简落户凭证，简化办理手续，为不同教育形式的研究生提供平等落户机会。

三、加强就业指导服务

高等学校要加强对非全日制研究生的就业指导服务,广泛应用"互联网+就业"新模式,精准推送政策、岗位和指导信息,积极举办校园招聘活动,加强校园内招聘活动管理,发布招聘信息不得含有教育形式限制性条件。对取得学籍并完成学业的全日制和非全日制毕业研究生,省级高校毕业生就业工作部门和高等学校要按规定统一办理就业手续,定向就业的研究生按定向合同就业。各地人力资源社会保障部门要根据非全日制研究生就业需求,积极推送岗位信息,提供针对性职业指导,推荐适合的职业培训、就业见习机会。各地要落实好就业创业政策,确保符合条件的研究生都能享受。

四、加强政策宣传引导

各地各相关部门要积极宣传国家关于发展非全日制研究生教育的各项政策,指导用人单位完善招聘研究生的相关办法,为做好非全日制研究生就业工作营造良好环境。

教育部办公厅 中共中央组织部办公厅 人力资源社会保障部办公厅
公安部办公厅 国务院国资委办公厅
2019 年 12 月 30 日

附件16　教育部 国家发展改革委 财政部关于加快新时代研究生教育改革发展的意见

教研〔2020〕9号

各省、自治区、直辖市教育厅(教委)、发展改革委、财政厅(局),新疆生产建设兵团教育局、发展改革委、财政局,有关部门(单位)教育司(局),中国科学院大学、中国社会科学院大学,中共中央党校学位评定委员会、中国人民解放军学位委员会,部属各高等学校、部省合建各高等学校:

研究生教育肩负着高层次人才培养和创新创造的重要使命,是国家发展、社会进步的重要基石，是应对全球人才竞争的基础布局。改革开放特别是党的十八大以来，我国研究生教育快速发展，已成为世界研究生教育大国。中国特色社会主义进入新时代，各行各业对高层次创新人才的需求更加迫切，研究生教育的地位和作用更加凸显。为深入学习贯彻党的十九大和十九届二中、三中、四中全会精神，全面贯彻落实全国教育大会、全国研究生教育会议精神，促进研究生德智体美劳全面发展，切实提升研究生教育支撑引领经济社会发展能力，现就加快新时代研究生教育改革发展提出以下意见。

一、总体要求

1. 指导思想。以习近平新时代中国特色社会主义思想为指导，全面贯彻党的教育方针，坚定走内涵式发展道路，以立德树人、服务需求、提高质量、追求卓越为主线，面向世界科技竞争最前沿，面向经济社会发展主战场，面向人民群众新需求，面向国家治理大战略，瞄准科技前沿和关键领域，深入推进学科专业调整，提升导师队伍水平，完善人才培养体系，推进研究生教育治理体系和治理能力现代化，引导研究生培养单位办出特色、办出水平，加快建设研究生教育强国，为坚持和发展中国特色社会主义、实现中华民族伟大复兴的中国梦提供坚强有力的人才和智力支撑。

2. 基本原则。坚持党的领导，增强"四个意识"、坚定"四个自信"、做到"两个维护"，把正确政治方向和价值导向贯穿研究生教育和管理工作全过程；坚持育人为本，以研究生德智体美劳全面发展为中心，把立德树人成效作为检验研究生教育工作的根本标准；坚持需求导向，扎根中国大地，全面提升研究生教育服务国家和区域发展能力；坚持创新引领，增强研究生使命感责任感，全面提升研究生知识创新和实践创新能力；坚持改革驱动，充分激发办学主体活力，加快构建优质高效开放的研究生教育体系。

3. 总体目标。到2025年，基本建成规模结构更加优化、体制机制更加完善、培养质量显著提升、服务需求贡献卓著、国际影响力不断扩大的高水平研究生教育体系。到2035年，初步建成具有中国特色的研究生教育强国。

二、加强思想政治工作，健全"三全育人"机制

4. 完善思想政治教育体系，提升研究生思想政治教育水平。开全开好研究生思想政治理论课，推进习近平新时代中国特色社会主义思想进教材、进课堂、进头脑。加强研究生课程思政，建成一批课程思政示范高校，推出一批课程思政示范课程，选树一批课程思政教学名师和团队，建设一批课程思政教学研究示范中心。配齐建强研究生辅导员队伍，全面落实专职辅导员专业技术职务、行政岗位职级"双线"晋升政策，探索依托导师和科研团队配备兼职辅导员。加强研究生心理健康教育、职业规划和就业创业服务。将研究生思想政治教育评价结果作为"双一流"建设成效评价、学位授权点合格评估的重要内容。

5. 发挥导师言传身教作用，激励导师做研究生成长成才的引路人。导师是研究生培养第一责任人，要了解掌握研究生的思想状况，将专业教育与思想政治教育有机融合，既做学业导师又做人生导师；要率先垂范，以良好的思想品德和人格魅力影响和鼓舞研究生；要培养研究生良好的学风，严格要求学生遵守科学道德和学术规范。

6. 提高研究生党建工作水平，强化党组织战斗堡垒作用。创新研究生党组织设置方式，探索在科研团队、学术梯队等建立党组织。选优配强研究生党支部书记，充分发挥研究生党员的先锋模范作用。持续开展新时代高校党建示范创建和质量创优工作，做好高校"百个研究生样板党支部"和"百名研究生党员标兵"遴选培育工作。

三、对接高层次人才需求，优化规模结构

7. 以服务需求为导向，合理扩大人才培养规模。坚持供给与需求相匹配、数量与质量相统一，保持与经济社会发展相适应、与培养能力相匹配的研究生教育发展节奏，博士研究生招生规模适度超前布局，硕士研究生招生规模稳步扩大。招生规模统筹考虑国家需求、地区差异、培养条件、培养质量等因素，实行动态调整，差异化配置。

8. 优化培养类型结构，大力发展专业学位研究生教育。稳步发展学术学位研究生教育，以国家重大战略、关键领域和社会重大需求为重点，增设

一批硕士、博士专业学位类别。新增硕士学位授予单位原则上只开展专业学位研究生教育，新增硕士学位授权点以专业学位授权点为主。各培养单位要根据经济社会发展需求和自身办学定位，切实优化人才培养类型结构。

9. 适应社会需求变化，加快学科专业结构调整。建立基础学科、应用学科、交叉学科分类发展新机制，按照单位自主调、市场调节调、国家引导调的思路，不断优化学科专业结构，健全退出机制。设立新兴交叉学科门类，支持战略性新兴学科发展。完善"双一流"建设动态监测与调整机制，引导建设高校和学科主动服务国家重大战略需求。

10. 优化布局结构，服务国家区域发展战略。完善省域研究生教育布局，建设区域性研究生教育高地。大力支持雄安新区、粤港澳大湾区、长三角、海南自由贸易试验区和长江经济带等区域发展优质研究生教育，振兴东北地区研究生教育。支持中西部地区发展与国家及区域战略相匹配的学科专业。

11. 坚持质量导向，完善学位授权审核工作。将深化科教融合、产教融合作为学位授权点布局的重要参考因素。持续推动省级教育主管部门统筹开展硕士学位授权审核工作，实现对区域经济社会发展的有力支撑。稳步推进学位授权自主审核工作，继续放权符合条件的高等学校自主审核增列学位授权点，自主设置一级学科、新兴交叉学科和专业学位类别。加强对中西部地区和高水平民办高校学位授权的支持。探索高水平应用型本科高校申请开展专业学位人才培养。

四、深化体制机制改革，创新招生培养模式

12. 深化招生计划管理改革，健全供需调节机制。建立健全与经济社会发展相适应的研究生招生计划调节机制。实施国家关键领域急需高层次人才培养专项招生计划。招生计划向重大科研平台、重大科技任务、重大工程项目、关键学科领域、产教融合创新平台和"双一流"建设取得突破性进展的高校倾斜。在博士研究生招生计划管理中，积极支持严把质量关、博士研究生分流退出比例较大的培养单位。在硕士专业学位研究生招生计划管理中，积极支持有效落实产教融合机制的培养单位和高水平应用型高校。继续在部分高水平研究型大学实施博士招生计划弹性管理。在现有财政拨款制度基础上，探索实施以国家重大科学研究、工程研发等科研经费承担培养成本的科研项目博士研究生专项招生计划。探索建立研究生招生计划管理负面清单制度，对学位点评估、博士论文抽检、师德师风、考试招生违规违法等问题突出的培养单位予以必要限制。

13. 深化考试招生制度改革，精准选拔人才。完善分类考试、综合评价、多元录取、严格监管的研究生考试招生制度体系。深化硕士研究生考试招生改革，优化初试科目和内容，强化复试考核，综合评价考生考试成绩、专业素养、实践能力、创新精神和一贯学业表现等，择优录取；研究探索基础能力素质考试和招生单位自主组织专业能力考试相结合的研究生招生考试方式。健全博士研究生"申请—考核"招生选拔机制，扩大直博生招生比例，研究探索在高精尖缺领域招收优秀本科毕业生直接攻读博士学位的办法。

14. 完善科教融合育人机制，加强学术学位研究生知识创新能力培养。加强系统科研训练，以大团队、大平台、大项目支撑高质量研究生培养。推进硕博贯通培养，实行培养方案一体化设计。聚焦数理化、文史哲等基础学科，以强化原始创新能力为导向，实施高层次人才培养专项。

15. 强化产教融合育人机制，加强专业学位研究生实践创新能力培养。实施"国家产教融合研究生联合培养基地"建设计划，重点依托产教融合型企业和产教融合型城市，大力开展研究生联合培养基地建设，着力提升实践创新能力。科学规划布局建设集成电路、人工智能、储能技术等国家产教融合创新平台，实施关键领域核心技术紧缺博士人才自主培养专项。鼓励各地各培养单位设立"产业（行业）导师"，加强专业学位研究生双导师队伍建设。推动行业企业全方位参与人才培养，通过设立冠名奖学金、研究生工作站、校企研发中心等措施，吸引研究生和导师参与研发项目。大力推进专业学位与职业资格的有机衔接。

16. 加强课程教材建设，提升研究生课程教学质量。培养单位要紧密结合经济社会发展需要，完善课程设置、教学内容的审批机制，优化课程体系，加强教材建设，创新教学方式，突出创新能力培养，加强体育美育和劳动实践教育。规范核心课程设置，打造精品示范课程，编写遴选优秀教材，推动优质资源共享。将课程教材质量作为学位点合格评估、学科发展水平、教师绩效考核和人才培养质量评价的重要内容。鼓励办好研究生创新实践大赛和学科学术论坛。在国家级教学成果奖中单独设立研究生教学成果奖。

17. 加强关键环节质量监控，完善分流选择机制。培养单位要加强培养关键环节质量监控，完善研究生资格考试、中期考核和年度考核制度。加大分流力度，对不适合继续攻读学位的研究生及早分流。畅通分流选择渠道，分流退出的博士研究生，符合硕士学位授予标准的可授予硕士学位；未满足学位授予条件的研究生，毕业后一定时间内达到相应要求的，可重新申请授予学位。完善研究生学业相关申诉救济机制，加强研究生合法权益保护。

18. 深化开放合作，提升国际影响力。打造"留学中国"品牌，吸引优秀学生来华攻读硕士、博士学位，完善来华留学生招生、培养等管理体系，保障学位授予质量。鼓励培养单位与国际高水平大学建立研究生双向交流机制，支持双方互授联授学位。支持引进国外优质教育资源，建设高水平中外合作办学，推动高层次人才培养和学科建设。优化国家公派出国留学研究生全球布局。创新国际组织人才培养项目，加大国际组织后备人才培养力度。

五、全面从严加强管理，提升培养质量

19. 健全内部质量管理体系，压实培养单位主体责任。培养单位要完善质量控制和保证制度，抓住课程学习、实习实践、学位论文开题、中期考核、论文评阅和答辩、学位评定等关键环节，落实全过程管理责任，细化强化导师、学位论文答辩委员会和学位评定委员会权责，杜绝学位"注水"。推动培养单位探索建立学位论文评阅意见公开等制度，合理制定与学位授予相关的科研成果要求，破除"唯论文"倾向。加强教学质量督导，提升信息化管理水平。

20. 强化导师岗位管理，全面落实育人职责。培养单位要严格导师选聘标准，加强导师团队建设，明确导师权责，规范导师指导行为，支持导师严格学业管理；将政治表现、师德师风、学术水平、指导精力投入等纳入导师评价考核体系。加强兼职导师、校外导师的选聘、考核和培训工作。建立国家典型示范、省级重点保障、培养单位全覆盖的三级导师培训体系。鼓励各地各培养单位评选优秀导师和团队。

21. 加强学风建设，严惩学术不端行为。培养单位要完善学风建设工作机制，将科学精神、学术诚信、学术（职业）规范和伦理道德作为导师培训和研究生培养的重要内容，把论文写作指导课程作为必修课。抓住研究生培养关键环节，健全学术不端行为预防和处置机制，加大对学术不端行为的查处力度。

22. 完善质量评价机制，破除"五唯"评价方式。聚焦人才培养成效、科研创新质量、社会服务贡献等核心要素，健全分类多维的质量评价体系，扭转不科学的评价导向。鼓励引入第三方专业机构对研究生培养质量进行诊断式评估。加强研究生教育质量监测，探索开展毕业研究生职业发展调查。

23. 加强外部质量监督，严格规范管理。统筹运用学位授权点合格评估、质量专项检查、学位论文抽检等手段，强化对培养制度及其执行的评价诊断。严格规范培养档案管理，探索建立学术论文、学位论文校际馆际共享机制，将学位论文作假行为作为信用记录，纳入全国信用信息共享平台。推动建立优秀学位论文示范制度，鼓励培养单位和学术组织开展优秀学位论文评选。扩大学位论文抽检比例，提升抽检科学化、精细化水平。对无法保证质量的学科或专业学位类别，撤销学位授权。对问题严重的培养单位，视情况限制申请新增学位授权。

六、切实加强组织领导，完善条件保障

24. 全面加强党的领导，确保正确办学方向。培养单位各级党组织要坚持以习近平新时代中国特色社会主义思想为指导，全面贯彻党的教育方针，坚持社会主义办学方向，坚守研究生教育意识形态阵地。培养单位党委会、常委会，要把加快研究生教育改革发展纳入重要议题，认真研究部署，积极推进落实。

25. 切实做好经费保障，完善差异化投入机制。完善研究生教育投入体系，加大博士研究生教育投入力度，研究建立差异化生均拨款机制，加大对基础研究、关键核心技术领域研究生培养的支持。完善培养成本分担机制，合理确定不同类型研究生教育学费收费标准，健全教育收费标准动态调整机制，鼓励培养单位使用科研项目资金支持研究生培养。

26. 改革完善资助体系，激发研究生学习积极性。完善政府主导、培养单位统筹、社会广泛参与的研究生资助投入格局。根据经济发展水平和物价变动情况，建立完善资助标准动态调整机制。加大对基础学科和关键领域人才培养的资助力度。培养单位要完善奖助学金评定标准，充分发挥奖学金的激励作用，探索建立动态调整的"三助"制度。适时调整国家助学贷款标准，给予家庭经济困难研究生更多支持。

27. 加强管理队伍建设，提升管理服务水平。各培养单位要加强研究生院（部、处）建设，强化管理工作职责，保障办公条件；健全校、院（部、系、所）两级研究生教育管理体系，加强基层管理力量，按照研究生培养规模配齐建强专职管理队伍；加强管理人员培训，提高专业化服务水平。

28. 强化组织保障，确保改革措施落地见效。各级教育、发展改革、财政主管部门要加强宏观指导，强化资源配置，保障研究生教育投入。充分发挥国务院学位委员会学科评议组和全国专业学位研究生教育指导委员会等专家组织和行业学会的作用，加强研究生教育研究、咨询和指导。支持有条件的高校建设研究生教育专门研究机构。各地各培养单位要认真制定落实方案，加强宣传引导，为深化研究生教育改革、建设研究生教育强国作出应有贡献。

教育部 国家发展改革委 财政部
2020 年 9 月 4 日

附件 17　国务院学位委员会 教育部关于进一步严格规范学位与研究生教育质量管理的若干意见

学位〔2020〕19 号

各省、自治区、直辖市学位委员会、教育厅（教委），新疆生产建设兵团教育局，有关部门（单位）教育司（局），部属各高等学校、部省合建各高等学校：

改革开放特别是党的十八大以来，学位与研究生教育坚持正确政治方向，确立了立德树人、服务需求、提高质量、追求卓越的主线，规模持续增长，结构布局不断优化，学位管理体制和研究生培养体系逐步完善，服务国家战略和经济社会发展的能力显著增强，我国已成为世界研究生教育大国。国务院学位委员会和教育部等部门先后印发了《关于加强学位与研究生教育质量保证和监督体系建设的意见》《关于加快新时代研究生教育改革发展的意见》等一系列文件，强化质量监控与检查，促进学位授予单位规范管理。中国特色社会主义进入新时代，人民群众对保证和提高学位与研究生教育质量的关切日益增强，但部分学位授予单位仍存在培养条件建设滞后、管理制度不健全、制度执行不严格、导师责任不明确、学生思想政治教育弱化、学术道德教育缺失等问题。为落实立德树人根本任务，实现新时代研究生教育改革发展目标，维护公平，提高质量，办好人民满意的研究生教育，建设研究生教育强国，现就进一步规范质量管理提出如下意见。

一、指导思想

以习近平新时代中国特色社会主义思想为指导，深入学习贯彻落实党的十九大和十九届二中、三中、四中全会精神，全面贯彻落实全国教育大会和全国研究生教育会议精神，紧紧围绕统筹推进"五位一体"总体布局和协调推进"四个全面"战略布局，全面贯彻党的教育方针，落实立德树人根本任务，推进研究生教育治理体系和治理能力现代化，坚持把思想政治工作贯穿研究生教育教学全过程。遵循规律，严格制度，强化落实，整治不良学风，遏止学术不端，营造风清气正的育人环境和求真务实的学术氛围，努力提高学位与研究生教育质量。

二、强化落实学位授予单位质量保证主体责任

（一）学位授予单位是研究生教育质量保证的主体，党政主要领导是第一责任人。要坚持正确政治方向，树牢"四个意识"，坚定"四个自信"，坚决做到"两个维护"，以全面从严治党引领质量管理责任制的建立与落实。要落实落细《关于加强学位与研究生教育质量保证和监督体系建设的意见》《学位授予单位研究生教育质量保证体系建设基本规范》，补齐补强质量保证制度体系，加快建立以培养质量为主导的研究生教育资源配置机制。

（二）学位授予单位要强化底线思维，把维护公平、保证质量作为学科建设和人才培养的基础性任务，加强与研究生培养规模相适应的条件建设和组织保障。针对不同类型研究生的培养目标、模式和规模，强化培养条件、创新保障方式，确保课程教学、科研指导和实践实训水平。

（三）学位授予单位要建立健全学术委员会、学位评定委员会等组织，强化制度建设与落实，充分发挥学术组织在学位授权点建设、导师选聘、研究生培养方案审定、学位授予标准制定、学术不端处置等方面的重要作用，提高尽责担当的权威性和执行力。

（四）学位授予单位要明确学位与研究生教育管理主责部门，根据本单位研究生规模和学位授权点数量等，配齐建强思政工作和管理服务队伍，合理确定岗位与职责，加强队伍素质建设，强化统筹协调和执行能力，切实提高管理水平。二级培养单位设置研究生教育管理专职岗位，协助二级培养单位负责人和研究生导师，具体承担研究生招生、培养、学位授予等环节质量管理和研究生培养相关档案管理工作。

（五）学位授予单位要强化法治意识和规矩意识，建立各环节责任清单，加强执行检查。利用信息化手段加强对研究生招生、培养和学位授予等关键环节管理。强化研究生教育质量自我评估和专项检查，对本单位研究生培养

和学位授予质量进行诊断,及时发现问题,立查立改。

三、严格规范研究生考试招生工作

(六)招生单位在研究生考试招生工作中承担主体责任。招生单位主要负责同志是本单位研究生考试招生工作的第一责任人,对本单位研究生考试招生工作要亲自把关、亲自协调、亲自督查,严慎细实做好研究生考试招生工作,确保公开、公平、公正。

(七)各地、各招生单位要强化考试管理,把维护考试安全作为一项重要政治责任,严格落实试卷安全保密、考场监督管理等制度要求,确保考试安全。招生单位作为自命题工作的组织管理主体,要强化对自命题工作的组织领导和统筹安排,坚决杜绝简单下放、层层转交。招生单位要对标国家教育考试标准,进一步完善自命题工作规范,切实加强对自命题工作全过程全方位,特别是关键环节、关键岗位、关键人员的监管,切实加强对自命题工作人员的教育培训,落实安全保密责任制,坚决防止出现命题制卷错误和失泄密情况。试卷评阅严格执行考生个人信息密封、多人分题评阅、评卷场所集中封闭管理等要求,确保客观准确。

(八)招生单位要切实规范研究生招生工作,加强招生工作的统一领导和监督,层层压实责任,将招生纪律约束贯穿于命题、初试、评卷、复试、调剂、录取全过程,牢牢守住研究生招生工作的纪律红线。要进一步完善复试工作制度机制,加强复试规范管理,统一制定复试小组工作基本规范,复试小组成员须现场独立评分,评分记录和考生作答情况要交招生单位研究生招生管理部门集中统一保管,任何人不得改动。复试全程要录音录像,要规范调剂工作程序,提升服务质量。要严格执行国家政策规定,坚持择优录取,不得设置歧视性条件,除国家有特别规定的专项计划外,不得按单位、行业、地域、学校层次类别等限定生源范围。

(九)各级教育行政部门、教育招生考试机构和招生单位应按照教育部有关政策要求,积极推进本地区、本单位研究生招生信息公开,确保招生工作规范透明。招生单位要提前在本单位网站上公布招生章程、招生政策规定、招生专业目录、分专业招生计划、复试录取办法等信息。所有拟录取名单由招生单位研究生招生管理部门统一公示，未经招生单位公示的考生，一律不得录取，不予学籍注册。教育行政部门、教育招生考试机构和招生单位要提供考生咨询及申诉渠道，并按有关规定对相关申诉和举报及时调查、处理及答复。

四、严抓培养全过程监控与质量保证

（十）学位授予单位要遵循学科发展和人才培养规律，根据《一级学科博士硕士学位基本要求》《专业学位类别（领域）博士硕士学位基本要求》，按不同学科或专业学位类别细化并执行与本单位办学定位及特色相一致的学位授予质量标准；制定各类各层次研究生培养方案，做到培养环节设计合理，学制、学分和学术要求切实可行，关键环节考核标准和分流退出措施明确。实行研究生培养全过程评价制度，关键节点突出学术规范和学术道德要求。学位论文答辩前，严格审核研究生培养各环节是否达到规定要求。

（十一）二级培养单位设立研究生培养指导机构，在学位评定委员会指导下，负责落实研究生培养方案、监督培养计划执行、指导课程教学、评价教学质量等工作。加快建立以教师自评为主、教学督导和研究生评教为辅的研究生教学评价机制，对研究生教学全过程和教学效果进行监督和评价。

（十二）做好研究生入学教育，编发内容全面、规则详实的研究生手册并组织学习。把学术道德、学术伦理和学术规范作为必修内容纳入研究生培养环节计划，开设论文写作必修课，持续加强学术诚信教育、学术伦理要求和学术规范指导。研究生应签署学术诚信承诺书，导师要主动讲授学术规范，引导学生将坚守学术诚信作为自觉行为。

（十三）坚持质量检查关口前移，切实发挥资格考试、学位论文开题和中期考核等关键节点的考核筛查作用，完善考核组织流程，丰富考核方式，落实监督责任，提高考核的科学性和有效性。进一步加强和严格课程考试。完善和落实研究生分流退出机制，对不适合继续攻读学位的研究生要及早按照培养方案进行分流退出，做好学生分流退出服务工作，严格规范各类研究生学籍年限管理。

五、加强学位论文和学位授予管理

（十四）学位授予单位要进一步细分压实导师、学位论文答辩委员会、学位评定分委员会等责任。导师是研究生培养第一责任人，要严格把关学位论文研究工作、写作发表、学术水平和学术规范性。学位论文答辩委员会要客观公正评价学位论文学术水平，切实承担学术评价、学风监督责任，杜绝人情干扰。学位评定分委员会要对申请人培养计划执行情况、论文评阅情况、答辩组织及其结果等进行认真审议，承担学术监督和学位评定责任。论文重复率检测等仅作为检查学术不端行为的辅助手段，不得以重复率检测结果代替导师、学位论文答辩委员会、学位评定分委员会对学术水平和学术规范性的把关。

（十五）分类制订不同学科或交叉学科的学位论文规范、评阅规则和核查办法，真实体现研究生知识理论创新、综合解决实际问题的能力和水平，符合相应学科领域的学术规范和科学伦理要求。对以研究报告、规划设计、产品开发、案例分析、管理方案、发明专利、文学艺术创作等为主要内容的学位论文，细分写作规范，建立严格评审机制。

（十六）严格学位论文答辩管理，细化规范答辩流程，提高问答质量，力戒答辩流于形式。除依法律法规需要保密外，学位论文均要严格实行公开答辩，妥善安排旁听，答辩人员、时间、地点、程序安排及答辩委员会组成等信息要在学位授予单位网站向社会公开，接受社会监督。任何组织及个人不得以任何形式干扰学位论文评阅、答辩及学位评定工作，违者按相关法律法规严肃惩处。

（十七）建立和完善研究生招生、培养、学位授予等原始记录收集、整理、归档制度，严格规范培养档案管理，确保涉及研究生招生录取、课程考试、学术研究、学位论文开题、中期考核、学位论文评阅、答辩、学位授予等重要记录的档案留存全面及时、真实完整。探索建立学术论文、学位论文校际馆际共享机制，促进学术公开透明。

六、强化指导教师质量管控责任

（十八）导师要切实履行立德树人职责，积极投身教书育人，教育引导研究生坚定理想信念，增强中国特色社会主义道路自信、理论自信、制度自信、文化自信，自觉践行社会主义核心价值观。根据学科或行业领域发展动态和研究生的学术兴趣、知识结构等特点，制订研究生个性化培养计划。指导研究生潜心读书学习、了解学术前沿、掌握科研方法、强化实践训练，加强科研诚信引导和学术规范训练，掌握学生参与学术活动和撰写学位论文情况，增强研究生知识产权意识和原始创新意识，杜绝学术不端行为。综合开题、中期考核等关键节点考核情况，提出学生分流退出建议。严格遵守《新时代高校教师职业行为十项准则》、研究生导师指导行为准则，不安排研究生从事与学业、科研、社会服务无关的事务。关注研究生个体成长和思想状况，与研究生思政工作和管理人员密切协作，共同促进研究生身心健康。

（十九）学位授予单位建立科学公正的师德师风评议机制，把良好师德师风作为导师选聘的首要要求和第一标准。编发导师指导手册，明确导师职责和工作规范，加强研究生导师岗位动态管理，严格规范管理兼职导师。建立导师团队集体指导、集体把关的责任机制。

（二十）完善导师培训制度，各学位授予单位对不同类型研究生的导师实行常态化分类培训，切实提高导师指导研究生和严格学术管理的能力。首次上岗的导师实行全面培训，连续上岗的导师实行定期培训，确保政策、制度和措施及时在指导环节中落地见效。

（二十一）健全导师分类评价考核和激励约束机制，将研究生在学期间及毕业后反馈评价、同行评价、管理人员评价、培养和学位授予环节职责考核情况科学合理地纳入导师评价体系，综合评价结果作为招生指标分配、职称评审、岗位聘用、评奖评优等的重要依据。严格执行《教育部关于高校教师师德失范行为处理的指导意见》，对师德失范、履行职责不力的导师，视情况给予约谈、限招、停招、取消导师资格等处理；情节较重的，依法依规给予党纪政纪处分。

七、健全处置学术不端有效机制

（二十二）完善教育部、省级教育行政部门、学位授予单位三级监管体系，健全宣传、防范、预警、督查机制，完善学术不端行为预防与处置措施。将预防和处置学术不端工作纳入国家教育督导范畴，将学术诚信管理与督导常态化，提高及时处理和应对学术不端事件的能力。

（二十三）严格执行《学位论文作假行为处理办法》《高等学校预防与处理学术不端行为办法》等规定。对学术不端行为，坚持"零容忍"，一经发现坚决依法依规、从快从严进行彻查。对有学术不端行为的当事人以及相关责任人，根据情节轻重，依法依规给予党纪政纪校纪处分和学术惩戒；违反法律法规的，应及时移送有关部门查处。对学术不端查处不力的单位予以问责。将学位论文作假行为作为信用记录，纳入全国信用信息共享平台。

（二十四）学位授予单位要切实执行《普通高等学校学生管理规定》《高等学校预防与处理学术不端行为办法》的相关要求，完善导师和研究生申辩申诉处理机制与规则，畅通救济渠道，维护正当权益。当事人对处理或处分决定不服的，可以向学位授予单位提起申诉。当事人对经申诉复查后所作决定仍持异议的，可以向省级学位委员会申请复核。

八、加强教育行政部门督导监管

（二十五）省级高校招生委员会是监管本行政区域内所有招生单位研究生考试招生工作的责任主体。教育部将把规范和加强研究生考试招生工作纳入国家教育督导范畴，各省级高校招生委员会、教育行政部门要加强对本地区研究生考试招生工作的监督检查，对研究生考试招生工作中的问题，特别是多发性、趋势性的问题要及早发现、及早纠正。对考试招生工作中的违规违纪行为，一经发现，坚决按有关规定严肃处理。造成严重后果和恶劣影响的，将按规定对有关责任人员进行追责问责，构成违法犯罪的，由司法机关依法追究法律责任。

（二十六）国务院学位委员会、教育部加强运用学位授权点合格评估、质量专项检查抽查等监管手段，省级学位委员会和教育行政部门加大督查检查力度，加强招生、培养、学位授予等管理环节督查，强化问责。

（二十七）国务院教育督导委员会办公室、省级教育行政部门进一步加大学位论文抽检工作力度，适当扩大抽检比例。对连续或多次出现"存在问题学位论文"的学位授予单位，加大约谈力度，严控招生规模。国务院学位委员会、教育部在学位授权点合格评估中对"存在问题学位论文"较多的学位授权点进行重点抽评,根据评估结果责令研究生培养质量存在严重问题的学位授权点限期整改,经整改仍无法达到要求的,依法依规撤销有关学位授权。

(二十八)对在招生、培养、学位授予等管理环节问题较多,师德师风、校风学风存在突出问题的学位授予单位,视情况采取通报、限期整改、严控招生计划、限制新增学位授权申报等处理办法,情节严重的学科或专业学位类别,坚决依法依规撤销学位授权。对造成严重后果,触犯法律法规的,坚决依法依规追究学位授予单位及个人法律责任。

(二十九)省级教育行政部门和学位授予单位要加快推进研究生教育信息公开,定期发布学位授予单位研究生教育发展质量年度报告,公布学术不端行为调查处理情况,接受社会监督。

国务院学位委员会 教育部
2020 年 9 月 25 日

附件 18　国务院学位委员会 教育部关于印发《专业学位研究生教育发展方案(2020－2025)》的通知

学位〔2020〕20 号

各省、自治区、直辖市学位委员会,新疆生产建设兵团学位委员会,军队学位委员会,各研究生培养单位:

国务院学位委员会第三十六次会议已审议通过《专业学位研究生教育发展方案(2020－2025)》,现印发给你们,请结合实际认真贯彻执行。

附件:专业学位研究生教育发展方案(2020－2025)

国务院学位委员会 教育部
2020 年 9 月 25 日

附件

专业学位研究生教育发展方案（2020-2025）

为深入学习贯彻党的十九大和十九届二中、三中、四中全会精神，全面贯彻落实全国教育大会和全国研究生教育会议精神，根据《中国教育现代化2035》和《加快推进教育现代化实施方案（2018-2022年）》，加快推进新时代专业学位研究生教育高质量发展，特制定本方案。

一、成就与挑战

专业学位研究生教育是培养高层次应用型专门人才的主渠道。自1991年开始实行专业学位教育制度以来，我国逐步构建了具有中国特色的高层次应用型专门人才培养体系，为经济社会发展作出重要贡献。一是完善了我国学位制度，开辟了高层次应用型专门人才的培养通道，实现了单一学术学位到学术学位与专业学位并重的历史性转变。二是探索建立了以实践能力培养为重点、以产教融合为途径的中国特色专业学位培养模式。三是培养输送了一大批人才。截至2019年，累计授予硕士专业学位321.8万人、博士专业学位4.8万人。四是有力支撑了行业产业发展，针对行业产业需求设置了47个专业学位类别，共有硕士专业学位授权点5996个，博士专业学位授权点278个，基本覆盖了我国主要行业产业，部分专业学位类别实现了与职业资格的紧密衔接。五是探索形成了国家主导、行业指导、社会参与、高校主体的专业学位研究生教育发展格局，积累了中国特色专业学位发展经验。

面对新时代的新要求，专业学位研究生教育还存在一些问题：一是对专业学位研究生教育的认识需要进一步深化，重学术学位、轻专业学位的观念仍需扭转，简单套用学术学位发展理念、思路、措施的现象仍不同程度存在。二是硕士专业学位研究生教育的结构与质量问题并存，类别设置仍不够丰富，设置机制不够灵活，个别类别发展缓慢，培养规模仍需扩大，培养模式仍需创新，培养质量亟待提高。三是博士专业学位发展滞后，类别设置单一，授权点数量过少，培养规模偏小，不能适应行业产业对博士层次应用型专门人才的需求。四是发展机制需要健全，在学科专业体系中的地位需要进一步凸显，人才需求与就业状况的动态反馈机制不够完善，与职业资格的衔接需要深化，多元投入机制需要加强，产教融合育人机制需要健全，学校内部管理机制仍需创新。

二、发展与目标

随着中国特色社会主义进入新时代，我国专业学位研究生教育进入了新的发展阶段。

发展专业学位研究生教育是经济社会进入高质量发展阶段的必然选择。新时代我国社会主要矛盾已发生深刻变化，经济进入了高质量发展阶段，经济和产业转型升级加快，人民对美好生活的需求不断增长，各行各业的知识含量显著提升，对从业人员的职业素养、知识能力、专业化程度提出了更高要求，从数量到质量的转变更加需要高层次专业化教育。专业学位是现代社会发展的产物，科技越发达、社会现代化程度越高，社会对专业学位人才的需求越大，越需要加快发展专业学位研究生教育。

发展专业学位研究生教育是主动服务创新型国家建设的重要路径。随着新一轮科技革命和产业变革蓬勃兴起，全球科技创新进入密集活跃期，新经济、新业态不断涌现，国际科技竞争日趋激烈，大国竞争越来越体现在科技和人才的竞争。目前，我国在很多领域都有尚待突破的关键技术，成为制约我国创新发展的瓶颈，这些技术相当程度集中在科技应用和转化方面，需要大量创新型、复合型、应用型人才。同时，2020年初，新冠肺炎疫情的爆发，也对我国公共卫生等领域高水平、高层次应用型人才培养提出挑战。专业学位以提高实践创新能力为目标，在适应社会分工日益精细化、专业化、对人才需求多样化方面具有独特优势，已成为高层次应用型人才培养的主阵地，需要大力发展专业学位研究生教育。

发展专业学位是学位与研究生教育改革发展的战略重点。长期以来，研究生教育把培养教学科研人员作为目标，高等学校和科研机构是研究生就业的主要渠道，但随着经济社会的发展，人才市场的需求结构发生了巨大变化，研究生在行业产业就业的比例逐年提高，各行各业对专业学位研究生的需求越来越大。从国际上看，美英法德日韩等发达国家高度重视专业学位发展，以职业导向或较强应用性的领域为重点，设置类型丰富、适应专门需求的专业学位，有力支撑其经济社会发展。专业学位具有相对独立的教育模式，以产教融合培养为鲜明特征，是职业性与学术性的高度统一。国内外的需求变化表明，专业学位研究生教育地位日益重要，必须加快发展。

专业学位研究生教育主要针对社会特定职业领域需要，培养具有较强专业能力和职业素养、能够创造性地从事实际工作的高层次应用型专门人才。专业学位一般在知识密集、需要较高专业技术或实践创新能力、具有鲜明职业特色、社会需求较大的领域设置。

专业学位研究生教育发展指导思想是，以习近平新时代中国特色社会主义思想为指导，全面贯彻落实全国教育大会和全国研究生教育会议精神，面向国家发展重大战略，面向行业产业当前及未来人才重大需求，面向教育现代化，进一步凸显专业学位研究生教育重要地位，以立德树人、服务需求、提高质量、追求卓越为主线，按照需求导向、尊重规律、协同育人、统筹推进的基本原则，加强顶层设计，完善发展机制，优化规模结构，夯实支撑条件，全面提高质量，为行业产业转型升级和创新发展提供强有力的人才支撑。

专业学位研究生教育发展目标是，到2025年，以国家重大战略、关键领域和社会重大需求为重点，增设一批硕士、博士专业学位类别，将硕士专业学位研究生招生规模扩大到硕士研究生招生总规模的三分之二左右，大幅增加博士专业学位研究生招生数量，进一步创新专业学位研究生培养模式，产教融合培养机制更加健全，专业学位与职业资格衔接更加紧密，发展机制和环境更加优化，教育质量水平显著提升，建成灵活规范、产教融合、优质高效、符合规律的专业学位研究生教育体系。

三、着力优化硕士专业学位研究生教育结构

1. 完善硕士专业学位类别设置和授予标准。硕士专业学位类别设置条件，应更加突出鲜明的职业背景和专业人才指向，增强对行业产业发展的快速响应能力和针对性，一般应要求具有广泛的社会需求，明确的职业指向，所对应职业领域的人才培养已形成相对完整、系统的知识体系。硕士专业学位授予基本要求，应更加突出研究生掌握相关行业产业或职业领域的扎实基础理论、系统专门知识的程度，以及通过研究解决实践问题的能力。

2. 健全更加灵活的硕士专业学位类别管理机制。根据社会发展需求，在现代制造业、现代交通、现代农业、现代信息、现代服务业和社会治理等领域，增设一批硕士专业学位类别。开展硕士专业学位类别自主设置试点，放权学位授权自主审核单位自主设置硕士专业学位类别，定期统计并向社会公布。改进硕士专业学位类别进入专业学位目录的机制，对于由高校自主设置的硕士专业学位类别，若已在高校形成一定规模，得到社会和行业产业认可，形成了完善的人才培养机制和知识体系，有长期稳定人才需求，招生就业良好，由行业产业、高校进行论证后提出申请，经国务院学位委员会审批通过后，即进入硕士专业学位目录。行业主管部门、行业产业协会等也可提出硕士专业学位类别设置申请，基本程序与博士专业学位类别设置程序一致。

3. 推动硕士专业学位研究生教育规模稳健增长。稳步扩大硕士专业学位授权布局，新增硕士学位授予单位原则上只开展专业学位研究生教育，新增硕士学位授权点以专业学位授权点为主，支持学位授予单位将主动撤销的学术学位授权点调整为专业学位授权点。将产教融合、联合培养基地建设作为硕士专业学位授权点申请基本条件的重要内容，不把已获得学术学位授权点作为前置条件。推动硕士专业学位授权紧密服务区域、行业产业发展，继续放权省级学位委员会承担本地区硕士专业学位授权点审核工作，并注重发挥专业学位研究生教育指导委员会的作用。支持学位授予单位优化人才培养结构，硕士研究生招生计划增量主要用于专业学位，可将学术学位硕士研究生招生计划调整为专业学位硕士研究生招生计划。

四、加快发展博士专业学位研究生教育

1. 明确博士专业学位研究生教育的定位。推动博士专业学位、博士学术学位的协调发展。博士专业学位研究生教育主要根据国家重大发展战略需求，培养某一专门领域的高层次应用型未来领军人才。博士专业学位研究生应掌握相关行业产业或职业领域的扎实基础理论、系统深入专门知识，具有独立运用科学方法、创造性地研究和系统解决实践中复杂问题的能力。

2. 完善博士专业学位类别设置标准。博士专业学位类别一般只在已形成相对独立专业技术标准的职业领域中设置，该职业领域应具有成熟的职业规范和特定的职业能力标准，需要创造性地开展工作，且具有较大的博士层次人才需求。博士专业学位类别设置的重点是工程师、医师、教师、律师、公共卫生、公共政策与管理等对知识、技术、能力都有较高要求的职业领域，也可根据经济社会发展需求，按照成熟一个、论证一个的原则，在其他行业产业或专门领域中设置，一般应具有较好的硕士专业学位发展基础。

3. 健全博士专业学位类别设置程序。专业学位类别设置的基本程序是：相关行业产业主管部门、行业产业协会和学位授予单位提出建议，并提交论证报告；相关学科评议组和专业学位研究生教育指导委员会进行必要性论证，并提交评议意见；国务院学位委员会办公室在广泛征求意见基础上，组织专家进行可行性评议；评议通过后，编制设置方案，提交国务院学位委员会审核。

4. 扩大博士专业学位研究生教育规模。在确保质量的基础上，以临床医学博士专业学位、工程类博士专业学位、教育博士专业学位为重点，增设一批博士专业学位授权点，快速提升培养能力。将产教融合和行业协同作为博士专业学位授权点增设的优先条件，不把已获得博士学术学位授权点作为博士专业学位授权点增设的前置条件。完善博士专业学位授权点区域布局，支撑区域经济社会发展。支持学位授权自主审核单位增设一批博士专业学位授权点。博士研究生招生计划向专业学位倾斜，每年常规增量专门安排一定比例用于博士专业学位发展。在科研经费博士专项计划中探索招收博士专业学位研究生并逐步扩大规模。

五、大力提升专业学位研究生教育质量

1. 加强专业学位研究生导师队伍建设。坚持正确育人导向，强化导师育人职责。大力推动地方领导干部、"两院"院士、国企骨干、劳动模范等上讲台，探索建立各级党政机关、科研院所、军队、企事业单位党员领导干部、专家学者等担任校外辅导员制度，提升专业学位研究生思想水平、政治觉悟和道德品质。推动培养单位和行业产业之间的人才交流与共享，各培养单位新聘专业学位研究生导师须有在行业产业锻炼实践半年以上或主持行业产业课题研究、项目研发的经历，在岗专业学位研究生导师每年应有一定时间带队到行业产业开展调研实践。鼓励各地各培养单位设立"行业产业导师"，健全行业产业导师选聘制度，构建专业学位研究生双导师制。

2. 深化产教融合专业学位研究生培养模式改革。坚持正确育人导向，加强专业学位研究生思想政治教育，加强学术道德和职业伦理教育，提升实践创新能力和未来职业发展能力，促进专业学位研究生德智体美劳全面发展。实施专业学位和学术学位研究生招生分类选拔，进一步完善博士专业学位研究生申请考核制选拔方式。推进培养单位与行业产业共同制定培养方案，共同开设实践课程，共同编写精品教材。鼓励有条件的行业产业制定专业技术能力标准，推进课程设置与专业技术能力考核的有机衔接。推进设立用人单位"定制化人才培养项目"，将人才培养与用人需求紧密对接。实施"国家产教融合研究生联合培养基地"建设计划，重点依托产教融合型企业和产教融合型城市，大力开展研究生联合培养基地建设。鼓励行业产业、培养单位探索建立产教融合育人联盟，制定标准，交流经验，分享资源。将创新创业教育融入产教融合育人体系，支持有条件的高校在具备较高创新创业潜质的应届本科毕业生中，推荐免试（初试）招收专业学位研究生。支持培养单位联合行业产业探索实施"专业学位+能力拓展"育人模式，使专业学位研究生在获得学历学位的同时，取得相关行业产业从业资质或实践经验，提升职业胜任能力。

3. 完善专业学位研究生教育评价机制。强化专业学位论文应用导向，硕士专业学位论文可以调研报告、规划设计、产品开发、案例分析、项目管理、艺术作品等为主要内容，以论文形式呈现。博士专业学位论文应表明研究生独立担负专门技术工作的能力，并在专门技术上做出应用创新性的成果。完善专业学位论文评审和抽检办法，推动专业学位论文与学术学位论文分类评价。完善专业学位授权点合格评估制度，将产教融合培养研究生成效纳入评估指标体系，并与专业学位授权点建设等支持政策相挂钩。破除仅以论文发表评价教师的简单做法，将教学案例编写、行业产业服务等教学、实践、服务成果纳入教师考核、评聘体系。

六、组织实施

1. 编制专业学位类别目录。专业学位类别目录由国家统一编制，主要用于学位授权和学位授予，每五年集中修订一次。硕士专业学位类别在论证批准后，即在当年进入目录。专业学位类别一般下设专业领域。除临床医学等行业规范要求严格的类别外，专业领域由学位授予单位自主设置，其清单每年统计发布一次。

2. 推进与职业资格衔接。发挥行业产业协会、专家组织的重要作用，积极完善专业学位与职业资格准入及水平认证的有效衔接机制，在课程免考、缩短职业资格考试实践年限、任职条件等方面加强对接。推动专业学位与国际职业资格的衔接，促进我国专业学位人才的国际流动，宣传推广专业学位研究生教育的中国标准，提升我国专业学位的国际影响力和竞争力。

3. 强化行业产业协同。支持行业产业参与专业学位研究生教育办学，明显提高规模以上企业参与比例。鼓励行业产业通过设立冠名奖学金、研究生工作站、校企研发中心等措施，吸引专业学位研究生和导师参与企业研发项目。强化企业职工在岗教育培训，支持在职员工攻读硕士、博士专业学位。鼓励行业或大企业建立开放式联合培养基地，带动中小企业参与联合培养。

4. 建立需求与就业动态反馈机制。遵循"谁提出、谁负责"的原则，提出设置专业学位类别的行业产业部门应建立人才需求和就业状况动态监测机制，每年发布人才需求和就业状况报告。依托用人单位调查、毕业生追踪调查等，对各单位人才培养质量进行真实反映。对需求萎缩、培养质量低下的专业学位类别，实行强制退出。

5. 构建多元投入机制。健全以政府投入为主、受教育者合理分担、行业产业、培养单位多渠道筹集经费的投入机制。完善差异化专业学位研究生生均拨款机制，合理确定学费标准。探索实施企事业单位以专项经费承担培养成本的"订单式"研究生培养项目。引导支持行业产业以资本、师资、平台等多种形式投入参与专业学位研究生教育。完善政府主导、培养单位和社会广泛参与的专业学位研究生奖助体系。

6. 发挥专家组织作用。按专业学位类别组建专业学位研究生教育指导委员会，吸收更多实践部门有丰富经验的专业人士担任委员，充分发挥其在专业学位研究生教育改革发展、学位授权、招生培养、学位授予、质量保障、监督评估、国际合作和研究咨询等方面的重要作用。充分发挥行业产业协会、学会等第三方组织在专业学位教育中的积极作用。

7. 强化督导落实。国务院学位委员会、国务院教育督导委员会、教育部加强对专业学位研究生教育发展情况的监测分析，建立专业学位质量效益与授权审核、招生计划分配等方面的联动机制。强化各省级学位委员会、教育督导委员会对本地区专业学位研究生教育的管理，支持其采取多种形式开展质量指导和监督，办好本地区专业学位研究生教育。

8. 加强组织领导。国务院学位委员会、教育部应加强与有关部门的政策协调，强化专业学位对应行业产业部门的专业指导作用，形成工作合力，共同推进专业学位研究生教育发展。省级学位委员会应根据本方案，结合区域发展实际，研究制定专业学位研究生教育发展方案或计划，明确工作方向、思路和支持政策。学位授予单位应转变专业学位办学理念，落实主体责任，实施分类培养，出台本单位发展专业学位研究生教育具体措施，切实提升专业学位研究生培养质量。